Sabeth Ohl | Eva Dignös
Die Zyklusstrategie

Zu diesem Buch

Sabeth Ohl und Eva Dignös werfen einen neuen Blick auf
den weiblichen Zyklus und zeigen, dass er weit mehr ist als
ein lästiges wiederkehrendes Ereignis. Sie haben Studien
ausgewertet, mit führenden Wissenschaftlern gesprochen –
und natürlich mit vielen Frauen. Ohne aus den Augen zu
verlieren, dass jeder Zyklus einzigartig ist, zeigen die beiden Autorinnen, wie Frauen die Stärken ihres Zyklus erkennen und bewusst nutzen können. Ein sehr unterhaltsames
Buch über die Strategie der Biologie.

Sabeth Ohl und *Eva Dignös* leiteten viele Jahre gemeinsam
das Ressort Ratgeberdienste/Wissenschaft einer Nachrich-
tenagentur. Heute arbeitet Sabeth Ohl als Business Coach
(dvct) und Autorin. Sie lebt mit ihrem Mann und ihrer Tochter in Hamburg. Eva Dignös ist freie Journalistin. Sie lebt
mit ihrer Familie in München.

Sabeth Ohl | Eva Dignös

DIE
ZYKLUS
STRATEGIE

Weibliche Power-Potenziale erkennen und
Tag für Tag nutzen

Piper München Zürich

Mehr über unsere Autoren und Bücher:
www.piper.de

MIX
Papier aus verantwortungsvollen Quellen
FSC® C083411

Originalausgabe
Piper Verlag GmbH, München/Berlin
Mai 2015
© Sabeth Ohl und Eva Dignös 2015
Umschlaggestaltung: Zero Werbeagentur, München
Umschlagabbildung: FinePic®, München
Satz: Fotosatz Amann, Memmingen
Gesetzt aus der Calluna
Papier: Munken Print von Arctic Paper Munkedals AB, Schweden
Druck und Bindung: CPI books GmbH, Leck
Printed in Germany   ISBN 978-3-492-30658-4

INHALTSVERZEICHNIS

EINFÜHRUNG · 9

Teil I: MILLIARDENFACH EINZIGARTIG: DER WEIBLICHE ZYKLUS · 15

Kapitel 1: Ohne Hormone geht es nicht · 17

Die Taktgeber des Zyklus · 17

Was sie sind und wie sie uns antreiben · 24

Vielfalt der Biologie: Nicht alles läuft nach
dem gleichen Programm · 32

Stellschrauben des Zyklus · 41

Gute Tage, schlechte Tage:
Was wir von unseren Müttern erben · 45

Hormone aus der Schachtel · 52

Kapitel 2: Jeder Tag ist anders – wie die Hormone uns steuern · 65

Der Zyklus und das Denken:
Einparken, Rotieren, Orientieren · 65

Von Warmherzigkeit,
Aufmerksamkeit und Wachsamkeit · 72

Shoppen: Marken, Sex und Eiscreme · 78

Sport nach Terminkalender · 89

Politisch korrekt? Von Eisprüngen und
Präsidentschaftswahlen · 93
Von wegen nur die Frauen.
Auch Männer haben Hormone · 97

Teil II: UNTER FRAUEN. UNTER MÄNNERN · 107

Kapitel 3: Unbewusste Signale · 109
Der Duft der Frauen · 112
Strategie der Bewegung · 119
Von Schönheit und Ausstrahlung · 125
Verführerische Farben: Woman in Red · 131

Kapitel 4: Ich, die anderen und die Launen der Natur · 137
Zickentage · 137
Zykluspower: Chef, ich will mehr Geld –
und was jetzt noch alles besser klappen könnte · 148

Teil III: DIE LIEBE UND DER SEX · 163

Kapitel 5: Warum wir uns finden – oder auch nicht · 165
Wer ist attraktiv? · 165
Liebe des Lebens oder großer Irrtum:
Wie der Zyklus die Partnerwahl beeinflusst · 173
Das Auf und Ab der weiblichen Lust · 179
Pille und Partnerschaft:
Wenn Hormone mehr verhüten, als sie sollen · 184

Kapitel 6: Von Eifersucht und Abwegen · 192
Leiden schaffen ohne Not · 192
Fremdgehen als Überlebensstrategie · 197

Kapitel 7: Streiten und versöhnen · 204

Alles eine Frage der Optik: Wenn kein gutes Haar
am Partner bleibt · 204
Kuscheln und die Wogen glätten
mit dem Bügeleisenhormon · 207

Epilog: ALLES VORBEI? VON WEGEN! · 217

Wechseljahre: Alles wird weniger · 217
Verlust oder Gewinn? · 224

FAZIT

Die Zyklusstrategie – wie Sie die starken Tage
erfolgreich für sich nutzen · 229

Dank · 233
Glossar · 235
Quellenverzeichnis · 239

EINFÜHRUNG

Den Zyklus nutzen? Von ihm profitieren? Für die Herausforderungen des Alltags, für die Karriere, den Erfolg? So ein Blödsinn! Das ist doch verrückt!

Ist es das, was Sie gerade denken?

Weil Sie nicht als Hormonbündel gelten möchten. Weil es Sie unendlich nervt, wenn sich zwei Kollegen mit wissendem Blick zuwispern: »Die hat doch bestimmt gerade ihre Tage.«

Und weil Sie damit nicht alleine sind. Den meisten Frauen, die wir kennen, fallen spontan jede Menge Geschichten ein. Über Tränen im Streitgespräch mit dem Chef, Tampons, die (natürlich immer vor Publikum) aus der Tasche purzeln, über Pillen und ihre Nebenwirkungen. Oder stressigen Sex nach Terminkalender. Geschichten also zu PMS, Blutung, Verhütung und Kinderkriegen, ungefähr in dieser Reihenfolge. Vor allem aber: negative Geschichten. Sie sehen den Zyklus als Hindernis und Bürde. Schließlich sorgt das Auf und Ab der Hormone für miese Laune, für Sentimentalität und Verletzlichkeit zum falschen Zeitpunkt, für Bauchweh, Pickel, Bad Hair Days und Heulanfälle.

Klar: ohne Zyklus keine Kinder. Aber es gibt viele Monate im Leben einer Frau, in denen Nachwuchs kein Thema ist, und es gibt viele Frauen, für die Nachwuchs nie ein Thema sein wird. Zeiten also, in denen der Zyklus eher als Belastung und nicht als Gewinn empfunden wird. Dabei, und das wissen nur die wenigsten Frauen, können wir ganz einfach den Spieß umdrehen – und von unserem Zyklus profitieren. Ja, tatsächlich, Forschungsergebnisse zeigen: Auch wenn wir besonders gut sind, kann das an den Hormonen liegen.

Und vor allem daran, wie wir sie uns zunutze machen.

Aber dafür müssen wir nicht nur unsere starken Tage genau kennen. Wir müssen auch wissen, wie wir Stärken aus den vermeintlich schwachen Tagen ziehen. Müssen lernen herauszufinden, in welcher Phase wir uns im Moment befinden. Warum wir gerade, denn das ist kein Zufall, so sind, wie wir sind. Und welche Strategie im Moment die beste ist: schweigen – oder reden. Durch Zurückhaltung gewinnen – oder erfolgreich auftrumpfen.

Denn auch auf andere wirken wir niemals gleich. Jeden Tag senden wir unbewusst Signale aus, die Kollegen, Freundinnen, Partner, Fremde ebenso unbewusst wahrnehmen. Und zwar immer anders: Stehen unsere Hormone günstig, machen wir nicht nur mehr aus uns, sehen wir besser aus. Sondern andere trauen uns auch mehr zu.

Was Frauen Monat für Monat spüren, beschäftigt zunehmend auch die Wissenschaft. Seit einigen Jahren ist der weibliche Zyklus nicht mehr nur ein Thema für Gynäkologen. Auch Psychologen, Evolutionsbiologen, Marketingexperten oder Hirnforscher interessieren sich dafür, ob und wie die Hormone unser Verhalten beeinflussen. In den letzten Jahren sind dazu jede Menge Studien erschienen. Wir haben mit einigen der Wissenschaftler gesprochen. Freuen Sie sich auf interessante Interviews, und erfahren Sie, warum sich Werbestrategen für den Zyklus interessieren, was die Pille mit russischem Roulette zu tun hat und warum Männer beim Anblick einer schönen Frau die Ärmel hochkrempeln.

So amüsant das klingen mag: Der Blick auf den Zyklus ist und bleibt eine heikle Sache. Wer will schon, dass Entscheidungen, die man trifft, die Art und Weise, wie man sich anderen gegenüber verhält, nur noch als Resultat einer bestimmten Hormonkonstellation gewertet werden? Die Frau als Sklavin ihrer Eierstöcke – bitte seien Sie sich sicher: Das ist das Letzte, was wir Autorinnen wollen.

Andererseits erleben wir selbst immer wieder, dass gewisse Tage anders sind als andere. Dass wir im Rückblick doch den einen oder anderen Termin hätten anders legen sollen. Dass wir manchmal zu anderen so fies sind, dass wir uns selbst kaum wiedererkennen, und manchmal so selbstbewusst, dass uns alles gelingt. Wir erleben uns ja täglich selbst im Umgang mit anderen, in der Bewertung von Freundinnen und Kolleginnen. Nicht zuletzt haben wir beide miteinander unsere Erfahrungen gemacht, in der Zusammenarbeit als Chefinnen. Vielleicht konnten wir dieses Buch nur gemeinsam schreiben, weil wir an verschiedenen Redaktionsstandorten arbeiteten, also beruflich immer eine Fernbeziehung hatten.

Als Leiterinnen weiblich dominierter Teams kennen wir schnelle Wetterwechsel in der Stimmung. Wir wissen um die besonderen klimatischen Bedingungen in Konferenzen, Budgetverhandlungen und Personalgesprächen unter weiblichen und männlichen Vorgesetzten.

Nicht selten aber haben wir uns geärgert, dass wir am falschen Tag am falschen Ort waren, obwohl wir es – mit einer Zyklusstrategie – hätten besser wissen können, denn viele Termine bestimmt man selbst. Die Beschäftigung mit dem Thema half uns zu erkennen, wann uns die Hormone im Weg stehen. Und wann sie uns pushen.

Verantwortlich dafür sind keine individuellen Gefühlslagen, sondern richtiggehende Regeln. Gesetzmäßigkeiten, die nicht nur für uns gelten, sondern für die meisten Frauen. Also auch für Sie.

Das ist einer von vielen Gründen, warum für die Wissenschaftler, mit denen wir für dieses Buch sprachen, das Thema Zyklus so ungemein spannend ist. Auch vielen der Frauen, mit denen wir im Zuge unserer Recherche Gespräche führten, war das so noch nicht bewusst. Wir baten sie, uns zu erzählen, wie sie sich im Verlauf ihres Zyklus erleben, ob sie gewisse Regelmäßigkeiten entdecken, wie sie mit bestimmten Tagen umgehen – und was sie überhaupt davon halten, den Zyklus zum Thema zu machen. Denn so richtig viel spricht man normalerweise ja nicht darüber. Das hat mit Kulturgeschichte zu tun, aber auch mit persönlicher Sozialisation: Welchen Stellenwert der Zyklus für uns hat, hängt davon ab, wie unsere Mütter und Großmütter mit dem Thema umgingen. Wurde darüber gesprochen? Durfte man als Mädchen Fragen stellen, und wurden sie beantwortet? Wie eine Frau zu ihrem Zyklus steht, hängt aber auch davon ab, welche Erwartungen sie an sich selbst stellt.

Natürlich haben wir auch mit Männern gesprochen. Und wir wissen: Wir werden eine mehr oder weniger geheime männliche Leserschaft haben.

Dieses Buch will den Blick für eine neue Sichtweise öffnen. Der Zyklus und sein Einfluss auf unser Denken, Fühlen und Handeln, das kann für uns Frauen ein Baustein unserer persönlichen Erfolgsstrategie sein. Doch dazu müssen wir zunächst wissen, was die Zyklushormone mit unserem Körper anstellen. Wie diese Botenstoffe arbeiten, wie sie den Kreislauf von Eireifung und Menstruation steuern und wo sie dabei im Körper wirken. Wie sie uns beeinflussen: unseren Orientierungssinn oder unsere Art und Weise, Geld zu investieren. Unsere Konkurrenzbereitschaft, für welchen Mann wir uns entscheiden, und womöglich auch, welchen Politiker wir wählen. Und natürlich, was und wie wir einkaufen. Wir haben jetzt eine sehr gute Entschuldigung, wenn wir morgens mal wieder mehr Zeit vor dem Kleiderschrank und im Bad verbringen müssen. Aber wir geben auch Antworten auf die Frage: Haben wir Einflussmöglichkeiten, und wenn ja, welche?

Und wir erzählen, was sich in unserem Leben auf einmal alles ändern kann, wenn wir die Pille nehmen – oder absetzen. Wenn wir unbeschwert Sexualität genießen, unsere Karriere planen – oder unsere Familie. Mit hormonellen Verhütungsmethoden haben wir heute alle Möglichkeiten.

Frauen, die die Pille nehmen, werden möglicherweise manche Tage anders erleben als Frauen mit natürlichem Zyklus. Das hat, wie der natürliche Zyklus auch, seine Vor- und Nachteile. Erfahren Sie in den folgenden Kapiteln mehr darüber, wie die künstlich hergestellten Hormone den Zyklus beeinflussen und damit auch unsere Männervorlieben, unsere Lust und unsere Launen.

Leider konnten wir in unserem Buch lesbische Frauen nicht berücksichtigen, weil es kaum wissenschaftliche Arbeiten zum Thema Zyklus und Homosexualität gibt. Das liegt unter anderem daran, dass für Zyklusstudien meist heterosexuelle Frauen gesucht werden. Forscher reduzieren ihre Probanden häufig auf den Durchschnitt. So können sie Gemeinsamkeiten und Unterschiede zum Beispiel in Verhaltensweisen besser identifizieren, einen Mittelwert finden. Einen Trend abbilden.

Lassen Sie sich überraschen, was die Forscher so ans Licht bringen. Sie werden bei manchen Erkenntnissen lachend rufen: »Ja, das ist doch bei mir genauso!« Und Sie werden an anderen Stellen empört sagen: »Ich doch nicht!« Ob Sie sich wiedererkennen oder nicht: Die Ergebnisse wissenschaftlicher Studien treffen keine Aussagen über Individuen, lassen sich nicht eins zu eins auf jede von uns übertragen. Sie spiegeln ebenjenen Trend wider. Wenn Sie also sagen: »Ich doch nicht!«, dann gibt es zwei Möglichkeiten: Sie haben entweder intensiv funktionierende Abwehrmechanismen. Oder Sie haben recht.

Vielleicht macht dieses Buch etwas mit Ihnen. Vielleicht werden Sie eine neue Sicht auf sich selbst und Ihren Zyklus bekommen. Werden besser kommunizieren. Dinge anders anpacken. Beziehungen im Job und im Privaten entspannter gestalten. Als Frau zufriedener und erfolgreicher arbeiten. Wir wünschen Ihnen viel Freude beim Lesen.

PS: Einige von uns Frauen sind überzeugt, dass immer nur die anderen schuld sind, wenn sie mal wieder gereizt und missgestimmt sind. Nach dem Motto: »Hormone! Doch nicht bei mir! Das ist was für Schwache ...« Das geht Ihnen auch so? Na immerhin – Sie haben sich dieses Buch besorgt. Lesen Sie ruhig weiter. Es muss ja niemand erfahren ... ;-)

TEIL I
MILLIARDENFACH EINZIGARTIG: DER WEIBLICHE ZYKLUS

KAPITEL 1

OHNE HORMONE GEHT ES NICHT

Die Taktgeber des Zyklus

Einmal rundherum. Und dann wieder von vorn. Frauen drehen sich im Kreis. Immer und immer wieder. Oder sagen wir besser: Ihre Biologie dreht sich, ihr Hormonkarussell. Im Schnitt rund 400-mal in ihrem Leben machen verschiedene Cocktails an Zyklushormonen die Runde durch unseren Körper.

»Meine Hormone bringen mich um«, denken wir, wenn uns das prämenstruelle Syndrom (PMS) an den Tagen vor den »Tagen« das Wasser in die Augen treibt, nur weil der Chef eine kritische Bemerkung gemacht hat. »Hormonhuhn«, denken wir, wenn die beste Freundin am Mädelsstammtisch mal wieder kein gutes Haar an denen lässt, die nicht dabei sind. »Das sind die Hormone«, sagen wir resignativ-achselzuckend, wenn die pubertierende Tochter uns die Zimmertür vor der Nase zuknallt. Hormone – das klingt nach »unberechenbar«, nach »nicht zu steuern« und ein bisschen immer auch nach »Triebe, Lust und Liebe«.

Dass der Zyklus mehr als drei Jahrzehnte eines Frauenlebens prägt, ist in der Natur des Frauseins angelegt. Und doch sind es erst wenige Generationen von Frauen, die den

Monatszyklus in dieser Regelmäßigkeit erleben, wie wir es heute tun. Schlicht aufgrund der Tatsache, dass Frauen früher häufiger schwanger waren oder ein Kind stillten und in dieser Zeit keinen Eisprung erlebten und somit auch keine Blutung.

Heutzutage, so könnte man glatt sagen, ist er die Regel.

Und zugleich ist der Zyklus so individuell, wie wir Frauen es nur sein können. Ein Thema, bei dem jede mitreden kann und doch nur weiß, was sie selbst erlebt. Da gibt es die Pragmatikerinnen: »Ist halt so. Blöd nur, wenn's im Urlaub losgeht, kurz bevor ich in den Pool springe.« Es gibt die gut Organisierten, die immer Berge von Notfalltampons in der Tasche haben und entsprechend große Taschen. Und die Zicken, die ihrer Umwelt und vor allem sich selber das Leben schwermachen.

Bei manchen Vertreterinnen unseres Geschlechts lässt sich das Wohlbefinden nur mit großen Mengen an Schokolade wiederherstellen, was wiederum auf die Dauer zu anderem Unwohlsein führt. Und es gibt viele, die Monat für Monat Schmerzen aus der Hölle haben und doch kaum jemanden finden, der sie versteht. Weil jede das anders erlebt. Das gilt auch für die Begleitumstände. Manche Frau hasst es zu bluten – »ich empfinde mich als ungepflegt« – und fühlt sich endlich frei, wenn dann mit der Hormonspirale die Blutung ausbleibt. Und dann gibt es natürlich diejenigen, die froh sind, wenn in der Pilleneinnahmepause die Menstruation kommt, »weil ich dann weiß, dass alles in Ordnung ist«. Eine Umfrage ergab: Ein Drittel aller Frauen hätte am liebsten gar keine Menstruation, ein Drittel fände sie alle drei Monate gut erträglich, ein Drittel kommt mit ihrem normalen Zyklus gut zurecht.

Merken Sie was? Wenn wir über unseren Zyklus sprechen, reden wir eigentlich nur über die Menstruation. Was in den übrigen drei Wochen passiert, ist vielleicht noch interessant, wenn wir schwanger werden wollen oder eben nicht. Dieser Zeitraum ist ja auch vergleichsweise unspektakulär, wenn nicht sogar so unauffällig, dass man ihn oft kaum als Phase wahrnimmt, in der mit unserem Körper etwas geschieht. Dabei sind in dieser Zeit unsere Hormone genauso aktiv. Mindestens.

Sehen wir uns diesen Zyklus einmal etwas genauer an. Und haben Sie keine Angst: Wir umarmen jetzt nicht den Mond, trommeln nicht unsere Fruchtbarkeit, treffen nicht die rote Lola. Wir gucken nur ganz nüchtern, was sich da in unserem Körper abspielt. Das ist nämlich faszinierend genug. Hormone in Höchstform sind wie ein ganzes Uhrwerk an Zahnrädchen, die ziemlich genial ineinandergreifen. Die 28 Tage, die gemeinhin als Dauer eines Zyklus angegeben werden und denen er den Namen »Monatszyklus« verdankt, sind übrigens nicht mehr als ein statistischer Durchschnittswert. 80 Prozent aller weiblichen Zyklen spielen sich in 25 bis 35 Tagen ab. Zeitlich variabel ist vor allem die erste Zyklushälfte bis zum Eisprung. Das gilt nicht nur von Frau zu Frau, sondern auch innerhalb eines Frauenlebens. In einem Zyklus kann der Eisprung am 10. Tag stattfinden, im nächsten ist es vielleicht erst an Tag 15 so weit.

Die Voraussetzungen sind bereits geschaffen, wenn ein Mädchen zur Welt kommt. Mehrere 100 000 Eizellen trägt es in seinen Eierstöcken. 400 bis 500 davon werden im Laufe eines Frauenlebens heranreifen. Auch sonst ist alles schon da: Eileiter, Gebärmutter, Eierstöcke. Die nehmen mit Beginn der Pubertät die Hormonproduktion auf. Der Busen wächst, die Schamhaare sprießen, aus dem Mädchen wird optisch allmählich eine Frau. Irgendwann zwischen dem zehnten und vierzehnten Geburtstag erleben die meisten ihre erste Periode, in den folgenden Jahren stellt sich allmählich ein regelmäßiger Zyklus ein. Das Gefühlskarussell, das viele Mädchen – und ihre Eltern – in diesen Jahren erleben, ist dabei wie ein vorweggenommener Hinweis auf das Hormonkarussell, das wir eingangs erwähnten und das jetzt in Gang kommt. Was genau den Schalter umlegt und den Zyklus startet, der Frauen fruchtbar macht, weiß die Hormonforschung bislang nicht. Die Gene spielen eine Rolle. Auch die Lebensumstände; die Periode setzt heute drei Jahre früher ein als vor 100 Jahren, was auch mit der besseren Ernährung zu tun hat.

Das soll jetzt kein Biologieunterricht werden, aber ein wenig in die Details gehen wir noch. Frauen wüssten erstaunlich wenig über ihren Zyklus, konstatierten Wissenschaftler der Yale University nach der Auswertung einer Umfrage unter 1000 Frauen in den USA zwischen 18 und 40. Sie hatten unter anderem wissen wollen: Wann sind die fruchtbaren Tage? Wann sollte man Sex haben, wenn man schwanger werden will? 40 Prozent der Frauen kannten ihren Ovulationszyklus nicht. Einem Viertel der Befragten war nicht klar, dass der Zyklus in der Länge sehr variieren kann. Und nur zehn Prozent wussten, dass man Sex eher vor als nach dem Eisprung haben sollte, wenn man ein Kind zeugen möchte.

Doch ein Karussell, auf das wir 400-mal in unserem Frauenleben aufspringen, lohnt einen näheren Blick. Denn es geht hier nicht um abstrakte physikalische und chemische Formeln – es geht um Ihren Körper. Und es gilt auch hier: Wissen ist Macht. Und der Zyklus, das ist viel mehr als nur eine lästige Blutung.

Auch wenn es in der Natur eines Kreises, eines Zyklus, liegt, dass er keinen Anfang und kein Ende hat: Tag eins eines jeden Zyklus ist der erste Tag der Menstruation, denn irgendwo muss man ja beginnen. Die Regie führt dabei der Hypothalamus, eine kleine, aber machtvolle Schaltzentrale im Gehirn, die unter anderem unser komplexes Hormonsystem steuert. Er gibt den Startschuss, indem er einen Botenstoff mit dem etwas sperrigen Namen Gonatropin-Releasing-Hormon (GnRH) produziert. Er ist an die wenige Zentimeter entfernt positionierte Hypophyse, die Hirnanhangdrüse, adressiert und stößt dort die Produktion des follikelstimulierenden Hormons (FSH) an. FSH macht sich auf den Weg zu den Eierstöcken und lässt dort ein gutes Dutzend Eibläschen heranreifen, die Follikel. Sie schützen die Eizellen und produzieren wiederum selbst ein Hormon aus der wichtigen Familie der Östrogene, das Östradiol. 10 bis 16 Tage dauert diese sogenannte Follikelphase. Die Östradiolkonzentration steigt dabei kontinuierlich an. Das hat Folgen: Die Gebärmutter macht sich unter Östrogeneinfluss für die Aufnahme einer befruchteten Eizelle bereit und öffnet ihre Pforten für den Samen. Die Schleimhaut in der Gebärmutter wächst, der Schleimpfropf im Gebärmutterhals verflüssigt sich. Denn – wir verlieren es leicht aus dem Blick – eigentliches Ziel des Zyklus ist die Fortpflanzung.

Ist alles bereit – was die Hormonzentrale aufgrund des stark gestiegenen Östradiolspiegels registriert –, schüttet die Hypophyse ein weiteres wichtiges Zyklushormon in hoher Konzentration aus, das luteinisierende Hormon (LH). Ein Follikel wächst nun stärker als die anderen, füllt sich mit Flüssigkeit und wird zwischenzeitlich zur größten Zelle des Körpers. Die darin befindliche Eizelle reift so weit heran, dass sie befruchtet werden könnte. LH lässt schließlich das Eibläschen platzen, die Eizelle springt in den Eileiter und begibt sich zwölf bis 24 Stunden lang auf Wanderschaft Richtung Gebärmutter, der Dinge harrend, die kommen mögen – und wenn das Sex ist, kann alles passieren. Manche Frau spürt ihren Eisprung als leichten Schmerz, aber wer nichts merkt, hat auch nichts falsch gemacht. Wann genau das Ei springt, lässt sich nicht vorhersagen – der Zeitpunkt kann von Zyklus zu Zyklus schwanken. Sich bei der Verhütung auf Durchschnittswerte aus vergangenen Zyklen zu verlassen ist deshalb extrem riskant.

Der leere Follikel verwandelt sich in den Gelbkörper, der nicht nur so heißt, sondern auch so aussieht – ein kleiner gelber Punkt im Eierstock. Er gibt der nächsten Zyklusphase ihren Namen, der Gelbkörper- oder Lutealphase. Neben dem Östradiol, das nach wie vor, allerdings in nicht mehr ganz so hoher Konzentration produziert wird, ist nun ein zweites Zyklushormon wichtig: Der Gelbkörper stellt Progesteron her. Dieses sorgt dafür, dass keine weiteren Eizellen heranreifen, und setzt stattdessen die Bauarbeiten in der Gebärmutter fort. Die Schleimhaut lagert Nährstoffe ein und verdichtet sich, um eine befruchtete Eizelle besser halten zu können. Die Körpertemperatur steigt dabei um einige Zehntelgrad an. Wer wissen möchte, wann er einen Eisprung hatte, kann das mit einem regelmäßigen Temperaturcheck am Morgen ganz gut nachvollziehen.

Wird nun die Eizelle im Eileiter befruchtet, macht sie es sich in der Gebärmutter bequem. Das Schwangerschaftshormon hCG lässt den Gelbkörper die Progesteronproduktion weiter hochfahren, ein Teil der Schleimhaut wächst dadurch zur Plazenta, dem Mutterkuchen, heran. Was danach so alles passiert, bis hin zur Geburt, der Einschulung, dem Pferdegeburtstag mit 30 Freundinnen und dem dringenden Wunsch nach einem eigenen Handy mit Spiderman drauf, darauf müssen wir an dieser Stelle nicht groß weiter eingehen.

Wird die Eizelle nicht befruchtet, tut der Gelbkörper alles, um sich überflüssig zu machen, und zerfällt. Die Progesteronausschüttung wird ebenso zurückgefahren wie die Produktion von Östradiol. Sämtliche für eine Schwangerschaft getroffenen Vorkehrungen werden rückgängig gemacht – die Menstruation beginnt, und der Zyklus startet von vorn.

Dafür muss die Schleimhaut weg, die wie eine weiche Tapete die Gebärmutter auskleidet, als Nest für die befruchtete Eizelle, das nicht benötigt wird. Eine Art monatliche Grundrenovierung des Kinderzimmers. Das kann wehtun, weil beim Ablösen der Tapete das Gewebshormon Prostaglandin für Schmerzen sorgt. Außerdem hemmt der vor der Menstruation stark gesunkene Östrogenspiegel die Endorphinausschüttung, das macht schmerzempfindlicher.

Nüchtern betrachtet, ist es nicht viel mit Schleimhautresten gemischtes Blut, das Frauen bei der Menstruation verlieren. 30 bis 80 Milliliter der vier bis fünf Liter, die im Körper zirkulieren, ein Kaffeetässchen voll. Und doch kann es sich nach so viel mehr anfühlen. Womit wir wieder bei der Diskrepanz zwischen Fakten und Wahrnehmung wären. Und bei der Frage, warum wir überhaupt so viel davon mitkriegen, wenn ein paar Hormone irgendwo zwischen Gehirn, Eierstöcken und Gebärmutter unterwegs sind.

Warum zieht es dann im Busen? Warum bekomme ich Pickel? Fühle mich dick und bin mies drauf, kurz bevor die Tage losgehen? Und könnte Bäume ausreißen, wenn alles wieder vorbei ist? Die Hormone beschränken ihre Aktivität eben nicht auf den Unterleib. Sie sind zwar höchst sorgfältig adressiert. Doch die Rezeptoren, die diese Adresse lesen können, sitzen nicht nur auf den Organen, die mit der Fortpflanzung zu tun haben. Es gibt sie überall im Körper.

Sie fassen sich jetzt schon an den Kopf? – »Na klasse, die Frau als Ganzkörperhormonbündel, das kann doch wohl nicht wahr sein!« Das hatten Sie sich von diesem Buch anders erwartet?

Keine Sorge. Niemand schnürt Sie zu einem willenlosen Bündel. Hormone sind nur einer von vielen Faktoren, die unser Befinden ausmachen. Aber sie sind ein Faktor, der Power hat – und das natürlich nicht nur in Bezug auf den Zyklus. Hormone steuern so essenzielle Vorgänge wie das Gefühl für Hunger und Durst, das Empfinden von Hitze und Kälte. Sie treiben den Stoffwechsel an, regulieren den Blutzuckerspiegel, können gute Gefühle erzeugen und tiefe Traurigkeit. Sich damit ein bisschen auszukennen kann nicht schaden, wenn man all das für sich nutzen will – und das wollen Sie doch, oder?

Also bleiben Sie dran. Im nächsten Kapitel begeben wir uns auf eine kurze Tour durch die Chemiefabrik unseres Körpers.

Was sie sind und wie sie uns antreiben

Mit den Botenstoffen unseres Zyklus haben wir erst einen kleinen Teil der Hormone kennengelernt, die in unserem Körper unterwegs sind. Es gibt noch Massen von ihnen, Multitalente und Störenfriede, Effizienzkünstler und Sensibelchen, und sie alle sorgen dafür, dass die höchst komplexen Abläufe, die uns am Leben erhalten und die unser Wohlbefinden erst möglich machen, reibungslos ablaufen. Wie gesagt: Wie in einem mechanischen Uhrwerk müssen viele große und kleine Zahnräder ineinandergreifen. Hormone sind immer aktiv, 24 Stunden am Tag, sieben Tage die Woche. Und sie haben Macht: Sie sorgen dafür, dass aus einer befruchteten Eizelle ein Mensch entsteht, lassen 52-Zentimeter-Babys zu 1,95-Meter-Hünen heranwachsen.

Hormone sind auch auf ganz anderen Feldern aktiv. Sie ermöglichen uns die schnelle Flucht bei Gefahr. Sie können Männer zu Frauen machen und Frauen zu Männern. Für die Wissenschaft sind Hormone noch immer eine Art Eisberg:

Gerade mal gut 100 bis 150 von ihnen sind einigermaßen identifiziert, rund zehnmal so viele schwimmen sozusagen noch unentdeckt unter der Wasseroberfläche. Was sie natürlich nicht davon abhält, in unserem Körper zu schalten und zu walten.

Die Entdeckung der Hormone liegt noch gar nicht so lange zurück. Erst Anfang des 20. Jahrhunderts kamen ihnen die beiden englischen Forscher Ernest Henry Starling und William Maddock Bayliss auf die Spur. Ihre Vermutung: Es sind nicht nur die Nerven, über die Informationen weitergeleitet werden. Um das zu beweisen, kappten sie in einem Versuch sämtliche Nervenverbindungen, die zur Bauchspeicheldrüse führten. Das Organ funktionierte trotzdem weiter. Den Substanzen, die das ermöglichten, gaben die beiden Wissenschaftler einen ausgesprochen passenden Namen: Der Begriff »Hormone« stammt vom griechischen Wort »hormao« ab – zu Deutsch »antreiben« oder »anregen«.

Die »Antreiber« werden auch gern als Botenstoffe bezeichnet. Denn Hormone transportieren Informationen, und zwar nicht wie die Nerven in Form schneller elektrischer Impulse, sondern verpackt in chemische Verbindungen, die im Blut zirkulieren oder ins Gewebe freigegeben werden. Das geht nicht ganz so schnell wie auf der Nervendatenautobahn, dafür passt aber in die Hormonbotschaft mehr Information. Und: Sie enthält nicht nur Anweisungen, sondern sie sorgt auch gleich dafür, dass diese umgesetzt werden. Also eine Art Kurier, der Ihnen nicht nur den Brief in den Briefkasten wirft, in dem Ihre beste Freundin Sie nach Berlin zur Hochzeit einlädt, sondern der auch noch gleich dafür sorgt, dass Sie ein Geschenk besorgen, den Koffer packen und ein Zugticket in die Hauptstadt lösen.

Nehmen wir zum Beispiel Adrenalin, das Antreiberhormon schlechthin. Sie sind abends auf dem Heimweg, der Tag

· **25** ·

war lang, es ist dunkel, Sie sind müde. Da bemerken Sie diesen Typen hinter sich. Und als Sie schneller gehen, kommt es Ihnen vor, als beschleunige auch er seine Schritte. Ihr Herz rast, kalter Schweiß bricht Ihnen aus, alle Sinne sind fast schmerzhaft auf Empfang geschaltet, Sie checken schon mal die möglichen Fluchtwege. Höchstwahrscheinlich völlig grundlos. Aber Ihr Körper hat Sie vorsorglich in die Lage versetzt wegzurennen.

Denn das Gehirn interpretiert das Konglomerat an Eindrücken – Dunkelheit, unbekannte Menschen, niemand anderes in der Nähe, schwer einschätzbare Situation – als Stress und schaltet auf »Alarm«. Das kurbelt die Produktion von besagtem Adrenalin an, einem wahren Tausendsassa-Hormon, das die Herzleistung steigert, den Stoffwechsel hochfährt, die Sinne schärft und dafür sorgt, dass Energiereserven in Form von Glukose freigesetzt werden.

Hat es seinen Job erledigt, baut der Körper das Adrenalin durch Bewegung wieder ab. Eine eigentlich clevere Eigenschaft, die uns heute allerdings zu schaffen machen kann. Wer erfolgreich vor der Gefahr flüchtet – und das war ja zu Zeiten unserer Jäger-und-Sammler-Vorfahren häufiger notwendig, wenn der nächste Säbelzahntiger auftauchte –, bringt damit gleichzeitig den Adrenalinspiegel auf Normallevel. Der Körper kommt wieder zur Ruhe. Heute erleben wir Stresssituationen, die sich oft nicht körperlich ausgleichen lassen. Wenn die Projektpräsentation in zwei Stunden fertig sein muss, aber ständig Kollegen mit Fragen in der Tür stehen, können wir nicht in gestrecktem Galopp durch den Notausgang fliehen. Wenn wir eigentlich losmüssen, um unser Kind aus der Kita abzuholen, die Chefin aber jetzt doch noch einen Auftrag hat, können wir nicht zähnefletschend auf sie losgehen. Oder sollten es zumindest nicht.

Ohne Bewegung bleibt das Adrenalin länger im Körper

aktiv als notwendig. Und das macht uns nervös und unruhig, weil die bereitgestellte Energie nicht aufgebraucht werden kann. Deshalb rast das Herz auch zu Hause noch weiter, obwohl sich der Typ in der dunklen Straße längst als harmlos herausgestellt hat.

Produziert werden Hormone an vielen Stellen im Körper. In der Bauchspeicheldrüse, in den Eierstöcken, in den Hoden, in der Schilddrüse, in den Nebennieren, aber auch in der Muskulatur oder in der Haut. So viele dezentral gelegene Abteilungen erfordern eine effiziente Steuerung, das ist in unserem Körper nicht anders als in einem Unternehmen. Der Body hält es dabei mit klassischen Hierarchien: Es gibt einen Boss, der fast immer sagt, wo's langgeht.

Den haben wir schon kennengelernt: Welches Hormon wann, wo und in welcher Menge aktiv wird, entscheidet sich vor allem im Hypothalamus. Gerade einmal so groß wie ein Fünf-Cent-Stück ist diese Zentrale im Gehirn, die mit dem Nerven- und dem Hormonsystem gleichermaßen verbunden ist und in der unzählige Informationen einlaufen, über Körperfunktionen ebenso wie über Sinnesreize. Der Hypothalamus sammelt die Daten, wertet sie aus und sorgt dafür, dass die notwendigen Reaktionen in Gang kommen.

Wenn wir zum Beispiel morgens vor Kälte bibbernd an der Bushaltestelle stehen, ist der Hypothalamus schuld (na ja, ein bisschen vielleicht auch wir selbst, weil wir die Pumps einfach schicker fanden als die Winterboots, aber das tut jetzt nichts zur Sache). Die Kältesensoren in der Haut machen nämlich im Gehirn Meldung. Und der Hypothalamus weist die Muskeln an: »Zittert!« Das erzeugt Wärme. Die Füße sind immer noch kalt? Ja, auch das verantwortet der Boss in der Schaltzentrale. Er sorgt nämlich außerdem dafür, dass das Blut vor allem die wichtigen Organe wärmt. Kon-

· **27** ·

zentration auf das Wesentliche sozusagen. Die Adern in den Fingern und Zehen haben das Nachsehen.

Oder nehmen wir den Heißhunger auf Süßigkeiten. Auch er entsteht im Gehirn. Im Hypothalamus läuft die Nachricht ein, dass der Blutzuckerspiegel zu niedrig und damit die Energieversorgung nicht mehr sichergestellt ist. Jetzt muss schnell was passieren: Essen, sofort! Eine ganze Kaskade von Reaktionen startet: Der Magen knurrt, die Laune sinkt in den Keller, und uns läuft nicht nur sprichwörtlich das Wasser im Mund zusammen, denn die Speicheldrüsen fahren in freudiger Erwartung schon mal die Produktion hoch. Ein Schokoriegel wirkt jetzt am schnellsten. Kein Wunder, Zucker geht besonders schnell ins Blut. Ist allerdings auch genauso schnell wieder aufgebraucht. Und der Hypothalamus bekommt wieder Arbeit.

Aus der eigentlichen Hormonproduktion hält sich der Hypothalamus weitgehend heraus. Aus gutem Grund. Denn wegen der sogenannten Blut-Hirn-Schranke, die das sensible Gehirn von den nicht immer ganz berechenbaren Verhältnissen in den Adern abschottet, könnte er seine Botschaften gar nicht in die Blutgefäße und damit auf die Reise schicken. Doch Oberboss Hypothalamus hat gleich um die Ecke, ein Stockwerk tiefer, einen loyalen Assistenten, nämlich die Hirnanhangdrüse. Sie schüttet Steuerungshormone aus, die wiederum in den Hormondrüsen überall im Körper die gewünschten Schalter umlegen, wie es ja auch – wir erinnern uns – beim Zyklus der Frau geschieht.

Der Hypothalamus gibt zwar den Ton an, ist aber durchaus bereit, auf seine Mitarbeiter zu hören. Wenn die ihm zum Beispiel mitteilen, dass es nun aber gut ist mit dem Stress, dann regelt er die Produktion von Stresshormonen entsprechend wieder herunter; das wiederum ist anders als in vielen Unternehmen.

Oft sind zwei miteinander korrespondierende Hormone an diesen ausgeklügelten Regelkreisläufen beteiligt. Die Bauchspeicheldrüse zum Beispiel, die übrigens unabhängig von der Schaltzentrale im Gehirn tätig ist, produziert und speichert neben Verdauungsenzymen die Hormone Insulin und Glucagon. Sie regulieren als Gegenspieler den Zuckergehalt im Blut. Denn der sollte immer auf einem einigermaßen gleichmäßigen Niveau liegen. Nach einer binnen Minuten inhalierten Tafel Frustschokolade ist das verständlicherweise nicht mehr der Fall. Die Bauchspeicheldrüse reagiert auf die Nachricht »Alles so süß hier« mit einer Portion Insulin. Es fungiert als eine Art Türöffner und bahnt dem Zucker den Weg aus dem Blut in die Zellen, wo er als Energielieferant entweder direkt verbrannt oder eingelagert wird. Ist der Zuckergehalt im Blut zu niedrig, dann kommt Glucagon ins Spiel und sorgt dafür, dass die Zuckerlager in der Leber und in der Muskulatur angezapft werden und Zucker zurück in die Blutbahn gelangt.

Damit solche ausgeklügelten Informationssysteme funktionieren, ist es entscheidend, dass die Botschaft auch ankommt. In den rund 100 000 Kilometern an Blutgefäßen in unserem Körper könnte man sich schließlich durchaus auch mal verfahren.

Doch Hormone finden ihre Zieladresse perfekt, die Deutsche Post hätte daran ihre wahre Freude. Sie können aufgrund ihrer Struktur nur an den Zellen andocken, die sie aktivieren sollen, ihr chemischer Schlüssel passt nur in ein ganz bestimmtes Schloss. Zellen können dabei eine ganze Reihe von Schlössern haben, jedes gültig für ein bestimmtes Hormon. Damit nicht genug. Es macht auch einen Unterschied, ob dieser Rezeptor auf Zellen im Verdauungstrakt sitzt oder in der Muskulatur. Nehmen wir noch einmal das Adrenalin. Damit wir bei Gefahr schneller wegrennen können, kurbelt es die Durchblutung in Beinen und Armen an. In Sachen Darmtätigkeit dagegen wirkt es als Bremse. Hat ja auch durchaus Vorteile, auf der Flucht nicht auf die Toilette zu müssen.

Wie viele Türen sich in unserem Körper öffnen und wie viele Schlüssel dafür umgedreht werden müssen, ist von Mensch zu Mensch verschieden. Manche reagieren sensibler auf Hormonschwankungen, manche weniger. Manche schütten allein unterwegs auf der dunklen Straße mehr Adrenalin aus, manche weniger, abhängig auch davon, welche Situationen unser Gehirn als gefährlich interpretiert. Auch Alter, Tagesform, Gewicht, Erfahrungen und diverse andere Faktoren haben ein Wörtchen mitzureden. Das macht es so schwierig, Hormonwerte zu deuten, die eine Laboruntersuchung ergeben hat. Umgekehrt gilt: Ein identischer Hormonspiegel bedeutet nicht unbedingt dieselbe Befindlichkeit. Eine Frau, der Kopfschmerzen, Schlaflosigkeit und Depressionen die Tage vor den »Tagen« zur Hölle machen, kann dieselben Werte aufweisen wie eine Frau, die das Wort »PMS« nur vom Hörensagen kennt.

Es ist auch mitnichten so, dass im Körper einer jeden 35-Jährigen gleich viel Östrogen zirkuliert. Wie viel an Hormonen unsere Drüsen ausschütten, haben wir zum Teil geerbt, wobei Abweichungen vom Durchschnitt nicht unbedingt ein Problem sein müssen. Die möglichen Schwankungen sind bei einigen Hormonen enorm.

Wann Hormonschwankungen das komplexe System aus dem Takt bringen, ist deshalb kaum vorhersehbar. Wenn es allerdings aus dem Tritt gerät, kann das angesichts der vielseitigen Fähigkeiten der Botenstoffe gravierende Auswirkungen haben. Ein gutes Beispiel ist unsere Schilddrüse. Die Hormone, die das schmetterlingsförmige Miniorgan im Hals produziert, sind wahre Alleskönner. Sie steuern wichtige Funktionen des Herz-Kreislauf-Systems ebenso wie Stoffwechsel und Verdauung. Feuert die Schilddrüse zu viele Hormone ins Blut, macht uns das nervös, wir können uns nicht mehr konzentrieren, schlafen schlecht. Haben wir zu wenig Schilddrüsenhormon in unseren Adern, verlangsamt sich der Stoffwechsel, wir legen an Gewicht zu, sind antriebslos und schnell müde.

Das verändert – natürlich – auch unser Verhalten. Wer immer erschöpft ist, wird im Job keine Bäume ausreißen, wird weniger mit Freunden unterwegs sein. Doch das gilt nicht nur für hormonelle Fehlfunktionen. Ins Blickfeld der Wissenschaftler rückt deshalb immer mehr die Frage, wie die Hormone grundsätzlich unser Verhalten beeinflussen. Ein Lieblingskind der Hormonforschung ist derzeit das Oxytocin. Von ihm werden Sie in diesem Buch noch einiges lesen. Denn es ist ein gutes Beispiel dafür, dass Hormone nicht nur körperliche Vorgänge an- oder abschalten, sondern auch Gefühle beeinflussen können, je nachdem, in welcher Situation und wo sie gerade zugange sind – richtig: Gefühle!

Bei der Liebe zum Beispiel. Oxytocin, auch Bindungshormon genannt, bringt die Geburt in Gang, sorgt für das Gefühl der Nähe zwischen Mutter und Baby, lässt die Wehenschmerzen schnell vergessen, regt den Milchfluss an und erleichtert das Stillen. Es wird aber auch in großen Mengen während des Orgasmus ausgeschüttet, und es kann die Bande zwischen Partnern festigen.

Wir dürfen also durchaus Respekt haben vor den großen Fähigkeiten der kleinen Antreiber. Sie regulieren nicht nur körperliche Prozesse. Sie beeinflussen auch unsere Stimmung und unser Verhalten. Sie prägen unsere Persönlichkeit.

Vielfalt der Biologie:
Nicht alles läuft nach dem gleichen Programm

Es sind die gleichen Hormone, es ist der gleiche Ablauf. Und doch erlebt jede Frau ihren Zyklus anders. Das beginnt schon mit der Frage, wie lange er zu dauern hat. Viele Frauen stressen sich grundlos, weil sie nicht auf die 28 Tage kommen, die die gynäkologischen Lehrbücher vorsehen, obwohl Zykluslängen von 25 bis 35 Tagen als völlig unauffällig gelten.

Was in dieser Zeit passiert und wie wir das Hormon-Auf-und-Ab wahrnehmen – da gibt es unendlich viele Variationen. Was sind Sie für ein Typ? Gehören bei Ihnen jedes Mal die Tage dazu, an denen Sie, ehrlich gesagt, unausstehlich sind? Oder ganz viel Kompensation brauchen? Haben Sie schon mal einen Kinotermin verschoben, weil Sie genau wussten, dass Sie beim Happy End wie ein Schlosshund heulen? Oder freuen Sie sich, wenn wieder diese Phase kommt, in der das Aftershave Ihres Partners ganz besonders gut riecht …?

Die Zyklushormone Östrogen und Progesteron verrichten ihr Werk nicht still und heimlich irgendwo zwischen Gebärmutter und Eierstöcken. Das Auf und Ab im Hormonspiegel zeigt im ganzen Körper Wirkung.

Steigt der Östrogenspiegel, wird die Haut glatt und elastisch, weil die Zellen Feuchtigkeit besser speichern können. Die Talgdrüsen arbeiten erfreulich unauffällig, Unreinheiten verschwinden. Selbst eine antientzündliche Wirkung wird dem Hormon zugeschrieben. Wir sehen so richtig gut aus.

Aber wo's raufgeht, geht's auch wieder runter: Wenn die Pickel sprießen, können wir schon mal die Tampons einpacken. Kurz bevor die Menstruation einsetzt, fällt der Östrogenspiegel in den Keller. Jetzt bekommt das Testosteron

Oberwasser. Das männliche Sexualhormon, das auch ein Frauenkörper in kleinen Mengen produziert, kurbelt die Produktion der Talgdrüsen an, was bei vielen Frauen vor den »Tagen« für unreine Haut sorgt.

Dazu gesellt sich gern noch ein »Bad Hair Day«: Störrisch und stumpf hängen die Strähnen herab, die sich vor ein paar Tagen doch noch willig in Form föhnen ließen. Auch hier waren Östrogene am Werk. Sind sie reichlich vorhanden, kurbeln sie das Wachstum an, die Haare wirken voll und gesund. Sinkt der Spiegel, lässt der Effekt nach. Die gute Nachricht: Nach ein paar Tagen geht's wieder aufwärts.

Für viele Frauen ist der Zyklusverlauf am Hosenbund ablesbar. Kurz bevor die Periode beginnt, lagert der Körper Wasser ein, der Bauch fühlt sich unangenehm aufgebläht an, der Gürtel zwickt. Wenige Stunden nach Einsetzen der Blutung ist der Spuk wieder vorbei, der Körper schwemmt das überflüssige Wasser aus. Das kann auf der Waage durchaus mal mit einem Kilo weniger zu Buche schlagen und zu ziemlich unbegründeten Freudenjuchzern führen.

Auf den Schlaf nehmen die Geschlechtshormone offenbar ebenfalls Einfluss. Wobei auch hier wieder gilt: Die Biologie ist ein Meister der Vielfalt. Bei der Hormonwirkung gilt das ganz besonders. Dasselbe Hormonniveau kann die eine Frau um den Schlaf bringen, während die andere davon überhaupt nichts merkt. Die Wechselwirkungen und Abhängigkeiten zwischen Hormonen, Umwelteinflüssen und psychischen Faktoren sind noch weitgehend unerforscht.

Für Kelly Cobey, Psychologin an der University of Stirling in Schottland, wird das Thema dadurch so richtig spannend. Wenn sie für ihre Studien, in denen sie Zusammenhänge zwischen Verhalten und Zyklushormonen untersucht, Probandinnen befragt, erklärt sie ihnen anschließend, worum es bei der Untersuchung geht. Die Reaktionen machten ihr immer wieder bewusst, wie unterschiedlich Frauen auf das Auf und Ab der Zyklushormone reagieren, erzählt die Forscherin: »Manche waren so froh, als wir ihnen bestätigten, dass sie tatsächlich diese Veränderungen durchmachen. Andere reagierten völlig unbekümmert, weil sie diese Unterschiede überhaupt nicht fühlen.« Das sei sehr faszinierend, »weil es eben kein Einheitsmuster gibt«. Hinzu kommt: Es sind nicht die Hormone allein, die Einfluss nehmen. »Auch soziale Faktoren – der Lebensstil, die Arbeit – spielen eine wichtige Rolle«, sagt Cobey.

Doch zurück zum Schlaf. Forscher der Rush University in Chicago stellten fest, dass Frauen vor allem dann schlecht schliefen, wenn der Spiegel des follikelstimulierenden Hormons (FSH) besonders niedrig war, also unmittelbar vor, während und kurz nach der Menstruation. Aber auch sie sagen: Es sind nicht die Hormone allein, auch die momentane Stimmungslage spielt eine wichtige Rolle dabei, ob wir nachts Ruhe finden können.

Das klingt so ein bisschen nach der Schlange, die sich selbst in den Schwanz beißt: Sind es die Sorgen, die Gedanken über den Stress im Job oder in der Beziehung, die mich nachts wach liegen lassen, oder fange ich an zu grübeln, weil ich nicht schlafen kann? Machen mich die Hormone so gereizt und nervös – oder der Schlafmangel? Weil die Ursachen nicht klar sind, kann auch der Weg heraus aus der Schlechtschlafspirale mühsam sein. Tipp von Schlafforschern: ein Schlaftagebuch führen. Aufschreiben, wie man schläft, wie lange man schläft, was tagsüber passiert ist, welche Gedanken gerade im Vordergrund stehen. Vielleicht lässt sich ein Muster erkennen, vielleicht hängen die durchwachten Nächte mit der Ernährung zusammen, mit dem Projekt im Job, das nicht vorankommt. Oder tatsächlich mit der Zyklusphase, in der wir gerade stecken.

Ein solches Tagebuch kann auch weiterhelfen, wenn wir uns mit PMS herumschlagen. Diese drei Buchstaben, ausgeschrieben prämenstruelles Syndrom, sind so eine Art Inbegriff der biologischen Vielfalt des weiblichen Zyklus. PMS, das ist keine Krankheit und doch eine beeindruckend lange Liste von Symptomen, die Frauen vor der Menstruation (daher auch der Name) plagen können. Bis zu 150 mögliche Beschwerden stehen auf den entsprechenden Diagnoselisten, von Abgeschlagenheit, Anspannung und Appetitlosigkeit über Brustschmerzen, depressive Verstimmungen und Heißhunger bis zu Unterleibskrämpfen, Übelkeit und Wassereinlagerungen. PMS kann sich auf den Tag vor Beginn der Blutung beschränken oder schon kurz nach dem Eisprung beginnen. Drei von vier Frauen im fruchtbaren Alter merken, dass ihr Körper an den Tagen vor den »Tagen« anders ist als sonst, bei 20 bis 50 Prozent spricht man von PMS, weil regelmäßig belastende Beschwerden auftreten.

Dass die Zahl der Betroffenen je nach Statistik so stark schwankt, ist schon ein Hinweis darauf, wie komplex das Thema ist. »Es gibt einfach keine guten Diagnosekriterien«, sagt Almut Dorn. Die Psychologin aus Hamburg hat sich auf gynäkologische Themen spezialisiert und betreut unter anderem PMS-Patientinnen. Klar definiert ist nur die prämenstruelle dysphorische Störung (PMDS), eine schwere Form, die zwei bis fünf Prozent der Frauen betrifft.

Die Ursache des prämenstruellen Syndroms, Sie ahnen es vermutlich schon, ist unklar. »Wir gehen davon aus, dass einige Frauen sensibler auf zyklusbedingte Hormonschwankungen reagieren«, sagt Psychologin Dorn. Auch der Gehirnbotenstoff Serotonin mischt vermutlich mit. Das Problem: Es ist nichts messbar. Der Hormonspiegel einer Frau mit ausgeprägtem PMS kann genauso aussehen wie der einer Frau, die nichts spürt. PMS galt und gilt deshalb nach wie vor oft als Laune, als Ausflucht vor unangenehmen Aufgaben, als typisch weibliche Zickigkeit: »Die bekommt wohl ihre Tage.«

Manche Frauen haben PMS, seit sie ihre Periode haben, bei anderen beginnen die Beschwerden nach der Geburt des ersten Kindes. »Möglicherweise nehmen sie die Symptome aber auch erst dann wahr, weil sie ohne Kinder noch eher die Möglichkeit hatten, sich zurückzuziehen, sich um sich selbst zu kümmern«, macht Almut Dorn deutlich. PMS hat viel damit zu tun, wie eine Frau ihr Befinden bewertet: »Stört es mich, weil ich mich weniger leistungsfähig fühle, erlebe ich es als krankhaft, oder nehme ich es als Signal wahr, genauer auf mich zu schauen?«

Die Selbstbeobachtung in einem Zyklustagebuch könne deshalb nicht nur bei der Diagnose helfen, sondern sei schon eine Form der Therapie, sagt die Psychologin: »Vielen Frauen, die PMS haben, hilft es schon, wenn sie verstehen, was passiert. Wenn sie wissen, dass es wieder vorbeigeht.«

Wir sind es gewohnt, nach Begründungen, nach Beweisen, nach Regeln zu fragen. Bei vielen Fragen rund um unseren Zyklus kommen wir da (noch) nicht weiter. Warum die Hormone bei der einen Frau auf die Stimmung schlagen und bei der anderen nicht, warum die eine Schmerzen hat, die andere nicht – wirklich befriedigende Antworten gibt es darauf bislang nicht. Aber anzuerkennen, dass da etwas passiert, auch wenn wir nicht wissen, was, ist für die Forscherin Kelly Cobey ein ganz entscheidender erster Schritt zu einem neuen Zyklusverständnis. »Es gibt Frauen, die im Lauf des Zyklus gravierende Veränderungen in ihrer Stimmung erleben. Sie erkennen sich selbst nicht wieder: Das ist frustrierend und kann auch in eine innere Wut umschlagen«, hat sie beobachtet. »Diese Veränderungen als normal anzuerkennen, könnte manchen Frauen schon helfen, besser damit umzugehen.« Wenn wir nicht nur das Ab wahrnehmen, sondern auch das Auf, die gute Stimmung rund um den Eisprung, die Energie der ersten Zyklushälfte. Und: Wir sollten nicht unsere eigenen Beschwerden oder Nichtbeschwerden zum Maßstab nehmen, sondern der weiblichen Biologie ihre Vielfalt zugestehen.

WAS FRAUEN ERZÄHLEN

Alessia*, 29, Lehrerin
Kurz vor den Tagen bin ich leicht hysterisch, reagiere super empfindlich auf mein Umfeld. Ich fühle mich von meinem Freund schnell unverstanden und unsensibel behandelt und bin bereit, mit ihm zu streiten. Viel zu spät bemerke ich immer, dass ich »ganz zufällig« wieder mal vor meinen Tagen stehe. Im Nachhinein wird mir dann klar, dass mein Freund eigentlich wie immer war und dass die Missstimmung von mir ausging.

Maren, 40, Bibliothekarin in einer Stadtbücherei
Es gibt eine Zeit im Zyklus, die Tage vor den Tagen, da gehe ich mit Kolleginnen, die ich nicht besonders mag, nicht zimperlich um. Es gelingt mir nur schwer zu verbergen, was ich von ihnen halte. Ich neige eher dazu, ihnen zu sagen, was mir an ihnen nicht passt – leider treffe ich dann selten den richtigen Ton.

---

* Um ihre Privatsphäre zu wahren, haben wir die Namen der Frauen verändert.

Anna, 36, freie Fotografin

Stimmungsveränderungen habe ich erst nach der Geburt meiner Kinder bekommen: In der Zeit vor den »Tagen« kann ich manchmal alles infrage stellen, was ich mache. Ich bin vor allem zu Hause gereizt, rege mich schneller über herumliegende Socken auf. Ich bin unnahbarer, ziehe mich gerne zurück. Die anderen – Kollegen und so – kriegen von mir keine Launen ab. Das glaube ich zumindest. Ich bin dann vielleicht eher etwas ruhiger als sonst. Sind diese Tage vorbei, verstehe ich manchmal gar nicht mehr, warum ich so viel hinterfragt habe und so schlecht gelaunt war. Dieses Hin und Her würde ich gerne abschalten können.

Isabell, 30, Junior-PR-Beraterin:

Eine Woche vor den »Tagen« geht es immer los: Ich bin gereizt, missgelaunt, stelle mein ganzes Leben und meine Beziehung infrage.

Ich hoffe sehr, dass meine Kolleginnen nichts davon mitbekommen. Denn es ist mir sehr wichtig, unangreifbar zu sein. Ich finde es irgendwie erniedrigend, abhängig von einem Zyklus zu sein, und würde gerne drüberstehen. Mit Freundinnen reden wir schon darüber, aber auch nicht zu häufig. Ich glaube, wir wollen uns davon einfach nicht so beeindrucken lassen. Aber eine Freundin von mir lässt sich und ihr Leben regelmäßig sehr von Zyklusproblemen beeinflussen. Und wenn ich ehrlich bin, merke ich, dass ich davon schnell genervt bin.

Barbara, 40, Producerin:

Eine Zeit lang hatte ich Ärger mit meinem Friseur. Ich mag ihn total, ein wirklich netter Typ, der etwas kann. Aber aus der Blondfärbung wurde regelmäßig ein halbseidenes Blond mit orangenem Stich, die Haare fielen nicht gut. Ich habe eine eigene Firma, mache Werbefilme für Unternehmen, habe also viel Kundenkontakt. Da kann ich nicht aussehen wie ein geföhntes Orang-Utan-Weibchen. Ich erinnere mich noch genau, als ich eine Kundin aus dem Beauty-Bereich hatte, ich kam gerade frisch vom Friseur und musste mich erst mal für den Farbunfall entschuldigen. Ich habe schließlich nach dem Ausschlussverfahren mit meinem Friseur herausgefunden, dass es an der Zyklusphase lag. Seither mache ich meine Friseurtermine erst nach der Periode und vor der nächsten PMS-Phase. Das tut nicht nur meinen Haaren gut, sondern auch dem Verhältnis zu meinem Friseur.

Alina, 24, Studentin der Kommunikationswissenschaften
Die Frage »Hast du gerade deine Tage?« – auch von meinem Freund gestellt – bringt mich auf die Palme. Sie macht das klein, worum es gerade wirklich geht. Reduziert mich auf die Hormone. Von Leuten, die das tun, halte ich gar nichts, und mein Freund bekommt richtig Ärger.

Lynn, 39, Leiterin Qualitätsmanagement einer Klinik
Ich habe eine Kollegin, eine Ärztin, mit der ich auch befreundet bin. Die beobachtete ich, als sie akribisch ihr Behandlungszimmer aufräumte, hier und da herumputzte. Etwas, was gar nicht ihre Aufgabe war. Ich habe ihr spontan auf den Kopf zugesagt: »Ich glaube, du menstruierst gerade.« Sie hat mich erst angeschaut wie ein Mondkalb und dann losgelacht: »Ja!« Ich kenne das Phänomen nämlich von mir.

Henriette, 36, Vertriebsleiterin bei einem Energiekonzern

Eine Freundin von mir, die ihren Zyklus ganz bewusst beobachtet, geht in ihrer prämenstruellen Phase joggen. Sie macht das so richtig nach Terminkalender. Und zwar sehr konsequent – im Job und privat. Nach dem Motto: »Ich kann mich jetzt nicht mehr weiter besprechen« oder »Das kann auch noch bis morgen warten«. Für sie steht fest: »Ich gehe jetzt laufen.« In der Firma macht sie pünktlich Schluss. Sie kann sich das erlauben. Zu Hause hat sie ein Agreement mit ihrem Mann. Er ist beim Kind, sie geht joggen. Sie umgeht damit Konfliktsituationen mit ihm. Wer nicht zu Hause ist, kann auch nicht streiten. Sie schafft Abstand, powert sich aus, regelt die schlechte Laune runter. Ich finde das sehr beeindruckend, wenn jemand für sich so eine Strategie findet und auch umsetzen kann. Sie sagt immer zu mir: »Mach das auch! Es ist nie zu spät dafür!«

Amber, 39, Personalleiterin in einem Verlag

Ich glaube, beruflich kann ich die Stimmungsschwankungen gut verbergen. Das hab ich unter Kontrolle. Aber daheim: Mein Sohn hat einen Bonus. Doch mein Mann kriegt, glaube ich, am meisten davon ab. So wie ich mich im Beruf zurückhalte – das muss ja irgendwo raus. Und es gibt in unserer Beziehung ein paar ungelöste Konflikte, die ich in manchen Zeiten gewillter bin, mal so stehen zu lassen, als in anderen Zeiten.

Maria, 36, Buchhalterin in einem Medienunternehmen

Mein erster Freund, da war ich 17, sagte: »Am liebsten bist du, wenn du menstruierst.« Ich habe ihm, im Rückblick, ziemlich übel mitgespielt. Obwohl ich glaube, dass sich viele Zyklusnebenwirkungen bei mir erst im Laufe der Jahre entwickelt

*haben. Der prämenstruelle Putzfimmel gehört noch zu den
besten, weil ich davon profitiere, regelmäßig ausmiste und die
Wohnung auf Vordermann bringe. Und das auch noch gerne.*

Stellschrauben des Zyklus

Das Zykluskarussell ab und zu ein bisschen langsamer laufen
lassen. Oder das Tempo erhöhen, damit die Runde schneller
erledigt ist. Das hätte schon was. Denn manchmal passt die
jeweilige Zyklusphase einfach nicht zum Leben. Weil man
den Strandurlaub auf den Malediven, auf den man so lange
gespart hat, ungestört genießen möchte. Weil für das Vorstellungsgespräch das Selbstbewusstsein der ersten Zyklushälfte perfekt wäre. Weil wir so gern endlich schwanger würden, aber der Partner zum Eisprungtermin schon wieder auf
Dienstreise ist.

Können wir unseren Zyklus beeinflussen? Gibt es Schräub-
chen, an denen wir drehen können, um das Wechselspiel von
Östrogenen und Progesteron unseren Lebensbedürfnissen
anzupassen? Und – ist das gut?

Für Frauen, die hormonell verhüten, ist zumindest der
störungsfreie Strandurlaub realisierbar. Die meisten Antibabypillen sehen nach 21 Tagen eine einwöchige Pillenpause
vor, die eine Blutung zur Folge hat. Medizinisch notwendig
wäre das nicht, erklärt der Gynäkologe Professor Kai Bühling, Leiter der Hormonsprechstunde der Klinik und Poliklinik für Gynäkologie des Universitätsklinikums Hamburg-
Eppendorf. Mit der siebentägigen Tablettenpause wollten
die Erfinder der Pille möglichst nah an den Abläufen bleiben,
die die Frauen gewohnt waren – und damit die Akzeptanz
des neuen Verhütungsmittels erhöhen.

»Aber Frauen können die Pille auch einige Monate lang

· 41 ·

durchnehmen«, sagt Bühling. Voraussetzung ist, dass es sich um sogenannte Ein-Phasen-Präparate handelt, also Pillen mit immer derselben Hormonzusammensetzung. Der Effekt: Die Blutung bleibt aus und mit ihr oft auch so manche unangenehme Begleiterscheinung. Im gynäkologischen Alltag wird diese Art der Einnahme häufig als »Langzyklus« bezeichnet.

Der natürliche Zyklus hingegen lässt sich in dieser Form nicht beeinflussen. Den Eisprung um ein paar Tage vorzuverlegen oder die Periode um ein paar Tage nach hinten, das liegt außerhalb unseres Einflussbereichs. Aber es gibt Faktoren, die den Zyklus aus dem Takt bringen. Das merken wir immer dann, wenn plötzlich die gewohnte Regelmäßigkeit dahin ist. Und es gibt auch ein paar Stellschrauben, mit denen wir unseren gewohnten Rhythmus wiederherstellen können.

Stress zum Beispiel gehört zu den Dingen, die der Zyklus nicht mag. Ob es jetzt körperlich anstrengende Zeiten sind, weil die Dienstreisen in die USA die innere Uhr durcheinandergebracht haben oder der Abgabetermin für die Master-Arbeit ein paar durchgearbeitete Nächte erforderlich machte, oder ob uns Belastungen auf der Seele liegen, Krankheitssorgen, die Angst um den Job, ist dabei einerlei. Der Hypothalamus, die Gehirnregion, die das hormonelle Auf und Ab steuert, pflegt engen Kontakt mit den Hirnarealen, die bei Stress aktiv sind. Das kann die Hormonausschüttung beeinträchtigen, weil zum Beispiel Stresshormone dazwischenfunken und die Kommunikation stören.

Wie ungünstig? Kommt drauf an.

Dass der hormonelle Zyklus sich nicht immer stur weiterdreht, sondern auf äußere Einflüsse reagiert, hat einen ganz plausiblen Hintergrund. Das ausgeklügelte System dient ja schließlich der Fortpflanzung. Wenn der Zyklus sich verschiebt und der Eisprung ausbleibt, liegt das oft daran, dass der Körper sich eine Schwangerschaft im Moment nicht zutraut. Auch wenn nach einer extremen Diät sämtliche Fettreserven geschmolzen sind, gibt es oft keinen Eisprung, weil es an Energiereserven fehlt. Das ist der Grund, warum viele magersüchtige Frauen keinen Zyklus haben.

Extremes Training kann einen ähnlichen Effekt haben. Viele ambitionierte Langstreckenläuferinnen – durchtrainiert, sehr schlank, ohne ein Gramm Fett an Oberschenkeln oder Bauch – haben keine Periode. Denn auch das Körperfett bildet Östrogen, und im fettfreien Körper ist der Östrogenspiegel so niedrig, dass der Zyklus zum Erliegen kommt. Für die Wettkampfplanung hat das vielleicht Vorteile, auf Dauer gesund ist es nicht: Östrogene beugen der Osteoporose vor.

Doch noch einmal zur Ernährung. Es gibt einen ganzen Korb an Lebensmitteln, denen ein positiver Einfluss auf den Hormonspiegel zugeschrieben wird, weil sie Phyto-Östrogene enthalten, also Substanzen, die den vom Menschen produzierten Östrogenen sehr ähnlich sind: Soja zum Beispiel, Leinsamen oder Hülsenfrüchte. Japanerinnen, auf deren Speiseplan viele Sojaprodukte stehen, hätten kaum Wechseljahresbeschwerden, weil sie die hormonelle Umstellung durch ihre Ernährung abfederten. So heißt es zumindest. Vielleicht sprechen die Frauen aus Japan aber auch aus asiatischer Zurückhaltung nicht über ihre Hitzewallungen. Denn auch Kultur und Tradition nehmen großen Einfluss auf die Frage, wie wir unseren Zyklus erleben. Im nächsten Kapitel »Gute Tage, schlechte Tage: Was wir von unseren Müttern erben« werden Sie noch mehr darüber lesen.

Gesicherte Erkenntnisse darüber, inwieweit Soja & Co. auf den Zyklus wirken, gibt es nicht. Wer das an sich selbst ausprobieren möchte, testet am besten vegetarische oder vegane Gerichte. Also: Leinsamen ins Müsli, Tofu statt Schnitzel.

Bei Nahrungsergänzungsmitteln – es gibt ein großes und unübersichtliches Angebot an Pillen und Pulvern mit Phyto-Östrogenen – riet das Bundesinstitut für Risikobewertung vor einigen Jahren ausdrücklich zur Vorsicht: Es fehlten Informationen über die Langzeitwirkung und über unerwünschte Nebenwirkungen.

Auch Koffein wirkt auf den Östrogenspiegel: In einer US-amerikanischen Studie sorgte Kaffee bei den Probandinnen mit asiatischer oder afroamerikanischer Abstammung für einen steigenden Östrogenspiegel, während bei weißen US-Amerikanerinnen kein Effekt zu beobachten war. Grüner Tee dagegen kurbelte bei allen Probandinnen die Östrogenproduktion an. Ein Grund, lieb gewonnene Trinkgewohnheiten umzustellen, ist das nicht: Die Ausschläge waren so gering, dass sie den Zyklus nicht beeinflussten.

Also doch lieber an den äußerlichen Stellschrauben drehen? Hormon-Yoga steht seit einigen Jahren auf den Kurslisten vieler Yogastudios. Atem- und Dehnübungen sollen gegen PMS helfen, gegen Probleme in den Wechseljahren – und sie sollen auch ganz unabhängig von irgendwelchen Beschwerden die Hormone ins Gleichgewicht bringen und so für Wohlbefinden sorgen. Wissenschaftlich erwiesen ist auch hier nichts. Trotzdem kann die Yoga-Stunde guttun. Wenn Sie der Typ für Yoga sind. Genauso gut kann es passieren, dass Sie mit einem Lachkrampf auf der Matte zusammenbrechen, wenn Sie Ihren Atem in Richtung Eierstöcke lenken sollen.

Sie merken schon: Jede Frau ist anders. Es gibt nicht die eine Schraube, den alles entscheidenden Knopf, der die Hormone in Balance bringt. Es geht darum, unseren eigenen Weg zum Wohlbefinden zu finden. Ganz gleich, ob durch Ernährung, das richtige Maß an Sport, durch Entspannung oder Entschleunigung: Wenn es uns gut geht, ticken meist auch unsere Hormone im Takt. Die Kunst ist, die ganz persönlichen Stellschrauben zu entdecken – und auch zu nutzen.

Gute Tage, schlechte Tage:
Was wir von unseren Müttern erben

»Schau dir die Mutter an, und du begreifst die Tochter«, sagt ein japanisches Sprichwort. Gilt das auch für die Frage, wie wir unseren Zyklus erleben? Wie stark prägen uns unsere Mütter? Durch ihre Gene, durch ihr Verhalten? Und was bringen wir unseren Töchtern bei? Wie beeinflussen wir sie, sei es bewusst, sei es unbewusst?

Wer sich diesen Fragen nähert, steckt schnell mittendrin im großen Thema der Mutter-Tochter-Beziehungen. Mütter und Töchter – das ist per se schon eine spannende Geschichte. Das kleine Mädchen, das in Mamas Schuhen durch die Wohnung spaziert, weil es so sein will wie sie. Die Teenagerin, die das Outfit ihrer Mutter mit eiskaltem Blick und den Worten »Du siehst so peinlich aus« kommentiert. Die 20-Jährige, die sich enttäuscht zurückzieht, weil ihr neuer Partner der Mutter nicht passt. Die 30-Jährige, die sich vornimmt, ihre Kinder nie so zu bevormunden, wie sie es selbst als Kind erlebt hat. Und die als 40-Jährige feststellt, dass sie dieselben Sätze verwendet, wie es ihre Mutter immer getan hat. Die 50-Jährige, die nicht verstehen kann, warum die Tochter »nur« eine Lehre macht, anstatt zu studieren. Oder die 60-Jährige, die ihrer Tochter so gern sagen würde, wie stolz sie auf sie ist, aber die Worte einfach nicht über die Lippen bringt, weil sie einer Generation angehört, in der das als unpassende Sentimentalität gilt.

Mütter und Töchter – das ist ein lebenslanges Wechselspiel von Identifikation und Abgrenzung, von Zuneigung und Ablehnung, von Erwartungen und Enttäuschungen, von grenzenlosem Vertrauen und Rückzug aus Angst, dass dieses Vertrauen missbraucht wird. Den Elternteil und das Kind gleichen Geschlechts bindet ein besonderes Band. Mütter sind für Töchter das erste und am intensivsten erlebte Vorbild, das ihnen zeigt, was es bedeutet, eine Frau zu sein.

Als Mütter sagen wir uns, dass wir das doch alles selbst schon erlebt haben, dass wir wissen, wie es sich anfühlt, ein Mädchen, eine Frau zu sein – und dass wir dieses Wissen an unsere Töchter weitergeben müssen, um ihnen vielleicht manche schlechte Erfahrung zu ersparen. Und wir vergessen dabei, wie wir uns als Töchter darüber aufgeregt haben und nach wie vor aufregen, wenn unsere Mütter mal wieder zu wissen glauben, was das Beste für uns ist.

Mütter und Töchter – da geht es manchmal auch um Neid. Wenn die Mutter spürt, dass sie älter wird, dass die Möglichkeiten weniger werden und auch die Kraft schwindet, Neues zu beginnen. Wenn sie sieht, dass die Tochter das bunte Leben genießt, ohne Sorgen und ohne Reue.

Beim Thema Zyklus bekommt das Ganze noch eine besondere Brisanz. Denn dabei geht es um Fortpflanzung, um Sex, um Existenzielles und manchmal Peinliches. Das beginnt lange vor den Mutter-Tochter-Gesprächen über die erste Periode, über das Frau-Werden, über Verhütung. Was sage ich, wenn die kleine Tochter die Tampons im Badezimmerschrank findet? Wenn ich an den Tagen vor den »Tagen« mies gelaunt bin, sage ich dann, warum? Wie präge ich sie damit? Und wie hat mich meine Mutter geprägt? Mit welchen Gefühlen habe ich meine erste Periode erwartet? War ich schockiert, überrascht, erfreut? Und wie hat meine Mutter reagiert?

Wenn Sie sich diese Fragen stellen, erkennen Sie möglicherweise Muster. Vielleicht verzichten Sie auf Schmerzmittel, weil Ihre Mutter Ihnen vermittelt hat, dass man es auch ohne aushalten kann. Vielleicht ärgern Sie sich, dass Sie jahrelang Binden verwendet haben, weil Ihre Mutter das besser fand. Aber vielleicht denken Sie auch: »Ich habe eigentlich nie gemerkt, wenn meine Mutter ihre Tage hatte.«

Vererbung, das sind eben nicht nur die mit Zehntausenden Genen bestückten 46 Chromosomen im Kern einer jeden Zelle, 23 von der Mutter, 23 vom Vater. Eine Art Bauplan, der festlegt, wie wir aussehen, wie unser Körper funktioniert, auch welche Krankheiten er möglicherweise irgendwann bekommt. Doch wir sind nicht nur das Resultat dieses Bauplans. Wie wir denken, fühlen, handeln, hängt auch damit zusammen, was wir erleben, welche Ereignisse uns prägen, wie und wo wir aufwachsen. Wie groß der Einfluss der Gene auf die Persönlichkeit ist, welche Rolle die Umwelt spielt – das bleibt ein großer Streitpunkt der Wissenschaft. Möglicherweise schaffen die Gene die Rahmenbedingungen, und die Detailarbeit leistet dann das Leben.

Was bedeutet das für den Zyklus? Studien haben gezeigt, dass Frauen, deren Mütter unter PMS leiden, ebenfalls oft Beschwerden haben. Sind es die Gene? Die Prägung durch Beobachtungen, die das Mädchen bei der Mutter gemacht hat? Oder eine Kombination aus beidem? Man weiß es nicht. Aber dass es ein Mädchen nicht unbeeinflusst lässt, wenn es der Mutter oft nicht gut geht, wäre nachvollziehbar.

Hinzu kommt: Um kaum einen körperlichen Vorgang ranken sich so viele Mythen wie um den weiblichen Zyklus. Menstruierende Frauen durften früher keine Sahne schlagen und kein Bier brauen, weil man fürchtete, die Sahne würde sauer und das Bier schlecht. Sie galten als hysterisch, sogar als unzurechnungsfähig. Sie hatten im Haus zu bleiben – was sie angesichts der nicht vorhandenen Hygieneartikel vermutlich auch ganz gern taten, denn man fürchtete ihren angeblich bösen Blick, der Mensch und Tier erkranken und Metalle rosten lassen könne. So abstrus das in der aufgeklärten Gegenwart klingen mag, es wirkt bis heute nach: Das Thema Zyklus steckt nach wie vor in der Peinlichkeitskiste. Oft gilt die Devise: Darüber spricht man nicht, und davon darf man auch nichts merken. Was sicherlich auch daran liegt, dass der Zyklus nach wie vor mit der Periode, mit Blut und allerlei weiteren Unannehmlichkeiten gleichgesetzt wird.

Wobei keine Mutter-Tochter-Beziehung an diesem Thema vorbeikommt. Für die meisten Mädchen wird die Mutter – neben Freundinnen, Internet, Schule – eine wichtige Quelle sein, wenn es um die Frage geht, was passiert, wenn sich der Körper Richtung Frau entwickelt. Ängste tragen dabei möglicherweise beide mit sich herum – sie als Mutter aus dem Gespräch ebenso herauszuhalten wie Horrorstorys und stattdessen ehrlich und authentisch auf Fragen zu antworten, wäre schon mal eine gute Basis. »Aufklärung setzt den Schwerpunkt oft auf die Gefahren, die im Zusammenhang mit Sexualität und Fruchtbarkeit drohen«, hat die Münchner Ärztin Elisabeth Raith-Paula beobachtet. »Was fehlt, ist die Wertschätzung für das, was im Körper passiert.« Sie initiierte deshalb das MFM-Projekt (»Mädchen – Frauen – Meine Tage«), einen mehrfach preisgekrönten Workshop für Mädchen ab zehn, der als »Zyklusshow« auf sehr unterhaltsame Weise vom Zyklus der Fruchtbarkeit erzählt. Da werden die Eierstöcke zu Geschenkboxen, es gibt Östrogenfreundinnen und ein Gebärmutterhotel, das liebevoll eingerichtet und regelmäßig renoviert wird. »Die Mädchen lernen: Das, was in mir vorgeht, ist ein Schatz, das ist cool«, sagt Elisabeth Raith-Paula.

Mütter und Töchter – das bedeutet auch Nähe und Vertrautheit. Bei der Mutter muss man keine Show machen, die sieht ohnehin, wie es einem geht. Und bringt die Wärmflasche, wenn es im Bauch wieder zieht. Wenn sie diese nicht gerade selber braucht. Denn es gibt die Hypothese, dass Frauen, die eng zusammenleben wie beispielsweise Mütter und Töchter, ihre Fruchtbarkeit synchronisieren, also gleichzeitig ihren Eisprung haben. Die amerikanische Forscherin Martha McClintock griff Anfang der 70er-Jahre das Thema erstmals auf. Der jungen Biologiestudentin war aufgefallen, dass sich die Monatszyklen ihrer Mitbewohnerinnen im Wohnheim einander anglichen, und sie schrieb kurzerhand ihre Abschlussarbeit über dieses Phänomen. Seitdem gab es weitere Studien: Die einen bestätigten die Beobachtung, die anderen widerlegten sie. Die Befürworter glauben, dass Pheromone, also über die Luft übertragene Botenstoffe, für den Effekt verantwortlich sind.

Welche Funktion könnte, evolutionsbiologisch betrachtet, diese Synchronisierung haben? Mehr Chancen für Männer, ihre Erbanlagen erfolgreich zu streuen, weil sie gleich auf mehrere fruchtbare Frauen treffen? Oder eher Entlastung für die Frauen? Freundinnen, die gleichzeitig Kinder bekommen, werden sich gegenseitig unterstützen.

Eine Studie, 1995 an der University of Utah durchgeführt, für die Autorin Kristynia Robinson 15 Mutter-Tochter-Paare befragte, brachte ebenfalls keinen eindeutigen Trend. Bei einigen Befragten waren die Zyklen synchron, bei anderen nicht. Weiteres Ergebnis: Mütter und Töchter, die von Synchronisierungen berichteten, empfanden eine größere Nähe und erlebten weniger Konflikte.

Ob jetzt im Gleichtakt oder nicht, positiv erlebte Nähe zwischen Müttern und Töchtern ist sicherlich schon mal keine schlechte Idee, wenn es darum geht, ein positives Zyklusverständnis weiterzugeben. Es verändert die Perspektive, wenn Mütter sich bewusst machen, dass sie als Muster, als Vorbilder wahrgenommen werden – selbst dann noch, wenn die pubertierende Tochter ihnen gerade mal wieder vorkommt wie von einem anderen Stern.

Dann fällt es leichter, von eigenen Erfahrungen zu erzählen. Zu versuchen, Ängste abzubauen, das Vertrauen in den eigenen Körper zu wecken. Zu erklären, dass der Zyklus viel mehr ist als die Periode, auch wenn sie zunächst einmal das Thema sein wird, das ein junges Mädchen am meisten beschäftigt. Und zu erklären, dass der Zyklus nichts ist, vor dem man Angst haben muss. Sondern ein kleines Wunderwerk der Biologie, auf das man stolz sein kann.

WAS FRAUEN ERZÄHLEN

Lena, 44, Kreditsachbearbeiterin bei einer Bank

Meine Mutter hat mich nicht auf die Periode vorbereitet. Weil sie immer dachte, es hat noch Zeit. Ich bekam meine erste Regelblutung, ohne zu wissen, was das ist. Ich war elfeinhalb Jahre alt.

Ich habe mein eher negatives Bild, das ich damit bis heute verbinde – zumindest teilweise –, von ihr übernommen. An sich war mir das ganze Thema immer peinlich, insbesondere da ich das erste Mädchen in meiner Klasse war, das die Periode bekam. Ich habe peinlich genau darauf geachtet, dass es keiner merkt. Erst etwa ein Jahr später ging es bei den anderen Mädchen los. Das war eine Erleichterung für mich.

Hannah, 35, Immobilienverkäuferin bei einem Finanz-
dienstleister

Meine Mutter war im Umgang mit mir und meiner Entwick-
lung immer verständnisvoll und auch pragmatisch. Sie konnte
viele meiner Empfindungen teilen. Ihr Verhalten hat meinen
Umgang mit dem Thema Zyklus stark geprägt. Auch ich ver-
suche, nicht so empfindlich zu sein, die Dinge pragmatisch zu
sehen. Ich erinnere mich noch genau an den Tag, als ich zum
ersten Mal meine Tage bekam: Es war der Super-GAU, denn ich
war mit meinem Onkel, meinem Bruder und meinem Cousin in
der Türkei im Kluburlaub. Alleine unter Männern! Was mache
ich, dass sie nichts merken? Wie gehe ich bei 35 Grad im Schat-
ten trotzdem schwimmen – ohne je zuvor einen Tampon
benutzt zu haben? Also rief ich meine Mutter an und führte ein
sehr langes Gespräch mit ihr, wie ich jetzt am besten den Tam-
pon anwende, wie oft ich ihn wechseln muss, damit ich schwim-
men gehen kann, ohne dass etwas schiefgeht usw. Dieses Tele-
fonat beschreibt für mich am besten, wie meine Mutter mit
diesem Thema umging und wie sie versucht hat, mir zur Seite
zu stehen. Sie coachte mich mit Tipps und Aufmunterungen,
ermutigte mich zu einem offenen Umgang gegenüber den drei
Männern. Es war das teuerste Telefonat, das ich je mit meiner
Mutter geführt habe. Ich bin ihr heute noch dankbar dafür.

Jette, 33, Erzieherin:

Meine Tochter ist sechs Jahre alt. Ich mache mir jetzt schon
Gedanken, wie ich ihr mal erklären werde, wie das mit den
Tagen ist und so. Und wann für ein solches Gespräch wohl der
richtige Zeitpunkt sein wird. Ich habe Angst, ihn zu verpassen,
möchte sie aber nicht zu früh damit »belasten«. Deshalb ver-
suche ich bislang, es vor ihr zu verbergen, das ist im Alltag
manchmal anstrengend. Ich selber habe darüber nur in der

Schule etwas erfahren. Meine Mutter hat das überhaupt nicht thematisiert, wir haben nie darüber gesprochen. Und mir ist auch zu Hause nichts an ihr aufgefallen. Ich möchte das bei meiner Tochter anders machen.

Luise, 34, Altenpflegerin:
Meine Mutter hat mir zum Thema Zyklus gar nichts vermittelt. Und ich habe von ihr in dieser Hinsicht kaum etwas mitbekommen. Das stimmt nicht ganz: Sie war launisch. Heute ist sie anders. Vielleicht weil sie keinen Zyklus mehr hat. Aber das ist Spekulation.

Hormone aus der Schachtel

Kleinste Mengen im Blut reichen aus, um hochkomplexe Systeme zu steuern: Hormone sind echte Effizienzkünstler. Das weckte natürlich schon bald nach ihrer Entdeckung das Interesse von Forschern. Sie wollten Struktur und Wirkungsweise dieser kleinen Wunderwerke entschlüsseln, und sie fanden Wege, Hormone nachzubauen. Moderne Medizin ist undenkbar ohne im Labor produziertes Insulin. Es ersetzt bei Diabetikern das normalerweise von der Bauchspeicheldrüse hergestellte lebenswichtige Hormon, ohne das der Körper den Zucker aus der Nahrung nicht verwerten kann. Der Wirkstoff Kortison, der auf dem in der Nebenniere produzierten Hormon Cortisol basiert, ist wichtiger Bestandteil vieler Therapien, sei es gegen Neurodermitis, gegen Rheuma oder gegen Entzündungen. Künstlich hergestellte Schilddrüsenhormone sind das Mittel der Wahl, wenn das Organ selbst nicht genug Hormone bereitstellt und der Körper mit Müdigkeit und Antriebslosigkeit reagiert.

Je mehr Hormone entschlüsselt und nachgebaut wurden, umso vielfältiger wurden die Anwendungsbereiche. Nicht immer ist das ein Segen. Mit Wachstumshormonen pushen sich Sportler zu mehr Leistung – verbotenerweise und mit großen Risiken für ihre Gesundheit. Unter dem Stichwort Anti-Aging tummelt sich eine verwirrende Vielfalt von Angeboten gegen Falten, für besseren Schlaf oder gleich für mehr Lebensglück – zum Teil mit zweifelhaftem therapeutischen Nutzen.

Doch die weltweit wohl am häufigsten eingenommenen Hormone aus der Schachtel sind im Labor hergestellte Zyklushormone – in Form der Antibabypille. 1960 wurde sie erstmals in den USA zugelassen, ein Jahr später kam sie auch in Deutschland auf den Markt.

Der chemischen Struktur der in den Eierstöcken produzierten Hormone kamen Wissenschaftler ab Ende der 1920er-Jahre auf die Spur. Es war eine mühsame Arbeit: Zuerst versuchte man, sie aus Tierorganen zu isolieren. Nächstes Ziel war, die Hormone nachzubauen und so zu gestalten, dass sie den Weg durch Magen und Darm überlebten. Der 1938 entwickelte Wirkstoff Ethinylestradiol ist heute noch wichtiger Bestandteil der meisten Pillen. Auch das zweite Eierstockhormon, das Progesteron, das seine Wirkung nach dem Eisprung entfaltet, versuchte man, in einer im Labor hergestellten Form verfügbar zu machen.

Die Analyse und Herstellung der Hormone war das eine, die Anwendung als Verhütungsmittel das andere. Damals wurde das Thema in den USA extrem kontrovers diskutiert. Mittel und Informationen zur Geburtenkontrolle galten als »obszönes, unzüchtiges und lüsternes« Material. Trotzdem kämpfte die Frauenrechtlerin Margaret Sanger schon seit Jahrzehnten für wirksame Methoden der Empfängnisverhütung. Sie hatte bei ihrer Arbeit als Krankenschwester in den

· 53 ·

Armenvierteln von New York gesehen, welch große Not der Kinderreichtum für viele Familien bedeutete. Auch ihre eigene Mutter war früh gestorben, ausgelaugt von achtzehn Schwangerschaften, bei denen elf Kinder überlebten.

Diese engagierte Frau, die in ihrer Heimat nicht nur wegen ihrer Arbeit, sondern auch wegen ihres unkonventionellen, freien Lebensstils sehr umstritten war, traf 1951, mittlerweile über 70-jährig, aber des Kämpfens nicht müde, bei einer Party den Biologen und Hormonforscher Gregory Pincus. Sie träume von einer »magischen Pille«, einem Verhütungsmittel, das Frauen einfach einnehmen könnten, soll sie ihm bei dieser Gelegenheit gesagt haben. Das lasse sich mit den neu entwickelten künstlichen Hormonen realisieren, antwortete Pincus. Zusammen mit der Stifterin Katharine McCormick organisierte Sanger daraufhin das Geld für die weiteren Forschungen, knapp zehn Jahre später kam die erste Antibabypille auf den Markt.

Was das für Generationen von Frauen bedeutete, ist bekannt und zur Genüge beschrieben. Die Pille gab ihnen die Chance, selbst über den Zeitpunkt zu bestimmen, an dem sie Kinder wollen. Sex war nicht mehr belastet von der Angst, ungewollt schwanger zu werden. Die Pille stand für einen neuen Lebensstil, der nichts mehr zu tun haben wollte mit der Prüderie der 50er-Jahre.

60 Millionen Frauen weltweit nehmen die Pille, in Deutschland verhüten durch sie laut einer Umfrage der Bundeszentrale für gesundheitliche Aufklärung etwas mehr als 50 Prozent der Frauen in der Altersgruppe von 18 bis 49 Jahren. Bei den sexuell aktiven Mädchen zwischen 14 und 20 sind es sogar 90 Prozent. Die Pille gilt, wenn man sie nicht vergisst, als sicher, praktisch und unkompliziert. Und gerade für junge Mädchen ist die Pille längst nicht mehr nur Verhütungsmittel. Viele nehmen sie, weil manche Hersteller so

angenehme Nebenwirkungen wie pickelfreie Haut verspre-chen.

Dabei gerät schnell in Vergessenheit, dass die Antibaby-pille kein Hustenbonbon ist, sondern ein Medikament, das weitgehend in den Zyklus der Frau eingreift: Es schaltet die fruchtbaren Tage ab und macht eine Frau vorübergehend unfruchtbar. Denn die tägliche Hormonportion in dem klei-nen bunten Dragee, meist eine Kombination von Östrogen und einem Gestagen, also der künstlich hergestellten Vari-ante des Gelbkörperhormons Progesteron, sorgt dafür, dass der Spiegel der Zyklushormone konstant hoch bleibt. Da-durch fehlt das Signal an die Steuerzentrale im Gehirn, das normalerweise die Reifung einer Eizelle in Gang setzt. Wenn kein Ei heranreift, kann auch kein Ei springen, und die Samenzelle eines Mannes findet niemanden zum Paaren. Zusätzlich wird es im Schleim am Gebärmutterhals unge-mütlich: Die Gebärmutter macht die Schotten dicht.

Etwas anders funktionieren die sogenannten Minipillen. Sie enthalten kein Östrogen, sondern nur ein Gestagen. Dieses Hormon kann zwar den Eisprung nicht verhindern, stört aber den Aufbau der Gebärmutterschleimhaut und ver-hindert auf diese Weise, dass eine befruchtete Eizelle es sich für längere Zeit gemütlich macht. Darüber hinaus stört es den Eileiter, sodass sich Eizelle und Spermium dort nicht so gerne treffen. Die meisten Minipillen müssen, damit sie sicher verhüten, immer zur selben Tageszeit genommen werden. Das kann im Alltag unpraktisch sein, deshalb kom-men sie meist nur dann zum Einsatz, wenn eine Frau die sonst üblichen Pillensorten mit Östrogen nicht verträgt oder aus medizinischen Gründen nicht einnehmen darf.

Denn: Die Pille kann Nebenwirkungen haben. Das mag daran liegen, dass die in ihr enthaltenen Hormone künstlich hergestellt und deshalb vom Körper anders verarbeitet werden. Oder daran, dass der Hormonspiegel auf einem höheren Niveau gehalten wird als beim normalen Zyklus. Manche Frauen klagen über Kopfschmerzen oder Übelkeit, manche leiden unter Stimmungsschwankungen oder haben das Gefühl, weniger Lust zu empfinden. Und insbesondere das Risiko für Thrombosen steigt.

Manchmal hilft der Wechsel zu einer anderen Pillensorte, manchmal aber auch nicht. Wer welche Pille verträgt, lässt sich nicht vorhersagen. Das ist so ähnlich wie bei den hormonellen Unwägbarkeiten, die wir im Kapitel »Vielfalt der Biologie« beschreiben. Wie der Körper reagiert, ist individuell extrem unterschiedlich – und der Kopf spielt auch noch mit: Vielleicht geht es mir mit der Pille einfach gut, weil sie mein Leben sicherer und berechenbarer macht. Vielleicht habe ich aber auch das Gefühl, dass sie mich in meinen Möglichkeiten einschränkt. In beiden Gefühlslagen ist der Ausgangspunkt der gleiche: Die Pille ebnet das Auf und Ab der Hormone ein.

Die meisten dieser Hormondragees versetzen den Körper zwar in einen Rhythmus, der den natürlichen Zyklus nachahmt – nach 21 Pillentagen folgt eine Pause von sieben Tagen. Die Blutung, die dann auftritt, ist jedoch nichts anderes als eine Entzugserscheinung. Ohne Hormone baut sich Schleimhaut in der Gebärmutter ab. Die Pillenerfinder wollten auf diese Weise die Akzeptanz des neuen Verhütungsmittels steigern, denn nach außen hin blieb ja alles wie gehabt. Medizinisch notwendig wäre der Vier-Wochen-Takt nicht.

Was macht die Pille mit uns? Sie macht Sex unkomplizierter und Kinder planbar. Vor allem: Sie gibt Frauen Unabhängigkeit. »Ich glaube, dass die Pille entscheidend war für die Emanzipation«, sagt der österreichische Hormonforscher Johannes Huber, Professor an der Medizinischen Universität Wien. Karriere machen ohne Babypause. Einfach mal eine

· 56 ·

Affäre haben, unverbindlich, ohne Schwangerschaftsangst, ohne Familiengründungsvisionen im Hinterkopf.

Aber Huber stellt auch fest: »Ich sehe einen Trend weg von hormoneller Verhütung. Vor allem bei den jüngeren Frauen im mitteleuropäischen Raum, auch in Deutschland.« Schlägt sich das in Zahlen nieder? Die Statistik der Bundeszentrale für gesundheitliche Aufklärung verzeichnet von 2007 bis 2011 einen Rückgang um zwei Prozentpunkte. Einen leichten Aufwärtstrend gibt es dagegen beim Kondom – und bei der Sterilisation, und zwar bei Männern und Frauen gleichermaßen. Keine Massen. Aber der Beginn eines Trends?

Das Wechselspiel der Zyklushormone, wir erwähnten es schon, beschränkt seine Wirkung nicht auf Eierstöcke und Gebärmutter. Es kann unser Denken beeinflussen. Kann mitentscheiden, ob wir Schuhe oder Müsli kaufen und in welchen Mann wir uns verlieben. Wer sich damit beschäftigt, landet schnell auch bei der Frage: Was passiert, wenn dieses Wechselspiel nicht mehr stattfindet, weil die Pille den Hormonhaushalt auf einem konstanten Niveau hält? Antworten dazu gibt es bisher nur wenige – die Wissenschaft entdeckt das Thema gerade erst. Zeit wird's, findet Belinda Pletzer, eine junge Salzburger Gehirnforscherin, die interessante Entdeckungen zum Zusammenhang zwischen Zyklus und Denken gemacht hat, von denen Sie im nächsten Kapitel lesen werden. »Ich habe im Zusammenhang mit meinen Studien viele Rückmeldungen von Frauen bekommen, die den Eindruck hatten, dass sie komplett andere Menschen wurden, als sie mit der Pille anfingen oder die Pille absetzten«, erzählt sie. »Sie berichteten vor allem von emotionalen Unterschieden – in beide Richtungen: Bei manchen stabilisiert sich die Stimmung durch die künstlichen Hormone, andere werden total weinerlich oder aggressiv, können sich nicht mehr konzentrieren.« Und sie frage sich, sagt Belinda

Pletzer, »warum sich die Wissenschaft damit noch nicht beschäftigt hat – zumal junge Mädchen Hormone in einer Phase nehmen, in der das Gehirn noch nicht ausgereift ist. Man hat keine Ahnung, wie das interagiert.«

Es ist natürlich ein Minenfeld, ganz klar, weil Diskussionen um das Für und Wider der Pille sich immer auch ideologisch ausschlachten lassen. Pille ja, Pille nein. Freiheit ja, Freiheit nein – schieben wir das einfach mal beiseite. Wäre es nicht ganz interessant zu wissen, was ein Medikament im Körper anstellt, das fast jede Frau im Laufe ihres Lebens irgendwann mal einnimmt? Lesen Sie im Folgenden, welche interessanten Gedanken sich eine britische Forscherin zu diesem Thema gemacht hat.

»ES IST EIN BISSCHEN WIE RUSSISCHES ROULETTE«

Ein Gespräch mit der Psychologin und Hormonforscherin Kelly Cobey über die Zufälligkeit, mit der Frauen eine bestimmte Pille verschrieben bekommen, über die Vorteile und Risiken hormoneller Verhütung und die Ignoranz der Pharmahersteller

Sabeth Ohl: *Forschungen zeigen, dass hormonelle Verhütungsmittel zum Beispiel unsere Wahrnehmung von potenziellen Partnern verändern, unsere Partnerwahl beeinflussen oder zu körperlichen Beschwerden wie Ödemen, Thrombosen und Gewichtszunahme führen können. Sie gehören zu den Forschern, die mehr Aufklärung verlangen. Dennoch: Die Pille ist eine Errungenschaft für Frauen ...*

Kelly Cobey: Natürlich! Wir müssen anerkennen, welche Vorteile hormonelle Verhütungsmittel Frauen bringen, etwa die sozialen Vorteile. Eine Frau, die keine verlässlichen Verhütungsmittel nimmt, hat nicht die gleichen

Möglichkeiten, die Reproduktion zu steuern, sie hinauszuzögern, um sich weiterzubilden oder sich einer Karriere zu widmen. Die Effekte der Pille müssen also immer im Ganzen betrachtet werden. Als sie in den 60er-Jahren eingeführt wurde, haben viele Frauen sie genommen, um ihre Fruchtbarkeit zu beherrschen. Es ist ein tolles Werkzeug, das uns da zur Verfügung steht. Aber es ist meiner Meinung nach sehr wichtig, Frauen die Auswirkungen von hormoneller Verhütung bewusst zu machen.

Sie glauben, dass das noch zu wenig geschieht?

Wenn eine Frau die Pille bekommt, kriegt sie einen Handzettel, auf dem steht, dass man eventuell Schwindelanfälle bekommen kann, Kopfschmerzen und was es noch an anderen physischen Effekten gibt. Es gibt aber nur minimale Informationen zu den psychologischen Nebenwirkungen. Das ist keine gute Situation. Die Pharmakonzerne haben sich einfach nicht mit der Erforschung von weitreichenden Auswirkungen in dieser Hinsicht beschäftigt. Und wir sind nun an dem Punkt angekommen, wo wir an diese Konzerne herantreten müssen, um kontrollierte klinische Tests dazu einzufordern. Wir Forscher an den Universitäten haben einfach nicht Hunderttausende von Euro, die man brauchen würde, um eine systematisch kontrollierte Studie durchzuführen. Aber ich hoffe, dass unsere Forschungen ein überzeugendes Argument darstellen, diese Auswirkungen dergestalt zu testen. Wenn das geschieht, können Frauen eine sicherere Entscheidung über die Pille treffen.

Die Pharmakonzerne haben wahrscheinlich kein großes Interesse an solchen Studien. Denn das könnte doch bedeuten, dass viele Frauen die Pille dann nicht mehr nehmen.

Genau deshalb müssen wir einerseits diese Bereitschaft von ihnen einfordern. Und andererseits Frauen mit dem

· 59 ·

Wissen aufklären, das wir bereits über die möglichen Gefahren haben, die Sie eingangs erwähnten. Denn wenn erwiesen ist, dass es Auswirkungen auf meine Beziehung hat, wenn ich als Frau die Pille nehme oder nicht, werden sich im Endeffekt vielleicht einige Frauen gegen die Pille entscheiden. Aber was viel wichtiger ist: Frauen können sich bewusst entscheiden. Sie nehmen also kein Verhütungsmittel, ohne das Spektrum an Auswirkungen zu kennen.

Dies ist vor allem wichtig, für Eltern von jungen Mädchen...

Unbedingt. In Westeuropa, in Holland zum Beispiel, nehmen Mädchen sie ab 14, 15 Jahren. Sie haben in dem Alter keine Ahnung von ihrem eigenen Zyklus, sie haben vielleicht gerade mal ein oder zwei Jahre Erfahrung mit der Menstruation, und sie fangen gleich an, die Pille zu nehmen. Wir haben beobachtet, dass einige junge Frauen, die die Pille über zehn Jahre hinweg verwendet haben und dann in einer festen Beziehung sind und vielleicht eine Familie aufbauen möchten, die Pille absetzen. Und dann – sind sie völlig schockiert. Sie haben ihren Körper nie richtig erlebt, sie wissen nicht, wie es sich anfühlt, wenn sie nicht die Pille nehmen, sie haben all das bisher anders wahrgenommen. Wie durch einen Filter.

Vielleicht auch ihre Beziehung?

Auch das. Es ist ein bedeutender Übergang. Wir haben es also hier mit einer recht sensiblen, sehr jungen Altersgruppe zu tun, die von sich aus eher nicht nach Informationen über die Auswirkungen der Pille sucht, von denen wir hier sprechen. Diese Auswirkungen muss man also ganz klar beschreiben. Und die Pflicht, dies zu tun, liegt bei den Konzernen.

Es gibt ja nicht mehr DIE Pille. Heute gibt es viele unterschiedliche Präparate, die auf verschiedenen Hormonen basieren wie

Östrogen und Progesteron oder einer Mischung. Spielt es bei den Auswirkungen auch eine Rolle, welches Hormon eingesetzt wird?

Auf jeden Fall. Auch die Art der Einnahme ist übrigens wichtig, also ob es sich um eine Pille oder ein Pflaster handelt. Manchmal gibt es eine Injektion zur Verhütung. Und die Dosierung unterscheidet sich bei all diesen Methoden, das hat wahrscheinlich ebenfalls Effekte. Die Auswirkungen hängen zum Beispiel auch davon ab, welches Gestagen benutzt wird, manchmal wird es aus einem Abkömmling des Progesterons gewonnen und manchmal aus Testosteron. Das kann wiederum die Stimmung oder die sexuellen Funktionen unterschiedlich beeinflussen.

Alles Dinge, die den wenigsten Frauen klar sein dürften, wenn sie die Pille nehmen ...

Ich als Frau, unabhängig von der Tatsache, dass ich mich im Zuge meiner Arbeit damit beschäftige, finde es außergewöhnlich, dass es, betrachtet man nur die Pille allein, so viele Variationen der Verhütung gibt. Aber wenn zehn verschiedene Frauen zu einem Arzt gehen, dann kriegen sie alle die gleiche Pille verschrieben. Nämlich genau die Pille, von der irgendein Vertreter eines Pharmakonzerns diesen Arzt – oder auch diese Ärztin – überzeugt hat, sie mal auszuprobieren. Es ist ein bisschen wie russisches Roulette. Wenn die zehn Frauen keine Probleme mit der Pille haben, dann bleiben sie bei dieser erstbesten, für den ganzen Zeitraum, in dem sie die Pille nehmen. Sollten sie Probleme kriegen, dann wählt der Arzt einfach eine andere aus.

Gibt es keine Vorgaben, welche das sein sollte?

Die Weltgesundheitsorganisation hat Richtlinien zum Verschreiben von Verhütungsmitteln hinsichtlich Gewicht und so weiter, aber diese sind nicht sehr explizit. Im Großen und Ganzen kann ein Arzt irgendeine Pille verschreiben. Und völlig unterschiedlichen Frauen die gleiche. Ich denke, es ist möglich, eine Dosierungsabhängigkeit für Frauen festzulegen. Warum sollten eine Frau mit einem sehr geringen Körpermassenindex und eine sehr fettleibige Frau auch die gleiche Pille verschrieben bekommen? Sie haben völlig unterschiedliche hormonelle Profile! Andere Frauen können unterschiedlicher ethnischer Herkunft sein oder unterschiedlichen Alters, immer mit unterschiedlichen hormonellen Profilen. Aber sie werden alle gleich behandelt, sie kommen alle in denselben Sack! Ich finde es sehr merkwürdig, dass es da keine personenbezogene medizinische Versorgung gibt. Es gibt einfach zu viele Möglichkeiten, und es scheint ein bisschen willkürlich, welche Pille man am Ende erhält. Und noch eines: Vielleicht würde es für die eine oder andere Frau eine viel geeignetere Pille geben. Aber sie wird das nie erfahren, weil man sich »okay« fühlt mit der, die man als Erstes verschrieben bekam.

Eigentlich unglaublich, wenn man darüber nachdenkt.

Es macht einfach sprachlos, dass sich niemand damit beschäftigt und eigentlich niemand Bescheid weiß. Dass das Produkt Pille auf dem Markt existieren kann, ohne dass jemals ordentlich auf diesem Gebiet geforscht wurde. Es ist ziemlich schockierend. Und jedes Mal, wenn ich mit Freunden oder Frauen, Kollegen oder Partnern über meine Forschungen spreche, dann finden die das genauso erschütternd. Frauen, die die Pille nehmen, stecken in einer schwierigen Lage. Einerseits erlaubt ihnen die Pille, Reproduktion hinauszuzögern, ihre Fruchtbarkeit zu kontrollieren, eine selbstbestimmte Familien- beziehungsweise Karriereplanung – das ist eine tolle Sache. Andererseits ist die Methode alles andere als perfekt. Solange Frauen nicht über die Probleme der Pille sprechen und solange diese Probleme nicht aufgedeckt werden, haben die Pharmakonzerne und Marketingfirmen keinen Anreiz, die Pille zu verändern oder zumindest auf die negativen Auswirkungen aufmerksam zu machen. Die wollen die Pille verkaufen, sie interessieren sich für nichts anderes. Dabei ist das eine so relevante Frage für Frauen. Fast die gesamte weibliche Bevölkerung Westeuropas nimmt zu irgendeinem Zeitpunkt die Pille, wenn auch nur für eine kurze Zeit. Es ist das am häufigsten verschriebene Medikament auf der Welt. Und trotzdem gibt es so wenig Wissen darüber. Um es noch einmal zu betonen: Ich bin auf keinen Fall gegen die Pille. Aber das zu erforschen, was sie wirklich mit uns Frauen macht, ist immens wichtig.

Kelly Cobey ist Psychologin und erforscht an der University of Stirling in Schottland unter anderem die Effekte hormoneller Verhütungsmittel auf Paarbeziehungen und soziales Verhalten.

WAS FRAUEN ERZÄHLEN

Malin, 37, Landschaftsarchitektin in einem Stadtplanungsbüro

Ich habe die Pille fast zehn Jahre lang genommen. Durch Gespräche und die Auseinandersetzung mit dem Thema Hormone erfuhr ich, dass die Pille die Gefühlslage dämpft, den Geruch verändert, man sich insgesamt »gemäßigter« fühlt. Das mag bei jeder Frau anders sein, aber ich erkannte mich in diesen Beschreibungen wieder und wollte wissen, wie es nach so vielen Jahren ohne Hormone ist, wie sich mein Leben früher angefühlt hat. Ich setzte die Pille ab und fühlte mich nach einiger Zeit tatsächlich irgendwie befreiter. Erst jetzt merkte ich, dass der Zyklus einen Einfluss auf mein Verhalten hatte. Ob-

wohl es mir nicht immer bewusst war: Die Mutter meines damaligen Freundes machte mich darauf aufmerksam, dass doch mein immenser Schokoladenkonsum, den ich immer wieder mal beklagte, mit meiner Monatsblutung zusammenhängen könnte. Das habe ich dann mal beobachtet. Und siehe da: Die Sucht nach Schokolade kam immer, ungefähr eine Woche bevor meine Monatsblutung einsetzte. Und ich bemerkte, dass ich ungeduldiger und ungehaltener in der Mitte des Zyklus war.

Lisa Marie, 36, Lektorin

Ich habe Hormone nie gut vertragen, wurde bei einer Pille sogar leicht depressiv, habe ohne Grund geweint und fühlte mich wirklich hundeelend. Und ich verlor mit der Pille die Lust am Sex. Als ich sie absetzte, war alles wieder okay. Mein Frauenarzt meinte damals nur: »Da kann ich nur schmunzeln, wenn Frauen in Ihrem Alter mir sagen, sie würden die Pille nicht vertragen beziehungsweise nicht mehr hormonell verhüten wollen.« Das glaube er keiner Frau über 30. Er nahm die Gründe nicht ernst, unterstellte mir einen Kinderwunsch. Ich war 31 und wollte definitiv noch kein Kind. Diese Bemerkung fand ich wirklich total daneben.

Rieke, 36, freiberufliche Webdesignerin

Mit der Pille hab ich schlechte Erfahrungen gemacht – Lustlosigkeit, Vaginalpilz, Gewichtszunahme. Dann bin ich auf eine gestagendominierte Hormonspirale umgestiegen. Die nahm mir zwar nicht die Lust, aber ich bekam Zysten. Aber unterm Strich fand ich die Spirale gut, denn ich habe mich ungezwungener gefühlt und frei.

KAPITEL 2

JEDER TAG IST ANDERS –
WIE DIE HORMONE UNS STEUERN

Der Zyklus und das Denken:
Einparken, Rotieren, Orientieren

Denken Frauen anders als Männer? Aber sicher doch, sagt das Alltagsbauchgefühl, wenn ER mal wieder überhaupt nichts kapiert. Wer sich dieser Frage aber wissenschaftlich nähert, begibt sich auf ein Minenfeld. Denn spätestens bei der Interpretation der Ergebnisse geht es immer auch um Ideologie: Inwieweit liegen Unterschiede zwischen Frauen und Männern in den Genen, inwieweit ist Verhalten programmiert? Sind wir Gefangene unseres Geschlechts, oder werden wir eher von der Gesellschaft auf Eigenschaften festgelegt und damit in unseren Entwicklungsmöglichkeiten eingeschränkt? Die Diskussion wird sehr schnell sehr grundsätzlich.

Forscher der Ruhr-Universität Bochum haben es trotzdem gewagt, das Denken von Männern und Frauen genauer zu untersuchen. Und zwar ausgerechnet anhand der Frage, wer besser einparken kann. Frauen und Einparken – das Klischee schlechthin. Platter geht's wohl nicht. Weil Frauen ja in der

· 65 ·

leeren Tiefgarage angeblich zielsicher die einzige Betonsäule treffen und mindestens dreimal Anlauf nehmen, um rückwärts eine Parklücke zu treffen, die so breit ist wie ein Möbelwagen – hahaha ...

Tja, und dann kommen die Wissenschaftler und legen Zahlen vor, die das Klischee zu bestätigen scheinen. Das Team um den Biopsychologen Onur Güntürkün stellte Fahrzeuge vom Schrottplatz in einem Parkhaus auf und ließ die Probanden – Fahranfänger und Fortgeschrittene – dazwischen einparken: mal vorwärts, mal rückwärts, mal parallel. Das erste Ergebnis: Die Autos waren anschließend noch schrottreifer. Das zweite: Frauen brauchten mehr Zeit und platzierten den Wagen weniger passgenau in die vorhandene Lücke. Die Unterschiede blieben auch bei fortgeschrittenen Fahrerinnen bestehen.

Zusätzlich ließen die Forscher ihre Probanden einen Test zur mentalen Rotationsfähigkeit absolvieren. Dabei müssen geometrische Körper in Gedanken ein paarmal hin und her gekippt und dann identische Figuren identifiziert werden. Denn auch beim Einparken geht es schließlich darum, dass der Fahrer weiß, »wie sich seine Position verändert, wenn er das Gaspedal betätigt«, sagt Güntürkün. Die Männer schnitten beim Rotationstest im Durchschnitt besser ab, was sie zwar nicht unbedingt genauer, aber schneller einparken ließ.

Tatsächlich unterscheidet sich das Gehirn von Männern und Frauen in einer Reihe von Merkmalen. Das für Sozialverhalten und Gefühlsregulation verantwortliche Areal zum Beispiel ist bei Frauen stärker durchblutet, und sie haben mehr Nervenzellen in dem für die Sprachverarbeitung zuständigen Bereich. Wobei sich die Frage stellt, wer zuerst da war, die Henne oder das Ei. Sind Frauen sprachfertiger, weil mit kleinen Mädchen mehr gesprochen wird als mit kleinen Jungen? Oder wird mit ihnen mehr geredet, weil sie fixer die richtigen Worte finden? Üblicherweise werden erwachsene Gehirne untersucht, doch eingeübtes Verhalten und erlernte Denkmuster verändern die Nervenverbindungen im Gehirn. Wie der jeweilige Mensch seit seiner Geburt durch sein Leben, seine Erfahrungen, seine Mitmenschen geprägt wurde, lässt sich da nicht mehr nachvollziehen. Fest steht nur: Ein Gehirn ist sehr wandelbar.

Dies gab für die Bochumer Biopsychologen den Anstoß für eine weitere Untersuchung, bei der nun die Zyklushormone ins Spiel kommen. Denn auch im Gehirn gibt es Andockstellen für Östrogen und Co. Einfluss nehmen sie vor allem auf die Signalübertragung: Östrogen zum Beispiel reduziert müde machende oder Angst auslösende Botenstoffe, während Serotonin oder Dopamin ihre aktivierende Wirkung besser entfalten können.

Also suchten sich die Forscher als Versuchspersonen eine Gruppe von Frauen, die nicht hormonell verhüteten, und ließen sie den Rotationstest in zwei unterschiedlichen Phasen ihres Zyklus absolvieren. Einmal am zweiten Tag der Menstruation, wenn kaum noch Zyklushormone im Körper aktiv sind, sondern stattdessen das ebenfalls von den Eierstöcken gebildete »männliche« Sexualhormon Testosteron an Einfluss gewinnt. Und einmal während der Lutealphase kurz nach dem Eisprung, wenn sich Östradiol und Progesteron in hoher Konzentration im Körper finden. Das Ergebnis: Während der Menstruation drehten die Frauen die Würfelchen im Kopf genauso gut wie die Männer. Kurz nach dem Eisprung schnitten sie deutlich schlechter ab.

Was läuft während der Periode anders? Das Gehirn praktiziert in dieser Phase eine Arbeitsteilung, die bei Männern grundsätzlich zu beobachten ist. Die linke Gehirnhälfte schnappt sich die Aufgaben, bei denen es um Sprachverarbeitung und verbale Fähigkeiten geht, die rechte Gehirnhälfte ist besser bei den visuellen und räumlichen Funktionen, sie erkennt zum Beispiel auch Gesichter schneller. Damit die jeweils langsamere Gehirnhälfte der anderen nicht dazwischenfunkt, wird ihr über die mehrere Hundert Millionen Nervenfasern dicke Informationsleitung, die beide Hälften verbindet, mitgeteilt: »Jetzt halt dich aber bitte mal zurück.«

Kurz nach dem Eisprung, wenn die Zyklushormone im Körper ihren Höchststand erreichen, ist diese Spezialisierung der Gehirnhälften weitgehend aufgehoben. Zwischen rechts und links werden weniger Informationen ausgetauscht, stattdessen sind beide Hälften gleichzeitig aktiv, die normalerweise schwächere Seite kann zur anderen aufschließen. Mit der Folge allerdings, dass schwierige Aufgaben, etwa für Forscher im Kopf Würfelchen hin und her zu drehen, nicht ganz so gut gelöst werden. Oder das Auto nicht hundertprozentig gerade in der Parklücke steht.

Dass wir Frauen zumindest während der Periode in der Lage sind, Autos sehr souverän in der Tiefgarage zu platzieren, ist ein Trost, aber kein vollständiger. Wir sollten deshalb ein zweites Ergebnis der Bochumer Parkhausstudie etwas genauer ins Auge fassen. Die Forscher stellten ihren Versuchspersonen nämlich auch ein paar ganz interessante Fragen: »Fahren Sie gerne Auto? Können Sie gut einparken? Wie zufrieden waren Sie gerade mit Ihrem Parkmanöver?« Und während die Männer, Sie ahnen es, mehrheitlich von sich und ihren Fähigkeiten überzeugt waren, hatten die Frauen unabhängig von ihrem Zyklus häufig Zweifel – auch dann noch, wenn das Auto picobello in der Lücke stand. Die klassische Selffulfilling Prophecy: Wenn ich glaube, etwas nicht zu können, dann steigt das Risiko, tatsächlich zu scheitern. Weil wir uns im Kopf darauf konditionieren. Und weil Handlungen, die automatisiert am besten ablaufen, immer

· **68** ·

wieder von Gedanken (»Habe ich das Lenkrad zu stark eingeschlagen? Mist, jetzt kommt einer von hinten! Ist die Lücke nicht doch zu klein?«) unterbrochen werden. Denn nicht das schlechtere Abschneiden bei der mentalen Rotation ist bei erfahrenen Autofahrerinnen die Ursache dafür, dass Auto und Parklücke manchmal einfach nicht zusammenpassen wollen. Sondern das geringere Selbstvertrauen in dieser Angelegenheit: »Ein biologischer Faktor ist durch einen psychologischen ersetzt worden«, sagt Forscher Güntürkün.

Aber drehen wir das Ganze einfach mal um: Mag ja sein, dass Frauen beim Einparken von Zeit zu Zeit ein kleines Handicap haben. Aber wir sind ja glücklicherweise nicht ausschließlich hormonell determiniert. Dinge lassen sich üben und lernen – wodurch wiederum neue Nervenverbindungen entstehen, die den kleinen Unterschied einfach überlagern: Eine Frau, die mit ihrem Auto ständig in der City unterwegs ist, parkt mit Sicherheit besser ein als ein Mann, der den Schlitten nur sonntags aus der Vorstadtdoppelgarage holt.

Auch der Orientierungssinn ist so ein Thema. Männer können es, Frauen nicht, heißt es gern unter Verweis auf jene Zeit, als die in Felle gehüllten Speerträger auf der Suche nach Jagdbeute weite Strecken zurücklegten und trotzdem nach Hause in die Höhle zu Frau und Kindern zurückfanden. (Ob die Arbeitsteilung tatsächlich so aussah, ist übrigens ziemlich umstritten.) In einem Praxisversuch in Marburg und Münster stellte sich das dann durchaus anders dar. Die Teilnehmer wurden durch die Innenstadt geführt und sollten selbst wieder den Weg zum Ausgangspunkt zurückfinden. Männer und Frauen schafften das gleich gut – obwohl die Frauen zuvor ihren Orientierungssinn deutlich schlechter eingeschätzt hatten.

Unterschiede zwischen den Geschlechtern gibt es in der

Art und Weise, wie Wege und Orte beschrieben werden. Männer achten eher auf Himmelsrichtungen und Entfernungen, Frauen dagegen auf markante Punkte, stellten die beiden schottischen Wissenschaftlerinnen Catherine Jones und Susan Healy fest. Männer sagen also: »Nach 100 Metern musst du nach Westen abbiegen.« Frauen sagen: »Beim Bäcker geht's links.« Männer kommen meistens mit Landkarten besser klar. Frauen speichern, folgerten die Wissenschaftlerinnen, vor allem optische Hinweise. Männer hingegen legen in ihrem Oberstübchen zusätzlich die räumlichen Zusammenhänge ab.

Aber auch hier gilt: Karten lesen lässt sich lernen. Wenn man es will. Ob ich mich in einer unbekannten Umgebung gut zurechtfinde, hängt immer auch damit zusammen, ob ich es überhaupt versuche. Oder immer den Mann vorschicke, denn der hat ja schließlich den besseren Orientierungssinn.

Hormone können tatsächlich unser Gehirn, unser Denken beeinflussen. Und deshalb müsse man ihre Wirkung erforschen können, ohne ständig eine Ungleichberechtigung der Geschlechter zu befürchten, lautet das Plädoyer der Salzburger Neurowissenschaftlerin Belinda Pletzer: »Es ist wichtig zu verstehen, inwieweit es Unterschiede zwischen Männern und Frauen gibt, damit beide ihre Fähigkeiten optimal nutzen können.«

Pletzer hat untersucht, wie Männer und Frauen Zahlen verarbeiten. Frauen und Mathe – auch wieder ein klischeebesetztes Thema. Die Versuchspersonen mussten möglichst schnell von zwei Zahlen die größere identifizieren sowie bei Zahlenreihen erkennen, ob es sich bei der Zahl in der Mitte auch wirklich um den Mittelwert handelt. Ein Hirnscan machte derweil die Gehirnaktivität sichtbar. Es gab drei Gruppen von Versuchspersonen: Frauen mit natürlichem

Menstruationszyklus, Frauen, die mit Hormonen verhüten, und Männer. In der Leistung unterschieden sie sich kaum. Aber die Frauen mit Zyklus mussten sich besonders vor dem Eisprung bei schwierigen Aufgaben mehr anstrengen, bei ihnen »feuerten« die entsprechenden Hirnbereiche im Scan mehr.

Fast noch interessanter findet Belinda Pletzer ein weiteres Ergebnis ihrer Studie, »eigentlich eher ein Zufallsfund«: Als sie die Gehirnstruktur von Männern und Frauen, Frauen vor und nach dem Eisprung, mit und ohne Pille, verglich, stellte sie Größenunterschiede in verschiedenen Gehirnbereichen fest. Unmittelbar vor der Ovulation wuchsen zwei Abschnitte der Großhirnrinde, die als Schlüsselstellen für Gesichtserkennung und Navigation gelten. Frauen können vermutlich in dieser Phase Gesichter, Orte und Körper besser erkennen – womöglich ganz praktisch bei der Suche nach dem bestmöglichen Vater für ihre Kinder.

Bei Frauen, die hormonell verhüten, vergrößern sich andere Areale, nämlich die Bereiche, die für Bewegungssteuerung, Denkfähigkeit, Gedächtnisprozesse und Empathie zuständig sind. »Die Pille macht schlau« – mit solchen Schlagzeilen berichteten Medien weltweit über das Ergebnis der Studie. Doch das war für Wissenschaftlerin Pletzer gar nicht der Punkt, zumal mehr Gehirnmasse nicht automatisch mit einem Plus an Leistung gleichzusetzen ist: »Mich hat eher erschreckt, welche gravierenden Auswirkungen auf unser Gehirn die Pille hat.«

Männer und Frauen sind verschieden. Aber Frauen und Frauen sind auch verschieden, genauso übrigens wie Männer und Männer. Hormone spielen dabei mit eine Rolle, sowohl wenn es um die Unterschiede zwischen den Geschlechtern geht als auch um die große Bandbreite von Weiblichkeit oder Männlichkeit. Zu oft werden die Unterschiede als Argument herangezogen, warum ein Geschlecht das eine oder andere besser oder schlechter kann. Das erklärt das Misstrauen, wenn es um entsprechende Forschungen geht.

Doch wenn eine Studie herausfindet, dass Männer tatsächlich besser einparken und Frauen schneller die richtigen Worte finden, dann sind diese Ergebnisse zunächst einmal statistischer Natur. Dass man sich als Frau – oder als Mann – genau so verhalten müsste, heißt das natürlich noch lange nicht.

Von Warmherzigkeit, Aufmerksamkeit und Wachsamkeit

Kennen Sie das? Es gibt Tage, da erspüren wir alles. Da erkennen wir, dass die Nachbarin nicht aus Bosheit über die im Hof lärmenden Kinder schimpft, sondern weil es ihr selbst nicht gut geht. Und muntern sie auf, statt zurückzumeckern. Da wissen wir, dass die Kollegin innerlich Panik schiebt, ob sie die Präsentation rechtzeitig fertig bekommt. Und helfen ihr bei einem Kaffee, den Inhalt noch mal zu strukturieren. Da können wir die schlechte Laune, mit der der Partner von der Arbeit nach Hause kommt, gut aushalten, warten bei einem Glas Rotwein einfach ab, bis er anfängt zu erzählen. Manchmal sind wir ein bisschen Mutter Teresa.

Aber nicht immer.

Woran liegt es, dass unsere Antennen für die Gefühle und Bedürfnisse anderer manchmal besser reagieren? Klar, wir haben von Kindheit an gelernt, was Gefühle sind. Wie sich Angst anfühlt und wie Freude. Warum das Kribbeln im Bauch manchmal ein Wohlgefühl ist und manchmal unerträglich. Wir haben ein Gespür dafür entwickelt, wann wir den Emotionen freien Lauf lassen können und wie wir verhindern, dass sie uns überfluten, wenn wir das gerade gar nicht wollen.

Die eigenen Gefühle zu verstehen ist der erste Schritt. Die Gefühle anderer zu erkennen und angemessen darauf zu reagieren der zweite. Beides macht mitmenschliches Zusammenleben erst möglich.

Tja, nur klappt es leider nicht immer. Dann geben wir der schimpfenden Nachbarin ordentlich Kontra und stacheln die Kinder an, ruhig lauter zu spielen, drehen der hektischen Kollegin den Rücken zu und kümmern uns demonstrativ nur um unseren eigenen Kram oder setzen auf die schlechte Laune des Partners gleich noch eine Diskussion über herumliegende Socken drauf.

Es gibt einige Gründe, warum wir manchmal einfühlsamer, zugewandter, aufmerksamer sind. Vielleicht wärmt uns ein sonniger Tag das Gemüt. Vielleicht haben wir gerade besonders gut gegessen, vielleicht winkt eine Gehaltserhöhung, vielleicht hat uns ein Telefonat mit der besten Freundin in gute Stimmung versetzt.

Vielleicht, Sie ahnen es, waren es aber auch die Hormone.

Forscher an den Universitäten Wien und Aachen zeigten Frauen Fotos von verschiedenen Personen und baten sie, anhand des Gesichtsausdrucks deren Gefühle einzuschätzen. Was sagt die Miene aus? Wirkt die Person ängstlich, ekelt sie sich, ist sie glücklich oder traurig? Wenn sie selber in der Follikelphase waren, also in den Tagen vor dem Eisprung, erkannten die Probandinnen die Gefühle anderer Menschen insgesamt besser. Erinnern wir uns daran, dass es in dieser Phase ja eigentlich um Fortpflanzung geht, erscheint das durchaus sinnvoll: Will ich jemanden kennenlernen – und nicht irgendjemanden, sondern den besten Vater meiner möglichen Kinder –, dann sollte ich relativ rasch einschätzen können, wie er auf meine Annäherungsversuche reagiert:

freudig, neutral – oder vielleicht sogar entsetzt? Ganz im Sinne einer effizienten Kontaktaufnahme ist es auch, wenn man als Frau in einer Runde Männer schnell wahrnimmt, wer einem zugetan ist. Das spart Energie.

Und wenn es nicht ums Vermehren geht? Wäre diese Extraportion Empathiefähigkeit nutzbar?

Es gibt mittlerweile eine ganze Reihe von Forschungsarbeiten, die sich mit der Frage beschäftigen, wie die Hormone unser Denken und Fühlen, unsere Aufmerksamkeit und unsere Sensibilität beeinflussen. Manche widersprechen einander. Viele sind nicht vergleichbar, weil es gerade im Zusammenhang mit dem Zyklus um Details geht – welche Phasen werden untersucht, sind nur Frauen mit natürlichem Zyklus unter den Probandinnen oder auch Frauen, die mit Hormonen verhüten, wie ist die Altersspanne?

Doch spannend sind die Ergebnisse allemal. Kehren wir zurück zur Empathie, zur Fähigkeit, sich in andere Menschen einzufühlen. Wird das von anderen wahrgenommen? Wie kommt das bei den Männern an? Denn denen kleben wir ja gerne das Etikett an, dass sie mit Gefühlen oder zumindest mit Gesprächen darüber nicht sonderlich viel am Hut haben.

Charlotte und Patrick Markey, zwei US-amerikanische Psychologen, fragten also Männer, welche Eigenschaft ihnen denn bei einer Partnerin am wichtigsten sei. Nun, was denken Sie? Wie hätten uns die Männer gerne? Klug? Humorvoll? Attraktiv? Nein, am wichtigsten ist es den Männern, zumindest den 101 vom Ehepaar Markey befragten, dass eine Frau Wärme ausstrahlt.

Gleichzeitig baten die beiden Forscher 86 Frauen darum, in einer Art Online-Tagebuch festzuhalten, wie sie sich an den einzelnen Tagen eines Zyklus selbst einschätzen: eher verträglich? Oder eher kaltherzig?

Und siehe da: Während ihrer fruchtbaren Tage sind

Frauen anderen Menschen zugewandter, erspüren besser deren Gefühle und Bedürfnisse. Sie neigen, so das Studienergebnis, in dieser Zeit dazu, mehr Wärme auszustrahlen – der Topf findet also sein Deckelchen und das Ganze auf dem Herd: Menschliche Wärme suchender Mann trifft auf warmherzige Frau. Die Studienautoren bewog das zu dem weisen Ratschlag: Um bei der Partnersuche erfolgreich zu sein, sollten Frauen vor allem Wärme ausstrahlen. Oder vor allem in der fruchtbaren Phase auf Partnersuche gehen – weil da ja die Wärme sozusagen garantiert ist.

Ein bisschen viel Freude und Eierkuchen, finden Sie? Ja, finden wir auch. Aber warten Sie mal ab. Sie werden in diesem Buch noch ein paar andere Eigenschaften entdecken, die mit dem Eisprung zusammenhängen und die mit Mutter-Teresa-Aktionen herzlich wenig gemein haben.

Doch zunächst einmal zurück zu weiteren Phasen des Zyklus. Lässt sich auch da ein Einfluss der Hormone auf unsere Gefühlswelt feststellen? Die oben schon erwähnte Studie aus Wien und Aachen, die sich mit dem Erkennen von Gefühlen beschäftigt, brachte noch ein interessantes Ergebnis: In der Phase nach dem Eisprung waren die Frauen schneller, wenn es darum ging, sich eine traurige oder ärgerliche Situation vorzustellen. Das könnte erklären, warum wir an den Tagen vor den Tagen die Welt gerne grau in grau statt rosarot sehen.

Dazu passt auch ein Experiment japanischer Forscher. Sie wollten wissen, ob es vom Zyklus abhängt, wie Frauen auf Gefahren reagieren. Dass der Test von einem Forschungsinstitut für Primaten durchgeführt wurde, müssen wir nicht persönlich nehmen. Zur Gattung der Primaten gehören eben nicht nur verschiedene Affenarten, sondern, wissenschaftlich gesehen, auch der Mensch.

60 Frauen bekamen auf einem Touchscreen Bilder zu

sehen, und zwar jeweils neun Stück – entweder acht Schlangen und eine Blume oder umgekehrt. Die Aufgabe lautete: Finden Sie möglichst schnell die einzelne Blume oder die einzelne Schlange. Auf Schlangen, also eine potenzielle Bedrohung, reagieren Menschen grundsätzlich schneller. Wahrscheinlich ein Atavismus aus früheren Zeiten. In der Lutealphase, also in den Tagen nach dem Eisprung, waren die Frauen aber noch einmal ein Stück fixer in ihren Reaktionen. Möglicherweise, so mutmaßen die Forscher, steigert die Tatsache, dass ein befruchtetes Ei es sich in der Gebärmutter bequem gemacht haben könnte, die Aufmerksamkeit für potenzielle gefährliche Situationen noch mehr.

Es müssen ja nicht unbedingt Schlangen sein. Haben Sie das nicht auch schon erlebt? Es gibt Tage, da finden wir es völlig unproblematisch, wenn die Tochter allein im Dunkeln mit dem Fahrrad vom Sport nach Hause fährt, an anderen Tagen drängt es uns, sie doch lieber abzuholen. Gut möglich, dass da auch die Hormone mitreden.

Übrigens könnte auch die Pille Einfluss auf unsere Ängste haben. Gießener Forscher fanden heraus, dass Frauen, die mit Hormonen verhüteten, sich stärker fürchteten und es mehr Aufwand erforderte, Ängste wieder zu verlernen.

Bedeutet das nun umgekehrt, dass wir rund um den Eisprung Gefahren ausblenden, voller Zuversicht und Vertrauen durchs Leben gehen? Vielleicht sogar ein bisschen zu gutgläubig sind?

Am Bochumer Institut für Biopsychologie – das sind die Forscherinnen und Forscher, die auch die Einparkfähigkeiten von Männern und Frauen untersuchten – nahm man sich die Vertrauensfrage etwas genauer vor und spielte mit 33 Frauen das »Trust Game«. Und das geht so: Sie können einer Person, die Sie auf einem Computerbildschirm sehen, Geld geben. Dieser Betrag wird sich verdreifachen – aber diese Person, der Sie das Geld anvertraut haben, darf entscheiden, wie viel sie Ihnen zurückgibt. Was ist nun Ihr Einsatz? Geben Sie viel, weil Sie Ihrem (Computer-)Gegenüber vertrauen? Oder ist Ihnen das Risiko zu hoch? Das Resultat: Während ihrer fruchtbaren Tage waren die Probandinnen weniger risikofreudig und vertrauten vor allem virtuellen Männern nur kleine Summen an. Während der Menstruation und nach dem Eisprung dagegen waren sie eher bereit zu investieren – auch wenn der Ausgang ungewiss war. Bei den beiden Kontrollgruppen – einmal Männer, einmal hormonell verhütende Frauen – gab es diese Schwankungen nicht.

Es ist also etwas komplizierter und – zum Glück – offenbar nicht so, dass wir rund um den Eisprung der Fortpflanzung wegen als blauäugiges, paarungswilliges Weibchen durch die Gegend tappen.

Es sind ja auch nicht nur die Zyklushormone, die hier tätig sind. Auch Testosteron, das »Männlichkeitshormon«, von dem auch wir Frauen etwas abbekommen haben, beeinflusst unser Vertrauen in andere Menschen. Schauen Sie sich doch einmal Ihre Hände an. Wie lang ist der Zeigefinger, wie lang ist der Ringfinger? Das Verhältnis beider Fingerlängen gilt als Indiz dafür, wie groß der Testosteroneinfluss im Mutterleib war: Sind Zeige- und Ringfinger gleich lang oder ist der Ringfinger länger, wie es bei Männern normalerweise der Fall ist, umso mehr Testosteron ist im Spiel. An der Université Paris Descartes setzte man nun eine Gruppe von 144 Frauen wieder das Vertrauensspiel, das Sie oben schon kennengelernt haben. Das Ergebnis: Frauen mit viel pränatalem Testosteron waren misstrauischer und gaben seltener Geld. Das widerspricht dem Ruf, den der Männlichkeitsbooster gemeinhin hat. Wie Testosteron tatsächlich das Verhalten von Männern und Frauen beeinflusst, fängt die Wissenschaft

· **77** ·

gerade erst an zu erforschen. Mehr über das Hormon erfahren Sie in Kapitel 2 unter der Überschrift »Von wegen nur die Frauen. Auch Männer haben Hormone«.

Im Alltag allerdings ist unser soziales Miteinander zunächst einmal ganz maßgeblich geprägt von unseren Erfahrungen. Mit Mitte 30 ist man in Sachen Menschenkenntnis vermutlich deutlich weiter als mit Anfang 20, kann auch besser abwägen, wann man eher auf den Kopf oder auf den Bauch hört – und was man bei Verständigungsschwierigkeiten zwischen beiden tut. Zusätzlich aber auch den Zyklus im Blick zu behalten könnte sicher helfen, manche Gefühle und Verhaltensweisen besser einzuschätzen: Warum fällt mir erst heute ein, dass es doch keine gute Idee war, die liebeskummerkranke Freundin zu der Party einzuladen, zu der sonst nur Pärchen kommen? Warum bin ich jetzt so ängstlich, weil mein Partner noch nicht vom Kajakausflug zurück ist, obwohl mir die gleiche Situation vor zwei Wochen überhaupt keine Probleme bereitet hat? Gefühlskompetenz nutzt dabei nicht nur den anderen, sondern vor allem uns selbst.

Shoppen: Marken, Sex und Eiscreme

Haben Sie sich jemals darüber Gedanken gemacht, dass Lippenstifthersteller sich dafür interessieren könnten, wann Sie Ihre Tampons kaufen? Dass die bloße Anwesenheit attraktiver Frauen Sie zum Geldausgeben zwingt? Dass Fast-Food-Produzenten sehr gerne wüssten, wie es um Ihre Fruchtbarkeit bestellt ist? Nein? Wir auch nicht. Aber wir haben mit einer Frau gesprochen, die sich genau damit beschäftigt. Genauer gesagt, mit der Ovulation und was sie mit Frauen macht, ihren Motivationen und ihrem Verhalten. Und das ist eigentlich ganz einfach: Wenn der Östrogenspiegel hoch ist, wird nicht nur das Ei produziert, sondern es wird obendrein eine Nachricht ans Gehirn gesendet: dass nun auch Maßnahmen zur Fortpflanzung wichtig sind.

So einfach ticken wir also wirklich? Aus evolutionsbiologischer Sicht ja. »Reproduktion ist der Motor der Selektion und hat einen unheimlich profanen Effekt auf unsere Motivationen und unser Verhalten«, sagt Kristina Durante vom Department of Marketing am College of Business der University of Texas in San Antonio. »Und ich schaue mir diese zyklischen Muster der weiblichen Hormone an, um die psychologischen Mechanismen zu verstehen, die dieses Verhalten hervorrufen.«

Es sind also mal wieder die Hormone, die uns dazu treiben, Kleider, Schuhe, Accessoires und Kosmetik zu kaufen – und zwar schöne. Dinge, die uns begehrenswert erscheinen lassen, sexy. Kristina Durante hat dazu eine Studie gemacht.

Sie lud 60 Frauen an unterschiedlichen Tagen ins Labor ein, Frauen, von denen sie wusste, wann sie sich in ihrer fruchtbaren Zyklusphase befanden und wann nicht. Und dort sollten diese dann – einmal an ihren fruchtbaren und einmal an ihren unfruchtbaren Tagen – auf einer extra dafür programmierten Website shoppen. Diese Site ähnelte den Online-Stores aktuell angesagter Labels. Die Probandinnen durften sich aus einer großen Auswahl an Produkten zehn aussuchen, nach dem Motto: »Wähle die zehn Objekte aus, die du heute mit nach Hause nehmen möchtest.« Das Ergebnis: Während die Frauen an ihren fertilen Tagen wesentlich öfter sexy Kleidung und Accessoires wählten, entschieden sie sich in der unfruchtbaren Phase eher für konservativere Outfits.

Warum taten sie das? Um vermeintliche Konkurrentinnen auszustechen, vermutete Kristina Durante und führte mit ihrem Team einen zweiten Versuch durch. Sie zeigten den

Frauen Fotos von attraktiven und unattraktiven Frauen und Männern und ließen sie dann erneut shoppen.

Und siehe da: Frauen, die sich nahe ihrem Eisprung befanden, wählten mehr aufreizende Produkte, wenn sie zuvor mit den Bildern attraktiver Frauen konfrontiert worden waren. Sahen sie zuvor unattraktive Frauen und Männer oder auch »nur« attraktive Männer, trat dieser Effekt nicht ein.

Nun legten die Forscher um Kristina Durante noch eins drauf: Sie gingen genauso vor wie in Studie zwei – nur noch ein Stück weiter. Sie erzählten den Probandinnen, ein Teil der gezeigten Frauen besuche dieselbe Universität wie sie. Und der andere Teil wohne mehr als 1000 Kilometer entfernt. Die Forscher stellten den gleichen Effekt wie in Studie zwei fest, nur dass dieser sich verstärkte, wenn es sich um potenzielle Rivalinnen handelte, die angeblich in der Nähe waren.

Die Ergebnisse der Studie lassen sich also in etwa so zusammenfassen: Wenn wir fruchtbar sind, geben wir für aufreizende Kleider und schmückendes Beiwerk richtig Geld aus. Und zwar nicht nur, um Männer zu beeindrucken. Das natürlich auch, gewiss. Doch zuvor gilt es, die hübsche Konkurrenz aus dem Feld zu schlagen. Und das gelingt nun mal am besten, indem man sich vom unauffälligeren Mittelfeld wegbewegt und Aufmerksamkeit generiert. Wir wollen uns von anderen absetzen, ihnen zeigen, wer hier gerade die Schönste im ganzen Land ist, wer die besten Chancen hat, wem sich niemand in den Weg stellen sollte.

Und dabei machen wir ganz klar einen Unterschied: Solange Schneewittchen sich irgendwo hinter den sieben Bergen tummelt, darf es auch die sieben Zwerge haben.

Aber wehe, das Luder studiert an derselben Uni, jobbt im In-Lokal unseres Kiez oder lebt gar in der Nachbarschaft. Nicht mal ein Zwerg sei ihm gegönnt, geschweige denn ein

Riese. Je näher wir die Konkurrenz wittern, umso angestachelter fühlen wir uns, umso schneller sind wir bereit, Geld auszugeben für Dinge, die uns attraktiv machen. Eben sexy Kleider, schicke Schuhe, Lippenstifte. Wir brezeln uns auf, sind bereit für den großen Auftritt. Voilà, hier komme ich!

Und was uns gerade in der fruchtbaren Phase unseres Zyklus ganz wichtig ist: Wir wollen aus dem Vollen schöpfen, wollen eine große Auswahl haben, Abwechslung: ob wir nach Männern schauen, essen gehen oder auch nur in den Baumarkt. Denn unsere Hormone sind auch im Spiel, wenn es um die Frage geht: Kaufen wir lieber Salat und Obst oder Schnitzel und Pizza? Und sie mischen mit, wenn uns der Sinn nach Verschönerungsaktionen zu Hause steht.

Wissenschaftler haben herausgefunden, dass wir während unserer fertilen Tage nicht nur gerne verführerische Kleidung kaufen. Wir geben auch eher Geld für Lebensmittel aus, die unserer Figur guttun. Schließlich wollen wir jetzt ja besonders attraktiv sein, wollen im neuen Kleid eine gute Figur machen.

Was nach diesen extrovertierten fruchtbaren Tagen kommt, könnte man schon fast als häusliche Phase bezeichnen. Wir folgen einer Art Nesttrieb, mutieren vielleicht sogar zu Deko-Queens, kaum etwas bringt uns aus der Ruhe. Manche von uns kaufen neue Wandfarbe oder Tapeten, ersteigern auf eBay Designerstühle, streifen durch Deko- und Möbelläden, posten auf Pinterest ihre Shoppingtrophäen und suchen Anregungen auf den gesposteten Fotos der anderen.

Und langsam, aber sicher bekommen wir Appetit. Zog es uns vor Tagen noch an die Salatbar, findet man uns jetzt am Schlemmerstand. Wir lieben es süß und/oder fett, und wir pfeifen drauf. Der Reproduktionsmotor gerät jetzt sowieso gerade ins Stottern. Und wer weiß? Vielleicht sind wir schwanger, wissen es nur noch nicht, müssen uns gerade deshalb ein Nährstoffpolster zulegen?

Außerdem: Unser Stimmungsbarometer fällt und fällt. Wir gleiten in die Frustphase und trösten uns mit Schokolade, Eiscreme, Chips und Pizza, während wir unseren Weltschmerz wegtelefonieren, wegsimsen, wegbloggen oder wegskypen.

Und so nach etwa zwei Wochen – wir fühlen uns schon wieder fitter, klüger, schöner –, da spüren wir ein Flattern, ein Summen, ein Tuckern, das immer stärker wird. Da lässt jemand den Motor an ... Und wir geben wieder Gas.

Aber das, was wir mit unserem Geld tun, in den verschiedenen Phasen unseres Zyklus, diese Strategie der Biologie, nehmen nicht nur Konkurrentinnen, Partner oder Freunde und natürlich wir selber wahr, bewusst und unbewusst. Auch die Industrie interessiert sich dafür. Wenn wir bedenken, dass inzwischen 80 Prozent aller Kaufentscheidungen von Frauen getroffen werden, ist es kein Wunder, dass Werbestrategen wissen wollen, was Frauen dazu treibt – und vor allem wann –, etwas zu kaufen: ob diese Motivationen nun fortpflanzungsgetrieben sind oder nicht. Immer mehr Unternehmen reagieren auf die Strategie der Evolution mit Verkaufskonzepten, bieten Anreize, versuchen, genau zum richtigen Zeitpunkt unser Interesse zu wecken. (Lesen Sie dazu unser Interview mit der Wissenschaftlerin Kristina Durante.)

Und wir? Lassen wir uns willenlos verführen, wenn es nur die richtige Werbestrategie ist? Machen die Hormone wirklich mit uns, was sie wollen? Oder geht es auch ein bisschen selbstbestimmter?

Tatsächlich gibt es Wissenschaftler, die sagen, alles laufe unbewusst ab, und es sei schwer, dagegen etwas auszurichten. Und es gibt Forscher, die glauben, wir könnten etwas tun. Mit etwas Disziplin natürlich. Und einem Plan. Den man tunlichst haben sollte, bevor es einen überkommt. Zum Beispiel, Lebensmittelvorräte eher an den fruchtbaren Tagen zu kaufen und Klamotten besser nach dem Eisprung. Shoppen nach Zykluskalender sozusagen. Oder nennen wir es die antizyklische Shoppingstrategie für einen budget- und figurfreundlichen Einkauf.

Wem es allein ums Sparen geht und wer nach einer einfachen und schnellen Erste-Hilfe-Maßnahme sucht, der kann noch der Empfehlung des Wirtschaftswissenschaftlers Jeffrey Larson folgen: »Wenn Sie jemand sind, der dazu neigt, zu viel Geld auszugeben, sollten Sie vielleicht erwägen, in High Heels zu shoppen.« Ein Spaß? Eine Allegorie, die man – als Frau?! – nicht gleich versteht ...? Nein, er meint es ernst und genau so, also wortwörtlich: Wenn unser Gehirn damit beschäftigt sei, körperlich die Balance zu halten, wägen wir auch unsere Kaufentscheidungen besser ab. Larson, Wissenschaftler an der Brigham Young University in Utah, USA, stellte fest, dass Probanden, die beim Shoppen stöckeln und sich darauf konzentrieren mussten, ihr Gleichgewicht zu halten, nach weniger teuren Fernsehbildschirmen griffen als jene, die sich dem Kaufrausch ganz unbeschwert hingeben konnten.

Na, wenn das kein Grund ist, gleich mal loszulaufen und neue High Heels zu kaufen. In High Heels, versteht sich. Schuhe, die beim Sparen helfen, kann man nicht genug haben!

WAS FRAUEN ERZÄHLEN

Sophie, 38, Grafikerin bei einem Berufsverband

Ich habe seit der Geburt meiner Tochter eine Hormonspirale, was die Blutung sehr milde, kurz und schmerzlos macht. Das ist sehr angenehm für mich. Ein paar Jahre habe ich nicht hormonell verhütet. Da war ich zur Zyklusmitte aggressiver. Und ich habe mir gern was gegönnt. Nicht aber kurz vor und während der Periode, vor allem keine Kleider, weil mir mein Bauch so aufgequollen vorkam. Ich hatte Lust auf Süßes, aber keine Lust auf Sex. Ein paar Tage nach der Menstruation flaute diese sexuelle Unlust ab, besonders, wenn ich noch nicht lange mit einem Partner zusammen war. Und ich hatte während meiner Tage ein größeres Bedürfnis nach Zuwendung.

Maja, 26, Jungbäuerin

Ich nehme meinen Zyklus sehr bewusst wahr – mit seinen negativen und positiven Seiten. Vor den Tagen plagt mich Heißhunger. Da mache ich auch spätabends noch Licht im Kühlschrank. Ich bin gereizt und kann mich selbst nicht leiden. Diese Pickel! Am liebsten würde ich den Spiegel zerschlagen. Leider kann ich mich nicht verkriechen, denn ich arbeite viel. Mein Motto an diesen Tagen: »Lasst mich alle in Ruhe!« Ich kenne aber auch das Hoch an anderen Tagen, wenn ich mich toll finde, gerne ausgehe, flirte. Da kann mir keiner was. Das macht die trüben Tage wieder wett.

» IN DER PHASE DES EISPRUNGS ZEIGEN FRAUEN BEIM EINKAUFEN MEHR LUST AN VIELFALT UND WENIGER MARKENTREUE «

Ein Gespräch mit der Psychologin Kristina Durante über das zyklusbedingte Shoppingverhalten von Frauen und wie Marketingexperten dieses Wissen für raffinierte Werbestrategien nutzen.

Sabeth Ohl: Frau Durante, Sie erforschen unter anderem, wie uns die Zyklushormone verleiten, Geld auszugeben, wie sie uns motivieren, etwas zu kaufen – Marketingexperten müssten großes Interesse an Ihren Forschungen haben ...

Kristina Durante: Und ob! Ich erinnere mich noch genau, wann mir das zum ersten Mal richtig bewusst wurde. Das war ein Gespräch mit meinem Mann, der auf dem Gebiet der Verkaufsprognosen arbeitet. Früher machte er das für Pizza Hut, jetzt arbeitet er für Burger King. Als ich über meine Forschungen sprach, fragte er mich, ob es einen bestimmten Zeitpunkt im Monat gebe, an dem es wahrscheinlicher ist, dass Frauen Pizza essen. Ich sagte ihm, dass ich nicht diese Art von Forschung betriebe, aber dass es tatsächlich Studien gebe, die zeigen, dass Frauen in ihrer nichtfruchtbaren Zeit mehr Kalorien zu sich nehmen. Dann also, wenn die Progesteronwerte im Körper höher sind.

Viele Frauen kennen das ...

Mein Mann war erstaunt. Er sagte, dass er viele Daten hätte, Kaufdaten weiblicher Kunden über einen langen Zeitraum. Und dass er in sein Prognosenmodell einen Vier-Wochen-Zeitraum einbauen würde. Also: Wenn eine Frau, egal, welche, eine Pizza kauft, wird festgestellt, ob ein Muster im Verhalten bemerkbar wird, und sie bekommt dann nach vier Wochen Post. Nach dem Motto: Komm doch wieder zu uns; hier ist unser Angebot der Woche. Ziel ist es, den wiederholten Kaufzyklus zu verkürzen, sie soll also häufiger kommen. Das ist Kundenbeziehungsmanagement.

Wenn die Customer-Relation-Strategen sich schon bei Nahrungsmitteln, wo es nicht so große Gewinnspannen gibt, dafür interessieren, Kundinnen genau zur richtigen Zeit anzusprechen – wie sieht es dann bei Luxusprodukten aus?

Die Forschung zeigt, dass Frauen während des Eisprungs dazu neigen, sexy Kleidung zu kaufen, zum Beispiel Dessous. Firmen wie Victoria's Secret oder die Einkaufskette Target zum Beispiel verfügen inzwischen über riesige Datenbanken mit Kaufhistorien ihrer Kunden, weil wir hier alles mit Kreditkarte zahlen oder online kaufen. Sie können also unser – weibliches – Kaufverhalten über lange Zeiträume beobachten, auswerten und nutzen. Sie sehen dann genau, was Frauen überwiegend während des Eisprungs machen. Anstatt einer Frau sechs oder sieben Wochen später eine E-Mail oder einen Werbebrief zu schicken, tun sie das schon nach vier Wochen, um zu analysieren, ob sich das irgendwie auf die Verkaufsmuster auswirkt.

Ihre Forschungen zeigen, dass Frauen während des Eisprungs auf Vielfalt stehen, gerne die Wahl haben. Wie spiegelt sich das im Einkaufsverhalten wider?

Frauen wollen sich zum Zeitpunkt der Ovulation verschiedene Männer anschauen, nicht unbedingt, um Sex zu haben, sondern um das Fortpflanzungsangebot zu überblicken. In der Phase des Eisprungs zeigen Frauen auch beim Einkaufen mehr Lust an Vielfalt und weniger Treue gegenüber den Marken, die sie sonst bevorzugen. Markenwechsel ist dann also ein großes Thema. Und ebenso, den Kauf eines Produktes mit dem Kauf eines anderen zu verbinden.

Wie müssen wir uns das vorstellen?

Ich sprach mal mit jemandem aus dem Marketingbereich eines riesigen Warenhauses: Wenn Frauen Tampons kaufen, merken die Angestellten das an der Kasse. Und versuchen dann, einen Markenwechsel zu erreichen, indem sie Coupons für einen anderen Anbieter austeilen. Tampons sind nur ein Beispiel. Es kann auch Joghurt sein – und ein entsprechender Coupon animiert dazu, einen anderen Joghurt zu kaufen oder ein Joghurtgetränk.

Dieser Marketingmann sagte dann zu mir, er wolle erreichen, dass Frauen, die Tampons kaufen, automatisch einen Coupon für Lippenstift bekommen. Man weiß nämlich recht sicher, dass Frauen häufiger Tampons kaufen, wenn sie ihre Periode erwarten. Also sich bevorraten, vorsorgen, zur Mitte des Zyklus. Und genau zu diesem Zeitpunkt sind sie auch eher dazu bereit, sich Lippenstifte zu kaufen.

Die Ergebnisse der Zyklusforschung können also ganz konkrete Auswirkungen auf die Marketingstrategien von Kaufhäusern und Konzernen haben?

Absolut. Ich beschäftige mich mit der Ovulation, weil man so herausfinden kann, inwieweit Fortpflanzungsziele auch das sonstige Verhalten von Frauen beeinflussen. Wenn wir also merken, dass dieses Verhalten sich auf eine bestimmte Art verändert – Frauen zum Beispiel eher dazu geneigt sind, kürzere Röcke oder Lippenstift zu kaufen oder riskantere finanzielle Entscheidungen zu treffen –, sind dies alles Maßnahmen, die wahrscheinlich irgendeinem Fortpflanzungsziel dienen sollen. Der Ansatz der Marketingleute ist es, gezielt Strategien zu entwickeln, um Anreize für ihre Produkte zu schaffen.

Keine Frau möchte von sich glauben, ein willenloses Opfer ihrer Hormone zu sein – auch noch mit finanziellen Konsequenzen. Wie wäre es, eine eigene Gegenstrategie zu entwickeln: die ris-

*kanten fruchtbaren Tage zu kennen – und nur an den unfrucht-
baren einzukaufen? Shoppen nach Zykluskalender!*

Ich verwende oft die Analogie, dass viele Leute Schokoladenkuchen mögen. Es ist nicht gut für uns, ständig Schokoladenkuchen zu essen, aber wir haben ein großes Verlangen danach. Das hatte früher auch Sinn: All das Gute,
das im Fett und Zucker steckt, war vor ein paar tausend
Jahren so selten zu bekommen, dass unsere Vorfahren uns
dieses Verlangen danach vererbten. Heutzutage können
wir das Zeug zumindest in der westlichen Welt überall bekommen. Also müssen wir Wege finden, damit umzugehen, Wege finden, um Schokoladenkuchen zu vermeiden. Auch wenn ich denke: »Ich würde jetzt so gerne einen
Schokoladenkuchen essen«, sollte ich mir selbst sagen
können: »Okay, ich weiß, dass es für mich, auf lange Sicht
gesehen, einfach nicht gut ist.« Wir können also so eine
Situation vorhersehen und sie dann vermeiden.

Das Gleiche gilt für die Effekte, über die wir gerade sprachen. Eine Frau, die ihren Zyklus kennt und verfolgt, kann
sagen: »Okay, ich gehe nächste Woche nicht einkaufen« –
vor allem dann, wenn sie auf ihr Geld achten muss. Es ist
absolut möglich, das zu tun.

Es ist möglich, viele Vermeidungsstrategien zu finden,
wenn man weiß, dass ein bestimmtes Verhalten, auf lange
Zeit gesehen, nicht gut ist. Hormone hin oder her – es ist
nicht leicht, aber wir sind auf jeden Fall in der Lage, auf die
Bremse zu treten.

Kristina Durante ist Psychologin und Zyklusforscherin am Depart-
ment of Marketing am College of Business der University of Texas in
San Antonio. Sie beschäftigt sich mit dem Thema, wie der weibliche
Zyklus das Verhalten von Frauen hinsichtlich Konsumverhalten,
Partnerschaft und Konkurrenzverhalten unter Frauen beeinflusst.

Sport nach Terminkalender

Hormone und Sport – das weckt erst einmal negative Assoziationen. Wir sehen vor unserem geistigen Auge anabolikagetunte Muskelprotze im Fitnessstudio oder erinnern uns an die Schlagzeilen über die gedopte Radsportlegende Lance Armstrong. Doch auch hier gilt: Hormone sind nicht per se die Bösen. Eine gesundheitsschädliche Wirkung entfalten sie nur, wenn sie zum Einsatz kommen, wo sie nicht hingehören. Hormone und Sport – das kann auch eine Erfolgsgeschichte sein. Regelmäßiger Sport reguliert das Gleichgewicht der Botenstoffe im Körper. Wer joggt, schwimmt oder im Fitnessstudio schwitzt, schüttet vermehrt den Glücklichmacher Serotonin aus. Gleichzeitig baut er das Stresshormon Adrenalin ab: Beim Sport entspannen wir schneller als auf der Couch!

Dass auch unsere Zyklushormone »mittrainieren«, haben wir zumindest schon geahnt. Denn wer kennt sie nicht, die guten und schlechten Tage für den Sport? Wobei uns die schlechten Tage natürlich mal wieder mehr auffallen als die guten.

Die Sportmedizinerin Petra Platen hat stattdessen die möglichen positiven Effekte in den Blick genommen und sich die Frage gestellt: Hat es Sinn, das Training auf den Zyklus abzustimmen? Lässt sich auf diese Weise vielleicht sogar die Leistung steigern? Die Professorin an der Ruhr-Universität Bochum, früher selbst Leistungssportlerin und mit mehr als 200 Spielen für die Handballnationalmannschaft angetreten, wollte wissen, ob es Zyklusphasen gibt, in denen ein Muskel sich besser trainieren lässt – und wann intensives Training mehr bringt.

Denn Training ist kein Wert an sich. Mehr Gewichte aufzulegen bringt nicht automatisch mehr Muskeln; eine Stunde mehr auf dem Stepper hat nicht bei jeder von uns denselben Ausdauereffekt. Wie gut ein Organismus oder auch ein einzelner Muskel trainierbar ist, hängt davon ab, wie er sich an die Trainingsbelastung anpassen kann. Ob er wächst und dadurch stärker wird. Das gibt den Ausschlag dafür, welchen Effekt das Training hat.

Für die Studie schickte die Wissenschaftlerin durchschnittlich sportliche junge Frauen an die Beinpresse, eine Kraftmaschine, die vor allem die Oberschenkel fordert. Drei Monate lang trainierten sie – in der ersten Zyklushälfte bis zum Eisprung das rechte Bein, anschließend das linke Bein.

Petra Platen und ihr Team entnahmen den Probandinnen in den unterschiedlichen Zyklusphasen Muskelproben und vermaßen den Durchmesser der Muskelfasern. Denn Krafttraining lässt die Muskeln wachsen, die Fasern werden dicker. Das Ergebnis der Studie: Das rechte Bein hatte sich stärker entwickelt als das linke; das Krafttraining vor dem Eisprung war wirkungsvoller als an den Tagen danach.

Die beiden Hauptakteure im Zyklus, Östrogen und Progesteron, könnten dafür verantwortlich sein. Dem Östrogen schreibt man zu, dass es den Aufbau von Eiweiß fördert – und genau das ist es, was ein Muskel braucht, um zu wachsen.

Sie erinnern sich? In den rund 14 Tagen vom Beginn der Periode bis zum Eisprung steigt der Östrogenspiegel im Blut rasant an, vor allem in den letzten drei Tagen vor der Ovulation. Danach sinkt er wieder, während gleichzeitig das zweite wichtige Zyklushormon, das Progesteron, die Regie übernimmt. Es hat eine katabole Wirkung, zu Deutsch: Es bremst den Muskelaufbau. Das heißt: Das zusätzliche Gewicht an der Kraftmaschine können wir uns jetzt sparen. Die Wirkung verpufft.

Das könnte übrigens auch der Fall sein, wenn Frauen mit Hormonen verhüten. Viele aktive Sportlerinnen nehmen die Pille nicht nur zur Verhütung, sondern auch, damit die Menstruation nicht die Wettkampfplanung durcheinanderwirft und das prämenstruelle Syndrom die Konzentration und Leistungsfähigkeit killt. Doch US-amerikanische Forscher stellten fest, dass die Pillenhormone möglicherweise den Muskelaufbau negativ beeinflussen. Sie ließen rund 70 Frauen dasselbe Trainingsprogramm absolvieren und sorgten außerdem dafür, dass sie dieselbe Menge Eiweiß zu sich nahmen. Das Ergebnis: Die Frauen, die nicht mit Pille verhüteten, legten bis zu 60 Prozent mehr an Muskelmasse zu.

Und was heißt das in der Praxis? Zwei Wochen Maximalpower an den Maschinen im Fitnessstudio – und dann zwei Wochen Couch? Das wäre zu einfach. Nicht jede von uns ist auf Krafttraining aus. Regelmäßiger Sport ist allemal besser als eine sporadische Powereinheit. Und wie viel das Training bringt, hängt eben doch nicht nur vom Zyklus ab.

Außerdem: Östrogen bringt nicht nur die Muckis auf Trab. Es lockert auch das Gewebe. Wer vor lauter Eisprungpower das Training überzieht, riskiert Blessuren. Forscher der University of Michigan fanden heraus, dass Sportverletzungen gehäuft zwischen dem 10. und dem 14. Tag des Zyklus auftreten. Und österreichische Wissenschaftler beobachteten, dass bei Frauen an den Tagen rund um den Eisprung bei Skiunfällen deutlich häufiger das Kreuzband reißt. Ihre Vermutung: Der Einfluss von Östrogen macht das Band – das eine Menge Rezeptoren für das Hormon aufweist – weicher und damit weniger stabil.

Noch etwas spricht dafür, das Sportprogramm nicht auf die erste Zyklusphase zu beschränken. Denn auch die Phase nach dem Eisprung hat ihre Stärken. Progesteron kurbelt den Stoffwechsel an – und damit auch die Fettverbrennung. Ein guter Grund, warum Ausdauertraining gerade jetzt sinnvoll ist.

Und wie sieht es während der Menstruation aus? Sport treiben? Oder lieber nicht? »Viele Frauen fühlen sich zwar während der Regelblutung unwohl und weniger leistungsfähig«, sagt Sportmedizinerin Platen. Messbar sei das jedoch nicht. Der Blutverlust ist, objektiv betrachtet, viel zu gering, um die Leistungsfähigkeit zu beeinträchtigen. Subjektiv kann das ganz anders aussehen. Und wenn der Kopf sagt: »Ich blute – wie kann ich mich da wohlfühlen?«, dann wird auch der Körper nicht zu Höchstleistungen bereit sein.

Ob Sport und Periode zusammenpassen, hängt auch von der Sportart ab. Die höhere Sensibilität für äußere Reize könnte immer dann, wenn es um schnelle Reaktionen geht, bei Teamsportarten wie Handball oder Fußball, von Vorteil sein. Ausdauersportlerinnen macht dagegen möglicherweise Eisenmangel zu schaffen; Eisen ist ein wichtiger Motor für den Transport von Sauerstoff in die Muskeln.

Allerdings: Vielen Frauen vergeht schon an den Tagen vor den Tagen die Lust auf schweißtreibende Bewegung. PMS, das prämenstruelle Syndrom, sorgt dafür, dass wir uns aufgebläht fühlen, mies gelaunt und zu nichts nutze. Möglicherweise sind Abbauprodukte des Progesterons schuld, vielleicht auch die äußeren Faktoren: psychische Belastungen, die Einstellung zum eigenen Körper, die Ernährung.

Wer sich dennoch aufraffen kann, wird belohnt: Ausdauersport setzt Serotonin frei, den kostenlosen körpereigenen Stimmungsaufheller. Ebenso Endorphine, die Schmerzen dämpfen können. Außerdem kurbelt Sport die Durchblutung an, das löst Bauchkrämpfe. Und Ablenkung ist allemal ein gutes Mittel gegen Menstruationsbeschwerden.

Bewegung kann das Wohlbefinden unterstützen, doch das

ist auch eine Typfrage. Wer sagt uns, was richtig ist? Genau! Wir selber. Wer immer schon gern draußen in Bewegung war, sollte jetzt erst recht nicht darauf verzichten. Können doch andere unter die Kuscheldecke kriechen. Gradmesser bleibt das persönliche Körpergefühl: Es teilt uns meist doch ganz gut mit, ob die Joggingrunde angesagt ist oder eher die Wärmflasche oder Teestunde auf der Couch.

Und damit sind wir bei der Grundidee eines Trainingsplans, der den Zyklus im Blick behält. Der muss gar nicht darauf abzielen, Höchstleistungen möglich zu machen. Aber er gibt uns Orientierung, wann wir belastbar sind, wann ausdauernd – und wann wir einfach mal eine Pause brauchen.

Politisch korrekt? Von Eisprüngen und Präsidentschaftswahlen

Wenn Hormone all die Dinge mitbestimmen und mitverändern, für die wir uns im Alltag entscheiden: was wir essen, wem wir vertrauen, wie wir einkaufen, mit welchem Partner wir zusammen sein wollen – könnten sie dann vielleicht auch unsere politischen und religiösen Ansichten beeinflussen?

Kristina Durante, die Sie bereits im Kapitel »Shoppen: Marken, Sex und Eiscreme« kennengelernt haben, hatte diese Vermutung. Sie kannte frühere Studien, die bereits einen Zusammenhang zwischen Zyklus und Partnerwahl nahegelegt hatten. Sie und ihre Kollegen wollten testen, wie bei Frauen die Ovulation die politischen Einstellungen, die Religiosität und das Wahlverhalten während der US-Präsidentschaftswahlen im Jahr 2012 beeinflusst hatte. Durante ahnte nicht, dass sie damit eine heftige Diskussion entfachen und sich harter Kritik aussetzen würde.

Ihr Beispiel zeigt, auf welch dünnem Eis Wissenschaftler

sich bewegen, wenn sie zu geschlechtsspezifischen Themen forschen. Themen, die wegen bestehender Stereotypen und großen Konfliktpotenzials den Medien schon seit Jahrzehnten tollste Schlagzeilen verheißen und sich zum Beispiel damit beschäftigen, wie sinnvoll eine Frauenquote in Führungsetagen ist, ob Frauen die besseren Chefs sind und wie es sich mit ihren mathematischen Fähigkeiten, Kartenlese- und Einparkqualitäten verhält. Themen, die Zündstoff bieten für emotionale Auseinandersetzungen zwischen Interessengruppen und die genug Raum lassen auch für irreführende Interpretationen.

»Denn es ist möglich, Forschungsergebnisse aufgrund der Klischees so auszulegen, dass sie stigmatisierend und degradierend für Frauen sind«, sagt Kristina Durante. »Leider existieren nun mal diese Stereotypen über Frauen – zum Beispiel, dass sie aufgrund hormoneller Schwankungen launisch sind, sie nicht einparken können und so weiter. Und all dies hat eine Auswirkung auf meine Forschung.«

Nur als kleiner Test: Welche Gedanken sind Ihnen, liebe Leserinnen, eben schon durch den Kopf gegangen, als Sie lasen, dass Hormone auch das Wahlverhalten beeinflussen könnten? Was glauben Sie: Wählt man in einer bestimmten Zyklusphase eher konservativ – in einer anderen hingegen nicht? Schwankt mit den Hormonen also die Präferenz für CDU, CSU, Grüne, SPD ...?

Doch zurück in Durantes Labor: Die Forscher führten zwei Studien durch. In Studie 1 befragten sie 275 Frauen mit einem natürlichen Zyklus über ihre Religion, ihren Beziehungsstatus und ihre Zyklusphase.

In Studie 2 wurden 502 Frauen so befragt wie in Studie 1, ergänzt durch die Frage: »Wen würden Sie wählen, wenn heute Wahl wäre – Obama oder Romney?« Dazu behaupteten die Wissenschaftler, dass sie der jeweiligen Präsidentenkampagne einen Dollar spenden würden. Die Frauen sollten nun sagen, für welche Kampagne sie spenden würden. Außerdem wurden sie zu ihrer politischen Einstellung befragt.

Das Ergebnis: Singlefrauen waren während des Eisprungs eher liberaler, weniger religiös und wählten überwiegend Obama. Frauen in festen Beziehungen wurden während der fruchtbaren Tage eher religiöser und konservativer und waren überwiegend bereit, Romney zu wählen. Ein analoges Ergebnis fanden die Forscher für die Spendenbereitschaft.

Und sie stellten fest, dass diese Unterschiede nur dann auftraten, wenn die Frauen gerade fruchtbar waren. In ihrer nichtfruchtbaren Phase zeigten Singlefrauen und Frauen in einer Partnerschaft keine Unterschiede in ihrer Religiosität oder ihren politischen Einstellungen.

»Steuern Hormone die Wahlentscheidungen bei Frauen?« – unter dieser Schlagzeile veröffentlichte der US-Nachrichtensender CNN online einen Artikel, in dem die Redakteure Bezug auf Durantes Studie nahmen. Empörung brach sich Bahn. Leser überzogen die Redaktion mit hämischen Kommentaren, bezeichneten den Artikel als »albern« und »schrecklich«. Am Ende zog CNN den Beitrag zurück, weil einige Punkte »nicht den redaktionellen CNN-Standards« entsprächen. Während der Frauenblog »Jezebel« noch nachlegte und titelte: »CNN Thinks Crazy Ladies Can't Help Voting With Their Vaginas Instead of Their Brains«.

Kristina Durante sah sich mit heftiger Kritik an ihren Forschungen konfrontiert. Und es ging noch weiter: Feministinnen nannten ihre Studie sexistisch, Wissenschaftsblogger bemängelten die Vorgehensweise der Forscher.

»Viele Leute interpretierten die Studie einfach anhand der Schlagzeilen«, sagt Durante. »Die Studie wurde so dargestellt, als würden weibliche Hormone das Wahlverhalten der Frauen beeinflussen, und Männer wären die rationalen Entscheidungsträger. Als könnten Frauen sich keine eigene Meinung bilden und als änderten sie ständig ihre Präferenzen.« Was wieder zu den Stereotypen passte, dass Frauen keine rationalen Entscheidungen treffen können, da sie hormonelle Schwankungen, »ihre Tage«, haben …

All das, sagt Kristina Durante, sei überhaupt nicht ihre Zielrichtung gewesen. »Erst seit dieser Studie ist mir bewusst, dass diese Stereotype sich dazu eignen, meine Forschung degradierend für Frauen auszulegen«, sagt die Wissenschaftlerin. Obwohl die meisten Frauen positiv reagierten, gebe es einige lautstarke Gruppen, die meinten, dass es für das Bild der Frauen in der Öffentlichkeit potenziell schädlich sein könne zu behaupten, dass Hormone das weibliche Verhalten beeinflussten – und man diesen Zusammenhang deshalb nicht herstellen dürfe.

Durante räumt ein, als Frau könne sie gewisse Vorbehalte verstehen. »Aber ich bin auch eine Wissenschaftlerin. Nur weil Stereotypen existieren, sollte uns das nicht von der Forschung abhalten: Wir müssen verstehen, wie die Biologie unser Verhalten beeinflusst.«

Wie würde es eigentlich ausgehen, wenn ovulierende Frauen die Wahl hätten zwischen Frau oder Mann? Einer Präsidentschaftskandidatin und einem Kandidaten? »Das ist eine sehr interessante Frage, die jemand beantworten sollte«, sagt Kristina Durante.

Vielleicht wagt sie sich an eine weitere Studie. Nach den jüngsten Erfahrungen, dem Sturm der Entrüstung, ist sie sich da noch nicht so sicher.

Zu ihrer umstrittenen Obama-Romney-Studie steht sie nach wie vor: Die sei theoriegeleitete empirische Wissenschaft und im Übrigen nur ein Anfang. »Ich lade andere Wissenschaftler dazu ein, darauf aufzubauen.«

Von wegen nur die Frauen.
Auch Männer haben Hormone.

Männer sind einfach gestrickt. Nicht, was Sie jetzt vielleicht denken. Oder denken, dass wir es jetzt denken könnten ... Gemeint ist das männliche Hormonsystem im Vergleich zum weiblichen. Was damit los ist, hat uns Johannes Huber, Professor an der Medizinischen Universität Wien, sehr anschaulich beschrieben. »Bei Männern kommt das Testosteron heraus wie aus einem Gartenschlauch«, sagt der Hormonexperte, »während bei Frauen drei Systeme ineinandergreifen, die permanent fluktuieren, sich gegenseitig beeinflussen.«

Huber macht den Uhrenvergleich: »Von den Hormonen her ist der Mann eine simple Alltagsuhr, während die Frau ein System hat wie ein hochdifferenzierter Schweizer Markenchronometer.«

Dennoch, auch Männer haben Hormone, wenn auch alles ein bisschen einfacher abläuft. Und sie werden von ihnen gesteuert – nicht nur von den eigenen, auch von denen der Frau. Umgekehrt haben auch sie einen gewissen Einfluss auf das weibliche Hormongefüge. Beispiele dafür, wie beide Systeme miteinander interagieren, finden Sie immer wieder in diesem Buch.

Aber an dieser Stelle soll es einmal nur um den Mann gehen. Und um das wichtigste und bekannteste männliche Hormon – das Testosteron. Es sorgt nicht nur für die Libido, sondern auch für die nötige Standhaftigkeit beim Sex, es fördert den Muskelaufbau und auch den Fettabbau an Bauch und Hüfte, um nur einige Eigenschaften zu nennen.

Jeder Mann hat seinen eigenen individuellen Testosteronlevel. Und überall im Körper hat er sogenannte Androgenrezeptoren. Die Testosteronmoleküle im Blut docken an diese Rezeptoren für Androgene, männliche Sexualhormone, an – ob es im Kopf ist und Power bringt, dass Mann denkt: »Wow, heute bin ich voller Lebensenergie und könnte Bäume ausreißen«, oder ob es in der Muskulatur ist und die Bizeps und Trizeps wachsen lässt.

Man muss also zwei Dinge unterscheiden: das Testosteron, das in Abhängigkeit von seiner Bindung an Proteine im Blut biologisch aktiv ist. Und die Androgenrezeptoren. Was diese leisten können, ist genetisch festgelegt. Und bei jedem Mann anders. Die Maßeinheit dafür sind die sogenannten CAG-Repeats. Und nun machen wir einen kleinen Abstecher in die Genetik.

CAG steht für Cytosin, Adenin und Guanin, drei der vier Nukleinsäuren, aus denen die Chromosomen unseres Körpers aufgebaut sind. Das Gen, das darüber bestimmt, wie die Androgenrezeptoren aussehen, liegt auf dem X-Chromosom. Dort gibt es einen Abschnitt, in dem sich Cytosin, Adenin und Guanin mehrmals wiederholen. Wie oft – und darauf kommt es an –, ist von Mensch zu Mensch unterschiedlich: Von 13- bis 31-mal ist alles möglich. Die Anzahl dieser Wiederholungen, der Repeats, legt fest, wie sensibel entwickelt die Androgenrezeptoren im Körper sind und was sie ausrichten können.

Ein Weltmeister im 100-Meter-Sprint hat so vielleicht einen Testosteronwert von 8,0 Nanogramm/Milliliter, das ist im obersten Teil des Normbereiches, aber nicht besonders hoch. Aber die Sequenz der CAG-Repeats ist bei ihm sehr kurz, im oberen Bereich – das heißt, seine Androgenrezeptoren sind sehr sensibel und sorgen dafür, dass die Muskeln, die er benötigt, sich sehr gut entwickeln. Ein anderer Sprinter hat zwar vielleicht exakt den gleichen Testosteronwert, schafft aber erst gar nicht die Qualifikation für Olympia, weil die Zahl der CAG-Repeats bei ihm eher im unteren Bereich liegt, die Sequenz also länger ist als bei dem anderen, was die Rezeptoren unempfindlicher macht und dazu führt, dass sein Körper nicht solche Muskeln aufbauen kann wie sein erfolgreicher Kollege.

Genetisch bedingt ist auch, wie viele Leydig-Zellen der Mann hat. In diesen Zellen – sie befinden sich im Hoden – werden 95 Prozent des Testosterons produziert. Genetisch bedingt ist also somit auch, wie viel Testosteron ein Mann überhaupt produzieren kann.

Ein Hormon, das immer wieder in Verbindung gebracht wird mit aggressivem, egoistischem und dominantem Verhalten: »Der ist doch testosterongesteuert!« Welcher Frau ist dieser Spruch noch nicht über die Lippen gekommen? Es handelt sich um das weibliche Pendant zu: »Die hat doch ihre Tage.«

Doch Testosteron ist besser als sein Ruf. So haben Wissenschaftler unter anderem gezeigt, dass es faires Verhalten fördern kann. Es hat auch positive Effekte auf das soziale Verhalten in der Gruppe, wie die folgende Studie zeigt: Esther Diekhof, Juniorprofessorin am Institut für Humanbiologie der Universität Hamburg, und ihre Kollegen wollten wissen: Auf welche Weise beeinflusst Testosteron das Verhalten bei einer Konkurrenzsituation zwischen Gruppen? Ihre Probanden: 50 Fußballfans. Die mussten am Computer ein Spiel spielen, ein sogenanntes Ultimatumspiel. Verhaltensforscher benutzen es, um zu erforschen, wie selbstlos oder egoistisch jemand handelt.

Das Konzept dieses Spiels: Zwei Probanden dürfen sich eine bestimmte fiktive Geldsumme teilen, und einer darf ein Verhältnis vorschlagen, das mehr oder weniger fair ist – der Zweite kann nur annehmen oder ablehnen. Nimmt er an, erhalten beide ihren Anteil. Lehnt er ab, gehen beide Spieler leer aus.

Die Forscher maßen die Testosteronspiegel der Spieler anhand von Speichelproben, die die Männer am Morgen des Testtages abgeben mussten. Und dann ging es los. Gespielt wurde auf zweierlei Weise. Einmal sollten die Probanden Punkte für sich selbst sammeln. Aber es gab auch einen Wettbewerb: Hier mussten sie in der Gruppe gegen Fangruppen anderer Vereine spielen. Am Ende sollte der Verein gewinnen, der als Gruppe die meisten Punkte hatte. Jeder Einzelne musste also abwägen zwischen persönlichem Gewinn und dem Erfolg der eigenen Gruppe.

Das Überraschende: Die Forscher konnten mit den gewonnenen Daten zeigen, dass Testosteron bei Männern zum Beispiel den Verzicht auf persönliche Vorteile zum Wohle der eigenen Gruppe fördert: Spieler mit einem hohen Hormonspiegel lehnten unfaire Angebote anderer Gruppen öfter ab als entsprechende Angebote der eigenen Mitspieler – obwohl sie selbst dann weniger Punkte bekamen. So verschafften sie, wenn es um die eigene Gruppe ging, in erster Linie nicht sich, sondern ihrem Team Vorteile. Eine weitere Erkenntnis, die mit dem negativen Image des Hormons aufräumt. »Unsere Ergebnisse ergänzen das Verständnis über die Wirkung von Testosteron um einen wichtigen Aspekt: das Leben in sozialen Gruppen«, so Humanbiologin Diekhof.

Die hormonelle Lage des Mannes schwankt im Tagesverlauf. Nicht nur, aber dazu kommen wir später. Manche nennen das den »Zyklus des Mannes«, »die Tage des Mannes«; beides trifft es nicht richtig, aber wir wissen, was gemeint ist. Und Hauptakteur ist, wie kann es anders sein, das Testosteron, dessen Konzentration sich während des Tages verändert. Wie wirken sich diese Schwankungen auf das Verhalten aus?

Hormonell gesehen, ist unser männlicher Gegenpart ein

Frühaufsteher. Gegen sechs Uhr morgens steigen in seinem Körper die Spiegel von Cortisol, dem Aktivierungshormon, und von Testosteron relativ rasch an. Es kommt zu Erektionen. »Das bewirken das Testosteron und das Stickstoffmonoxid, ein körpereigenes Gas, das unter anderem den Blutdruck reguliert und für die Erektionsstärke verantwortlich ist«, erklärt Johannes Huber. Der Mann startet also mit hohem Testosteronspiegel antriebsstark in den Tag und ist im Job (und natürlich auch sonst) bis mittags am leistungsfähigsten. Er ist wettbewerbsfreudig und setzt sich gerne durch, auch wenn ihm das nicht immer gelingt. Aber zumindest seine Einstellung stimmt.

Am Nachmittag folgt dann die Talfahrt. »Wenn Sie im Job bei einem Mann etwas erreichen wollen, wird Ihnen das eher am späteren Nachmittag gelingen, wenn er schon halb hinüber ist«, sagt Johannes Huber. »Dann, wenn er nicht mehr so konzentriert und reaktionsfähig ist, dafür sanftmütiger, freundlicher.«

Am Abend ist es dann ganz vorbei. Der Testosteronlevel sinkt auf den Tiefstand, »Müdigkeit und Entspannung machen sich breit«, so der Hormonforscher. Liegt hier vielleicht die wahre Ursache für männliche Präsenzkultur in manchen Unternehmen? Alle glauben, da sitzen um 22 Uhr noch die Hochleister an ihren Schreibtischen: Dabei finden sie vor lauter Müdigkeit die Tür nach draußen nicht – nein, wir wissen natürlich, dass es für Überstunden noch eine Reihe anderer Gründe geben kann ...

Auf die Partnerschaft bezogen, fasst Johannes Huber die Auswirkungen der hormonellen Tageskurven so zusammen: »Da gibt es den besten Sex in der Früh. Und um entspannt zu reden, offene Fragen vom Tisch zu kriegen, eigene Wünsche durchzusetzen, ist die Zeit ab 19 Uhr günstig«, sagt der Hormonexperte, »denn jetzt mag er – ähnlich wie im Job – nicht mehr diskutieren, stimmt Ihnen schneller zu.« Huber betont jedoch, dass hier vom berufstätigen Durchschnittsmann die Rede sei. Das männliche Wohlbefinden, die Leistungsfähigkeit seien natürlich auch von anderen Faktoren abhängig. Von Stress zum Beispiel.

»Stresshormone sind die Gegenspieler von Testosteron. Und in den Industrienationen wird der Testosteronwert bei den Männern immer geringer«, sagt Frank Sommer. Er ist Professor für Männergesundheit am Universitätsklinikum Hamburg und kümmert sich unter anderem um schwächelnde Hormone und Sexualstörungen beim Mann. »Die Menschen erbringen heute ungefähr das Zwei- bis Dreifache an Arbeitsvolumen wie vor 20, 25 Jahren«, sagt der Urologe, Androloge und Sportmediziner. Auch sonst sei das Leben komplizierter geworden. »Dazu kommen noch schlechte Ernährungsgewohnheiten und Bewegungsmangel. Und schon sind wir beim nächsten riesigen Gegner von Testosteron: dem viszeralen Bauchfett.« Normalerweise schützt dieses Fett in der Bauchhöhle die inneren Organe vor Verletzungen. Wird aber zu viel davon angelagert, begünstigt es die Umwandlung von Testosteron in Östrogen: Das Verhältnis von männlichen zu weiblichen Hormonen gerät in eine Schieflage.

Heißt das, die Männer verweiblichen? »So ist es«, bestätigt Sommer. »Viel schlimmer aber ist, dass sie auf einmal nicht mehr so leistungsfähig sind. Sie sind müder, abgeschlagener und träger. Das kann sich auf den Job auswirken, möglicherweise so, dass auch andere das merken.« Die gesundheitlichen Folgen von Testosteronmangel können dann ein metabolisches Syndrom sein, die Vorstufe von Diabetes sowie Fettstoffwechselstörungen mit Herz- und Kreislauferkrankungen.

Und wie steht es nun mit der Sexualität? Eigentlich wurde

der Mann ja von der Natur so ausgestattet, dass er sich bis ins hohe Alter reproduzieren könnte. »Libido, Standfestigkeit und Fruchtbarkeit nehmen natürlich ab«, sagt Sommer. Er und seine Kollegen befragten Tausende Männer nach ihren sexuellen Gewohnheiten. Fazit: In deutschen Betten geht es im Vergleich zu den 1970er-Jahren heute ruhig zu. Die Frage »Wie oft im Monat haben Sie Sex?« wurde damals von den 18- bis 30-Jährigen mit »18- bis 22-mal« beantwortet. Jetzt gaben die Männer »4- bis 10-mal« an. Bei Befragten zwischen 31 und 40 Jahren waren es einst »8- bis 12-Mal«, heute sind es hingegen »3- bis 6-mal«. Die 41- bis 50-Jährigen vergnügten sich damals »6- bis 10-mal« pro Monat, heute noch »2- bis 3-mal«. Die 51- bis 60-Jährigen taten es einst »4- bis 8-mal« – heute »maximal 2-mal«.

Dass der Rückgang an den Frauen liegt, schließt Sommer aus, auch wenn diese die sexuelle Unlust ihrer Männer oft auf sich bezögen. »Die Lust nimmt beim Mann ab 35 nun mal ab – bei dem einen früher, bei dem anderen später. Das liegt am sinkenden Testosteronspiegel.« Dazu kommen die genannten weiteren Negativfaktoren. »Warum also«, fragt Sommer, »sollte es an den Frauen liegen? Unsere Ergebnisse waren eindeutig: Es gibt bei den Männern Gründe genug für Lustlosigkeit. Und mit der abnehmenden Fruchtbarkeit geht es weiter.« Der Männerarzt verweist auf Zahlen der Weltgesundheitsorganisation. Die hatte im Jahr 2010, dem Trend folgend, eine Definition von 1999 aufgeweicht: Viele Männer, die damals als nur »eingeschränkt fruchtbar« bezeichnet wurden, fallen jetzt in die Kategorie »fruchtbar«. In Zahlen: 1999 noch galt als fertil, wer eine Spermienkonzentration von 20 Millionen Spermatozoen pro Milliliter Ejakulat oder darüber hatte. Dieser Referenzwert wurde nun auf 15 Millionen Spermatozoen gesenkt.

Doch kommen wir zurück zum Thema Zyklus und der

spannenden Frage: Hat der Mann nun einen oder nicht? So einen monatlichen Zyklus, ähnlich wie wir Frauen? Das Team um die österreichische Verhaltensbiologin Katharina Hirschenhauser machte vor einigen Jahren eine sensationelle Entdeckung. Die Forscher fanden tatsächlich heraus, dass Männer, die mit ihrer Partnerin in einer innigen Beziehung leben und ein Kind mit ihr wollen, in ihrem Hormonstatus und in ihrem Sexualverhalten einen rund 28-tägigen Zyklus zeigen – einen Zyklus, abgestimmt auf den Zyklus ihrer Frau.

Wie kam die Wissenschaftlerin auf ihre Studie? »Mir und meiner Kollegin war aufgefallen, dass es einfach regelmäßig Tage gab, an denen unsere männlichen Kollegen reizbarer waren, angriffslustiger, weniger belastbar – ähnlich dem, was viele Frauen von sich selbst kennen«, erinnert sich Katharina Hirschenhauser. »Waren das nur unsere subjektiven Empfindungen, fragten wir uns – oder steckt mehr dahinter?« Außerdem hatten die Forscherinnen gehört, es könnte vielleicht eine Art zweiwöchigen Zyklus geben, aufgrund von Samenerneuerungszyklen innerhalb der Hoden.

Die Probanden, 27 Männer zwischen 20 und 40 Jahren, mussten zunächst Fragen beantworten wie: »Haben Sie eine Partnerin?«, »Leben Sie mit dieser Partnerin gemeinsam im Haushalt?« und »Haben Sie den Wunsch, mit dieser Partnerin ein Kind zu haben?«. Sie machten außerdem Angaben zu den Zyklusphasen ihrer Partnerinnen, die allesamt nicht die Pille nahmen. Über drei Monate lang gaben die Männer dann täglich frühmorgens eine Speichelprobe ab, mit deren Hilfe ihr Testosteronspiegel gemessen wurde, füllten jeden Tag Fragebögen zu ihren sexuellen Erlebnissen aus und gaben auch Auskunft darüber, wie intensiv diese Erlebnisse für sie waren.

Am Ende stellte sich die Frage »Haben Sie den Wunsch,

mit dieser Partnerin ein Kind zu haben?« überraschenderweise als der wichtigste Punkt heraus. »Es war die einzige Variable, die die beobachteten Muster erklärt hat«, sagt Katharina Hirschenhauser, »nämlich die, dass Testosteronspitzen zusammenfielen mit sexueller Aktivität, die von den Männern als ganz besonders intensiv beschrieben wurde – und der fruchtbaren Phase ihrer Frauen.« Ein solches Zusammentreffen von Testosteronpeaks und außergewöhnlichen sexuellen Ereignissen habe es bei den Männern mit Partnerin, aber ohne Kinderwunsch und bei Singles mit wechselnden Partnerinnen nicht gegeben.

Ein erstaunliches Resultat, sagt Hirschenhauser: Männer können durch ihr Verhalten und ihre Einstellung tatsächlich ihren eigenen Hormonhaushalt beeinflussen! »Es gibt Männer, die sich, nicht nur was kultiviertes Verhalten angeht, auf eine Beziehung einstellen, sondern wirklich physiologisch«, sagt die Wissenschaftlerin. »Sie haben nicht automatisch einen höheren Testosteronspiegel, wenn sie einen Kinderwunsch haben, sondern sie setzen ihn gezielt ein, als Antwort auf das Verhalten ihrer Partnerin. Und: Sie können das tun, aber sie müssen nicht.« Den Grund, dass die Männer ihre Testosteronfabrik anwerfen, sieht Hirschenhauser in erster Linie in der sexuellen Motivation, im Lustverhalten der Frau. Sie hält es aber für möglich, dass das auch über chemische Kommunikation via Duftstoffe funktioniert. (Mehr dazu in Kapitel 3 unter der Überschrift »Unbewusste Signale«.)

Männer, die derart sensibel und flexibel auf ihre Partnerin eingehen, werden dafür auch von der Biologie belohnt: Sie leben gesünder. »Sie setzen ihren Energiehaushalt ökonomisch ein, denn sie lassen die Partnerin mitbestimmen«, sagt die Verhaltensbiologin. »Das tut der Beziehung gut, und sie haben vielleicht dann öfter Sex, wenn die Wahrscheinlichkeit, ein Kind zu zeugen, am größten ist.« Die anderen Männer hingegen lebten ungesünder, weil sie ihre Energie verschleuderten und risikobereiter seien. Denn immer hoch im Testosteron zu sein, das bedeute Kosten für den Körper: Der dadurch gesteigerte Energieverbrauch erhöhe das Risiko zu erkranken. »Wenn wir ins Tierreich schauen: Dort ist der Parasitenbefall bei Männchen mit hohem Testosteron am größten. Das schwächt auch das Abwehrsystem in alle Richtungen und erhöht das Risiko, gefressen zu werden«, sagt Katharina Hirschenhauser. »Und um auf den Menschen zurückzukommen: Ein dauernd erhöhter Testosteronlevel macht auffälliger, lauter, angriffslustiger und verwundbarer.«

Es gibt keinen Zweifel mehr: Auch Männer haben Hormone. Auch Männer sind hormongesteuert. Und auch Männer haben einen Zyklus – wenn sie wollen.

TEIL II
UNTER FRAUEN UNTER MÄNNERN

KAPITEL 3

UNBEWUSSTE SIGNALE

Was immer wir Frauen auch tun – ob wir uns parfümieren, schminken, elegant kleiden oder sportlich, ob wir klein sind oder groß, dick oder dünn, ob wir uns stark fühlen oder schwach, ob wir uns schön finden oder nicht –, im Laufe unseres Zyklus verändern wir uns.

Und das wiederum bewirkt, dass wir uns in jeder einzelnen Zyklusphase unterschiedlich wahrnehmen – und natürlich auch von anderen unterschiedlich wahrgenommen werden. Vor allem von Männern. Die finden zum Beispiel Gesichter, Stimmen, Bewegungen und auch den Körpergeruch von Frauen ganz besonders attraktiv, wenn diese sich in ihrer fruchtbaren Phase befinden.

Dabei sind Forscher lange Zeit davon ausgegangen, dass Frauen fähig sind, ihre fruchtbare Zeit zu verstecken. Gut, gewissermaßen tun sie das ja auch, wenn man sich nur mal anschaut, wie offensichtlich viele weibliche Wesen im Tierreich ihre Fruchtbarkeit signalisieren: Wem fallen da nicht spontan die Paviane mit ihren leuchtend roten Hinterteilen ein! Pandaweibchen zirpen tiefer und mit stärkerem Vibrato. Die Tropfenschildkröten strecken den Kopf und ihren Hals weit hervor und verharren erwartungsvoll vor dem Männchen. Gut, die sind ziemlich langsam, vielleicht auch von Begriff.

· **109** ·

Dass Menschenfrauen ihre Fruchtbarkeit verstecken, hätte, wie so vieles, aus Sicht der Evolution theoretisch durchaus einen Sinn: weil sie dadurch die Männer zur Treue zwingen. Sie nötigen, bei ihnen zu bleiben. Wenn Mann nämlich nicht weiß, was zyklustechnisch gerade bei seiner Partnerin los ist, kann ihn jeder eigene Seitensprung – in den evolutionären Theorien denken alle Beteiligten ständig daran – teuer zu stehen kommen: Schleicht er nämlich aus dem Haus, um sich mit anderen Frauen zu vergnügen, riskiert er, dass die eigene Frau währenddessen mit einem Konkurrenten Spaß hat. Was vielleicht noch verkraftbar wäre, aber wenn seine Dame ausgerechnet dann ihre fruchtbaren Tage hat, würde er am Ende Kinder aufziehen, also in sie investieren, die nicht seine eigenen sind, sondern die eines Nebenbuhlers. Eine höchst uneffektive Angelegenheit! Indem die Frau vor dem Mann verbirgt, wann ihre fruchtbare Zeit ist und wann nicht, er also nicht weiß, wann er sie ohne Kuckuckskinderrisiko alleine lassen und betrügen darf, verschafft die Frau sich nach dieser Logik einen Vorteil: die Fürsorge, Zuverlässigkeit und Unterstützung eines guten Vaters. Der muss davon ausgehen, dass es sich bei sämtlichem Nachwuchs um seinen eigenen handelt, und verhält sich entsprechend. Und wenn sie wollen, finden Frauen – denn welcher Mann kann schon rund um die Uhr achtgeben, schließlich ist da noch die Jagd, beziehungsweise sind da noch Job und Fitnessstudio – vielleicht trotzdem ein Schlupfloch für Seitensprünge. Nur der Evolution wegen natürlich, um sich bessere Gene für den Nachwuchs zu sichern. (Mehr in Kapitel 6 unter der Überschrift »Fremdgehen als Überlebensstrategie«.)

Wie gesagt, das gesamte Szenario gibt die Perspektive der Evolution wieder und ist als entsprechende Modellkonstruktion zu lesen, nicht als Beschreibung echter Lebensverhältnisse – die, wie wir alle wissen, schließlich ganz anders aussehen, nicht wahr?

Zumal Wissenschaftler mittlerweile in diversen Studien festgestellt haben, dass die fruchtbare Phase doch nicht so versteckt abläuft, wie bislang angenommen, wenngleich die Signale, mit denen Frauen sich verraten, sehr subtil sind. Nennen wir sie also nicht nur versteckte Signale, sondern unbewusste Signale: Wir Frauen senden sie ständig aus, ob wir wollen oder nicht. Und die Männer nehmen das wahr, auch ob sie wollen oder nicht.

Zum Beispiel, dass sich während der fruchtbaren Tage unser Duft verändert. Unsere Haut. Auch unsere Gesten. Und sogar unsere Vorliebe für Farben, zumindest für eine ganz bestimmte Farbe.

Wie intensiv diese Hinweise sind, hängt nicht nur von unserer Zyklusphase und dem sich daraus ergebenden Hormonstatus ab, sondern auch von Hormonpräparaten, die wir nehmen – eine Frau, die hormonell verhütet, sendet keine Fruchtbarkeitssignale, weil die Pille sie je nach Produkt in den Schwangerschaftsmodus versetzt beziehungsweise ständig auf dem gleichen Hormonlevel hält. Auch unser Alter spielt eine Rolle: Mit den Jahren wird es unwahrscheinlicher, schwanger zu werden, mit unserer Fruchtbarkeit nimmt auch die Kraft der Signale ab.

Bevor wir dazu kommen, wie diese subtilen Hinweise denn eigentlich aussehen, noch kurz ein Blick auf die männlichen Empfänger.

Die sind, zumindest auf den ersten Blick, fein raus: Rein biologisch gesehen, sind Männer bis ins hohe Alter reproduktionsfähig. Deshalb haben sie mit zunehmendem Alter die Präferenz für immer jüngere – und, genau: signalstarke – Frauen. So kompliziert unter Umständen die Begleiterscheinungen sind, so sinnvoll ist dies wiederum für die Evolution:

Männer kompensieren damit das eigene Alter. Die Wahrscheinlichkeit, noch Nachwuchs zeugen zu können, wird biologisch größer. Männer können quasi bis sie irgendwann tot umfallen »auf Empfang« sein. Zumindest für die optischen und akustischen Signale, schließlich gibt es Brillen und Hörgeräte. Ob und wie sie das mit dem schwächelnden Geruchssinn regeln – wir wissen es nicht. Männer scheinen also – wir Frauen haben das ja schon immer befürchtet – biologisch im Vorteil zu sein, wenn es ums Altern geht.

Aber auf den zweiten Blick sieht es dann doch nicht so rosig aus: Gebeutelt von den modernen Lebensumständen, gestresst von den hohen Ansprüchen an andere und an sich selbst, kämpft das männliche Geschlecht mit dem Verlust der Männlichkeit. Und so verlieren viele Männer die Lust an der Lust. (Mehr in Kapitel 2 unter der Überschrift »Von wegen nur die Frauen. Auch Männer haben Hormone«.)

Aber nun zur Frage: Was sind sie, diese Signale? Wie sehen sie aus?

Der Duft der Frauen

Vorweg: Das Ding da mitten in unserem Gesicht, unsere Nase, das ist ein wahres Wunderwerk. Nein, wir meinen nicht die Optik. Auch wenn viele mit ihr unzufrieden sind, sich ungern von der Seite ansehen lassen oder ihretwegen sogar zum Operateur gehen: Die Nase ist die Hochleisterin unter unseren Sinnesorganen. »Sie arbeitet unablässig, schläft nie«, sagt Geruchsforscher Professor Hanns Hatt von der Ruhr-Universität Bochum, »denn mit jedem Atemzug saugt sie Duftmoleküle ein und leitet die Informationen via Riechrezeptoren in den Riechzellen der Schleimhaut ins Gehirn weiter.« Was dort landet, nehmen wir, bewusst oder unbewusst, wahr. Ganz egal, ob wir – im Gegensatz zu unserer Nase – schlafen oder wachen. Unsere Nase sorgt dafür, dass wir uns beim Essen nicht vergiften, dass wir alarmiert sind, wenn es brennt, dass wir uns an schöne Dinge erinnern, und sie ist mitverantwortlich für Sympathie oder Antipathie.

Und auch dass wir den genetisch passenden Partner finden, verdanken wir unserem Geruchssinn, genauer gesagt: den rund 350 verschiedenen Riechrezeptoren in der Nasenschleimhaut. Alle zusammen sorgen für eine Sensation: Es ist kaum vorstellbar, aber jeder von uns ist tatsächlich in der Lage, eine Billion unterschiedlicher Düfte zu unterscheiden. Diese Entdeckung machten Forscher erst vor Kurzem. Bislang wurde unser Geruchssinn ungemein unterschätzt; man ging gerade mal von 10 000 Gerüchen aus. Hinzu kommt, dass sich einzelne Riechrezeptoren sogar außerhalb der Nase in verschiedenen Geweben unseres Körpers befinden – in Spermien, in der Haut, im Darm, in der Leber – und dort wichtige Funktionen haben.

Auch in der Verarbeitung der Duftinformationen ist unser Geruchssinn spitze, denn die Nase leitet Düfte direkt in die Gehirnabteilungen »Emotionen, Triebe und Co.«, wissenschaftlich das limbische System genannt, und »Erinnerung und Gedächtnis« im Hippocampus. Was wir riechen, kann also unmittelbar seine Wirkung entfalten, während das, was wir sehen, hören und tasten, erst einen Umweg über andere Regionen nimmt, bevor es im limbischen System und im Hippocampus ankommt.

Düfte also sind auf der Überholspur. Besonders bei den Frauen. »Sie können besser riechen als Männer«, sagt Hanns Hatt, »weil sie sich von jeher mehr für Düfte interessieren. Und dadurch in Übung sind. Denn Riechen kann man trainieren.« Trotzdem ist es erstaunlich, dass Frauen in den ersten zehn Sekunden einer Begegnung am Körpergeruch erkennen, welcher Mann zu ihnen passt: Sie können die guten Gene quasi riechen. Experimente mit Frauen in der Eisprungphase haben gezeigt: Der Mann, dessen Duft einer Frau gefällt, hat Immungene, die sich stark von denen der Frau unterscheiden. Und diese Kombination – richtig, auch hier die Evolution – ist der Erfolgsgarant für gesunde Nachkommen.

Doch erst einmal zum Duft der Frauen. Was wir da in Richtung der männlichen Nasen aussenden, während wir empfängnisbereit sind, liest sich nicht sehr delikat: Der Geruch entstammt den Kopulinen, einer Mixtur aus Fettsäuren im Vaginalsekret, die in der fruchtbaren Phase des Zyklus vermehrt gebildet werden. »Ein irres Gemisch, Buttersäure, Essigsäure und solche Sachen«, sagt Karl Grammer, Verhaltensforscher und Evolutionsbiologe aus Wien. »Eine Mischung, die furchtbar stinkt, wenn man sie 99-prozentig hat. Doch im Labor haben wir sie unter der Geruchsschwelle eingesetzt – 0,4 Promille, in Wasser verdünnt.« Die Männer rochen quasi nichts. Wie im richtigen Leben auch. Es sei denn – dazu kommen wir noch ...

Professor Grammer jedenfalls konnte in seinem Experiment nachweisen, wie sehr Männer trotzdem auf diesen nicht bewusst wahrgenommenen Geruch reagieren. Er und sein Forschungsteam ließen männliche Probanden entweder eine von drei künstlich hergestellten Kopulinemischungen inhalieren oder einfach nur eine Wasserprobe. Die Kopulinegemische bestanden aus Fettsäurezusammensetzungen, die typisch sind für unterschiedliche Zyklusphasen. Und weil diese Sexuallockstoffe ihre Wirkung erst ab einer Temperatur von zirka 37 Grad entfalten, mussten die Duftmischungen zunächst in einem Inhalator auf Körpertemperatur gebracht werden.

Und nun begann das Experiment: Während die Männer

an den angewärmten Kopulinen respektive am warmen Wasserdampf schnüffelten, mussten sie Porträtfotos von fünf Frauen beurteilen, fünf als unterschiedlich attraktiv eingestuften Frauen.

Sie fragen sich inzwischen vielleicht etwas empört, wer oder was sich denn anmaße zu bestimmen, was als »attraktiv« gelte, und ob das nicht völlig subjektiv und je nach Betrachter komplett unterschiedlich sei. Da müssen wir Sie enttäuschen. Attraktivität, sagt die Wissenschaft, ist ganz und gar nicht subjektiv, vielmehr gibt es eine Reihe von eindeutigen Kriterien, die sogar weltweit und in allen Kulturen gelten. (Mehr dazu in Kapitel 5 unter der Überschrift »Wer ist attraktiv?«.)

Und was passierte nun mit den inhalierenden Männern? Bei den Probanden, die die Wasserprobe einatmeten, sank der Testosteronspiegel im Körper leicht ab. Bei den Kopulineschnüfflern dagegen stieg er um fast 150 Prozent an – und zwar unabhängig davon, ob sie das Foto einer wenig attraktiven oder einer sehr attraktiven Frau betrachteten! Und jetzt wird es richtig interessant: Der typische Duftmix der fruchtbaren Zyklusphase machte die Männer so wuschig, dass sie, als sie nun selber die Attraktivität der Frauen auf den Fotos beurteilen sollten, offensichtlich an einer zeitweiligen Wahrnehmungsstörung litten: Während die attraktiveren Frauen im Urteil der Männer an Attraktivität verloren, gewann ausgerechnet die unattraktivste Frau auf der Attraktivitätsskala die meisten Punkte dazu.

Die Kopuline erzeugten in den Köpfen der Männer also eine Art Ausgleich bei der Frage, welche Frau denn nun attraktiv sei: irgendwie jede.

Karl Grammer nennt dieses Verwirrspiel »chemische Kriegsführung«. »Sie müssen dort angreifen, wo die anderen am verletzlichsten sind. Und weil Männer nur auf das Visuelle gehen, haben die Frauen einen Geruchsstoff entwickelt, der ihnen genau das kaputtmacht.« So einfach ist das. Jetzt könnte man fragen: Wenn sehr attraktive Frauen im Vergleich kaum einen Vorteil davon haben, eher sogar subjektiv an Attraktivität verlieren – weshalb hat die viel beschworene Evolution dafür gesorgt, dass auch sie den Duft produzieren? Vielleicht ist die Antwort ganz banal: Auch die attraktivste Frau geht auf Nummer sicher. Denn wer weiß, ob es nicht doch irgendwo eine attraktivere Konkurrentin gibt.

Klar sind immerhin zwei weitere Effekte, die Frauen für sich nutzen können: Die steigenden Testosteronspiegel kurbeln das Wettbewerbsverhalten unter den Männern an und erleichtern so den Frauen die Partnerwahl. Denn mit einem gehörigen Schuss Testosteron im Körper präsentieren Männer gerne, was sie haben und wo ihre vermeintlichen Stärken liegen. Und noch etwas geschieht, Forscher nennen es »Mate Guarding«, den Partner bewachen: Wenn Männer »riechen« – also unterschwellig oder anderweitig »spüren« –, dass ihre Frauen fruchtbar sind, haben sie ein besonderes Auge auf sie: Sie kontrollieren mehr. Sie rufen häufiger auf dem Handy an, um herauszufinden, wo sie gerade sind. Sie bringen öfter Geschenke mit und holen sie unerwartet von der Arbeit ab, konnten Karl Grammer und andere Wissenschaftler in Experimenten nachweisen.

Haben Sie so etwas auch schon erlebt? Vermutlich ja – aber wahrscheinlich haben Sie das bisher im Traum nicht mit Ihrer Zyklusphase in Verbindung gebracht. Jetzt wissen Sie: Ein Rosenstrauß zwischendurch muss also nicht unbedingt nur etwas über den Gewissenszustand des Liebsten aussagen. Und wir wollen hier keineswegs das Phänomen der Liebe entzaubern: Es kann durchaus sein, dass ein Mann Ihnen besagten Rosenstrauß auch aus völlig hehren Motiven überreicht. Denkt zumindest er ...

Wir dagegen denken an die Theorie vom Anfang dieses Kapitels: Die Evolution, sie schlägt also doch zu. Nur dass die Männer dank der Duftsignale ihre Partnerinnen eigentlich nicht auf Verdacht bewachen müssen. Wovon in den meisten Fällen weder Frauen noch Männer etwas wissen – nur Sie, Sie wissen es jetzt, denn Sie lesen dieses Buch!

Aber selbst wenn ein Mann dies wüsste: Er hat keine Chance, unseren verführerischen Duftattacken auszuweichen. »Sie können wegsehen, weghören, aber nicht wegriechen«, sagt Karl Grammer. Davon abgesehen: Wie würde das wohl aussehen, und was würde eine Frau wohl denken, wenn ein Mann sich mit ihr unterhält und sich dabei die Nase zuhält? Das Ganze stellen wir uns jetzt mal im beruflichen Umfeld vor ...

Der Duft der Frauen lässt sich auf die Spitze treiben: Es gibt eine simple Strategie, das Lockmittel noch effektiver an den Mann zu bringen: »Nicht waschen«, sagt Verhaltensforscher Grammer, »diese Bitte hat Napoleon schon seiner Josephine geschrieben, ein paar Tage bevor er nach Hause kam.« Und das tat er vermutlich nicht, um sie zum Wassersparen anzuhalten. Der kleine Korse, ein Frauenversteher? Zumindest hatte er verstanden, dass, was nach seinem Geschmack ist, eine Zeit reifen muss. Angeblich gehörte der Epoisses de Bourgogne zu seinen Lieblingskäsen. Ein Produkt, als deftig mit durchdringendem Geruch beschrieben. Oder auch als eine der stinkigsten Käsesorten der Welt.

Umgekehrt können auch wir Frauen nicht wirklich etwas gegen diese Duftgeschichte tun – selbst wenn wir durch Körperpflege ein kleines bisschen ihre Intensität beeinflussen können. »Kopuline entwickeln sich automatisch«, sagt Karl Grammer. »Sie als Frau waschen sich, und eine halbe Stunde später sind sie wieder da. Da der Geruch durch Bakterien entsteht, werden Sie das nicht los.« Helfen nicht mal

Deos oder Parfüms? »Selbst wenn Sie sich damit übergießen – sie sind trotzdem da. Und werden trotzdem wahrgenommen. Außer, Sie nehmen die Pille. Die hält das Ganze im Zaum.«

Die Pille, das heißt also: kein Zyklus, kein Duft, weniger interessierte Männer? »Kein Duft«, bestätigt der Forscher. »Aber um diese fehlende Attraktivität zu kompensieren, ziehen sich Pillenfrauen aufreizender an. Der amerikanische Anthropologe Lionel Tiger sagte, die Erfindung der Pille habe dazu geführt, dass die Kopuline als Duft verschwinden, und dass aus diesem Grund der Minirock erfunden wurde.« Eine nette Geschichte? Eine wirklich nette Geschichte, sagt Grammer, beweisen könne man sie nicht. »Aber was man weiß: Bei Pilleneinnahme ist die sexuelle Anziehung geringer«, so der Forscher aus Wien.

Doch kommen wir noch einmal zurück zu seiner These der chemischen Kriegsführung. Haben die Männer nichts, was sie den Frauen duftmäßig entgegensetzen können?

Doch, sie haben etwas. Sie sind doch sicher schon einmal mit einem schwitzenden Mann Fahrstuhl gefahren oder haben sich unfreiwillig von einem Jogger im Park einnebeln lassen? Und: Wie fanden Sie's? Toll? Nein?

Dann halten Sie sich fest: Die geruchlich dominantesten Bestandteile des männlichen Schweißes sind Androstenol und Androstenon, bei beiden handelt es sich um Abbauprodukte des männlichen Sexualhormons Testosteron. Und Forscher sind der Ansicht, dass der Geruch von Androstenol mit seiner Sandelholznote Frauen sexuell erregen und ihren Zyklus regulieren kann – ja, offenbar hilft Frauen der Geruch von Männern, um einen regelmäßigen und fertilen Zyklus zu haben! Und während der zweite Stoff, Androstenon, für nichtovulierende Frauen nach Urin riecht, also im Normalfall eindeutig negativ – verlieren sie diese Aversion, wenn sie sich in ihrer fruchtbaren Phase befinden. Mehr noch, sie finden den Geruch anziehend! URINGERUCH!

Grammer spricht bei der Funktion des Androstenons deshalb von einer Art »Ovulationsradar« der Männer. Und der funktioniert eigentlich sehr clever: Männer ziehen damit nur die Aufmerksamkeit der Frauen an, die gerade fruchtbar sind, können also an deren Verhalten zumindest unbewusst ablesen, in welcher Zyklusphase sie sich gerade befinden. Von wegen versteckte Ovulation! Man könnte auch sagen: Männer stinken mit Schweiß gegen weibliche Vernebelungstaktiken an.

Grammer vermutet, dass die Biologie dies so eingerichtet hat, damit Männer die zyklusbedingten Veränderungen im Geruchssystem der Frauen leichter ausnutzen können, um erfolgreich zu flirten und fremdzugehen, also ihre Gene an möglichst viele Empfängerinnen weitergeben zu können: »Männer müssen versuchen, den versteckten Ovulationszeitpunkt aufzuspüren, um ihre Chancen auf Reproduktion zu erhöhen. Frauen müssen dagegen ihre fruchtbare Phase verstecken, um Investment in den Nachwuchs zu sichern und um guter Gene wegen freie Männerwahl zu haben.«

Und so versuchen beide, so gut sie können, mithilfe verschiedener Signale, den anderen zu manipulieren. Der viel beschworene Krieg der Geschlechter, er läuft hier auf einer uralten und sehr raffinierten Ebene ab.

Strategie der Bewegung

Jeder Mensch geht anders. Der eine schlurft. Der andere wippt oder hüpft oder schlenkert auffällig mit den Armen. Andere gehen nach vorn gebeugt, federn mit den Knien, schieben das Becken vor. Manchen Gang würden wir als tänzelnd beschreiben, einen anderen als schwerfällig. Wir vergleichen andere gern mit Tieren: Sie trampelt wie ein Elefant, schnürt wie ein Fuchs, watschelt wie eine Ente. Eine Mutter spaziert hinter Mann und Tochter her und denkt: »Sie läuft genau wie ihr Vater.« Ein Mann sagt über seine Frau: »Als ich sie zum ersten Mal sah, schon von Weitem, gefiel mir die Art, wie sie ging. Anmutig.« Wie unser Geruch macht uns auch unser Gang so unverwechselbar wie ein Fingerabdruck. Es ist wahr: Noch bevor Freundin, Mann oder Mutter unser Gesicht von ferne in einer Menschenmenge ausmachen können, erkennen sie uns an unserem Gang.

Die Art, wie wir gehen, sagt aber noch viel mehr aus. Sie gibt Aufschluss über unseren Zustand. Natürlich, wer sich von der Liebe seines Lebens getrennt hat, geht anders als jemand, der gerade einen Heiratsantrag bekommen hat – meistens jedenfalls. Aber haben Sie jemals darüber nachgedacht, dass – wenn Sie durch die Stadt streifen, ein neues Traumpaar Schuhe im Kopf, wenn Sie mit schnellen Schritten ins Büro hasten, wenn Sie durch den Park spazieren – die Art und Weise, wie Sie gehen und sich bewegen, etwas über Ihren aktuellen Fruchtbarkeitsstatus aussagen könnte? Vor allem dann, wenn Ihnen dabei ein Mann begegnet, ein Mann, auf den sich ein längerer Seitenblick lohnt?

Vielleicht denken Sie jetzt, na ja, ich würde vielleicht ein bisschen erröten, nervös die Haare hinters Ohr streichen, mir auf die Unterlippe beißen. Vielleicht würde mir warm werden, würde mein Herz schneller schlagen. So harmlose Verlegenheitsmacken, man kennt das.

Aber was glauben Sie: Würden Sie aufreizender gehen? So mit Hüftschwung, mit Powackler? Vor einem Mann? Auf der belebten Straße? Auf dem Weg vom Schreibtisch zum Drucker? Vom Käsestand zum Weinregal? O nein, das machen doch höchstens die Weibchen in klischeehaften 6oer-Jahre-

Filmen oder die »Moderatorinnen« in italienischen Fern-
sehshows.

Aber doch nicht wir. Nein, so einfach gestrickt sind wir
nicht – oder sind wir es etwa doch?

Der französische Verhaltensforscher Nicolas Guéguen
wollte es wissen: Hat der Zyklus einen Einfluss auf die Gang-
art der Frau? Und so untersuchten er und sein Team, wie sich
Frauen verhalten, nachdem sie Kontakt zu einem attraktiven
Mann hatten und diesem Mann dann unter irgendeinem
Vorwand vorausgehen sollten. Hierzu ermittelten die Wissenschaftler mithilfe von Speichelproben, an welcher Stelle
ihres Zyklus sich die Frauen befanden. Dann maßen sie die
Dauer des Ganges und ließen von externen männlichen
Beobachtern die Art, wie die Frauen gingen, hinsichtlich
ihrer sexuellen Attraktivität beurteilen.

Ergebnis: Die Frauen gingen messbar langsamer. Und die
Männer in der Jury beschrieben den Gang der Frauen, die
sich nahe ihrem Eisprung befanden, als sexyer.

Das klingt nun doch ziemlich einfach – ist es aber gar
nicht. Und zugleich ist es ein großes Kompliment für den,
dem dies in natura widerfährt. Denn Frauen legen sich, ob
bewusst oder unbewusst, bewegungstechnisch offenbar nur
dann ins Zeug, wenn es sich wirklich lohnt. Denn während
der fruchtbaren Zeit und wenn sie sich nicht gerade in Anwesenheit eines als attraktiv eingeschätzten Mannes befinden, gehen die Damen normalerweise auf Nummer sicher.
Sie schalten einen Gang zurück, halten beim Gehen die Knie
näher zusammen und wackeln weniger mit den Hüften, wie
kanadische Forscher um Meghan Provost herausfanden. Sie
wählen also den Sicherheitsgang, eine evolutionär begrün-
dete Schutzstrategie. Die signalisiert schon von ferne: »Kein
Interesse!« Soll ihnen unliebsame Verehrer vom Hals halten,
sie gar vor sexuellen Übergriffen schützen. Vor Kindern also

von unerwünschten Vätern, sagt die Evolution. Denn wir erinnern uns: Frauen tragen das größere Risiko, wenn sie sich mit einem Mann einlassen, und der Gang ist ein Verräter. Warum sollten sie jemanden x-Beliebigen auf sich aufmerksam machen wollen, von dem sie nicht ahnen können, ob er ihnen gefällt, ob er gut für sie ist? Ob er Charme und Geist versprüht? Gute Gene verheißt? Frauen haben in dieser Zyklusphase also zwei Strategien: die falschen Männer auf Distanz zu halten. Und zugleich ihrem Wunschkandidaten, wenn er ihnen dann unterkommt, Interesse zu signalisieren.

Übrigens – und spätestens jetzt werden Sie sich ziemlich nackt vorkommen – lässt sich am Gang der Frau angeblich auch ablesen, ob sie eher vaginal oder klitoral zum Höhepunkt kommt. Die Forscher um Stuart Brody von der University of West Scotland, alle männlich, beschreiben den vaginalen, den G-Punkt-Orgasmus als den »besseren« (woher sie das auch immer wissen) und den Gang dieser Frauen als lockerer, mit größeren Schritten und stärkerem Hüftschwung.

Wir warten gespannt auf eine Studie zu männlichen Bewegungsmustern, die Rückschlüsse zulässt auf die Erektionsfähigkeit von Männern.

Doch zurück zum Zyklus. Bernhard Fink, Verhaltensforscher an der Universität Göttingen, und seine Kollegen sahen sich nicht nur den Gang von Frauen an. Sie widmeten sich in einer Studie einem der ältesten Balzrituale überhaupt: dem Tanz. Denn wohin gehen Frauen und Männer, wenn sie auf der Suche nach einem Partner sind oder einfach mal ihren Attraktivitätswert testen wollen? Genau! In die Disco, auf Ü30- oder U40-Partys. Fink interessierte sich dafür, wie sich der weibliche Zyklus auf die Tanzbewegungen von Frauen auswirkt. Also verwandelte er sein Labor in eine Disco und lud Frauen zum Tanzen ein. Zweimal – einmal in ihrer fruchtbaren Phase, einmal in ihrer unfruchtbaren. Die Frauen kamen, tanzten, und Fink ließ alles filmen. Weil es nur um die Tanzbewegungen ging, wurden die Aufnahmen der Tänzerinnen so bearbeitet, dass nur noch Silhouetten übrig blieben. Und diese Videos spielten die Forscher dann männlichen Probanden vor.

Das Ergebnis war eindeutig: Die Männer beurteilten die Tanzbewegungen der Frauen in der Zeit um deren Eisprung herum als attraktiver, ohne dass die Frauen absichtlich anders getanzt hätten. »Wir sind uns sicher, dass das Hormon Östrogen die Bewegungen beeinflusst, denn es wirkt auf die Muskelkontrolle«, schlussfolgert Fink.

Und tatsächlich, auch wir haben uns die Videos angeschaut: Waren die Frauen in ihrer fruchtbaren Phase, variierten sie ihre Bewegungen mehr, schwangen mehr mit den Armen, wiegten stärker die Hüften, tanzten mit weiter ausgestellten Beinen. Während wir ihren Tanzstil an den nichtfruchtbaren Tagen als vergleichsweise reduziert beschreiben würden.

Ein Forscherteam um den US-amerikanischen Psychologen und Evolutionsbiologen Geoffrey Miller von der University of New Mexico hat sich in dem Zusammenhang mit Stripperinnen beschäftigt. Und gezeigt, dass sich der Einfluss der Fruchtbarkeit auf die Art des Tanzes sogar positiv aufs Geschäft auswirken kann. Sie ließen Lap Dancer, Frauen, die in bestimmten Bars den Gästen im wahrsten Wortsinn auf dem Schoß herumtanzen, 60 Tage lang Webtagebuch führen. Die Tänzerinnen beschrieben unter anderem ihre Stimmung, machten Angaben zu ihrer Arbeitszeit, zu ihrer Zyklusphase und zu ihren Einnahmen. Und die hatten es in sich: Die Probandinnen – aber nur jene, die keine Pille nahmen – bekamen an ihren fruchtbaren Tagen während einer Fünf-Stunden-Schicht etwa doppelt so viel Trinkgeld wie sonst. Lag es an den dann besonders aufreizenden Bewegungen? Am Duft? Ganz einig sind sich die Wissenschaftler nicht. Aber eines ist unbestritten: Die Männer hatten auch hier das richtige Auge, die richtige Nase, wenn es darum ging, die Signale der Fruchtbarkeit zu erkennen.

Womit sich Forscher so alles beschäftigen ... Aber manche Forscherarbeit, die uns skurril und abwegig erscheint, wird auch honoriert – mit dem gebührenden Humor. Geoffrey Miller und Kollegen bekamen für ihre Erkenntnisse aus der Welt der Lap Dancerinnen einen Preis. Den Ig-Nobelpreis. »Ig« steht für ignobel, im Englischen so viel wie unwürdig, und besagter Nobelpreis ist eine satirische Auszeichnung für wissenschaftliche Arbeiten, die »Menschen zuerst zum Lachen, dann zum Nachdenken bringen«, verliehen von der im US-amerikanischen Cambridge erscheinenden Zeitschrift »Annals of Improbable Research«. Miller sagte, er habe gehört, dass einige Lap Dancer auf Basis seiner Forschungen nun ihre Arbeitsschichten neu geplant haben. Vermutlich tanzen sie jetzt an den fruchtbaren Tagen rund um die Uhr. Wen wundert es also, dass der Psychologe diesen Preis in der Kategorie Wirtschaft erhielt.

Übrigens: Auch wenn Männer tanzen, geben die Hormone den Stil vor. In Untersuchungen, an denen auch der Göttinger Forscher Fink beteiligt war, bewerteten Frauen genau jene Tänzer als attraktiv, die einen hohen Testosteronspiegel hatten. »Der Tanzstil dieser Männer zeichnete sich dadurch aus, dass sie den Halsbereich und den Rumpf, also Hüfte Becken, Po, großzügig und vor allem abwechslungsreich bewegten und schnelle Bewegungen mit dem rechten Knie machten«, beschreibt Fink. Denken Sie auch gerade an John Travolta im Saturday Night Fever, an den legendären Dirty Dancer Patrick Swayze und natürlich an Elvis The Pelvis? Alle drei hatten noch keine Ahnung, dass eines Tages die

Wissenschaft die Attraktivität ihres Tanzstils bestätigen würde. Aber sie hatten die Anerkennung ihrer weiblichen Fans. Warum es ausgerechnet die schnellen Bewegungen mit dem rechten Knie sein müssen oder ob das linke auch Chancen hätte, wurde noch nicht erforscht. Aber diese Bewegungen, sagt Fink, kämen in Summe bei Frauen am besten an: Sie signalisierten Gesundheit, körperliche Stärke, Reproduktionsfähigkeit, gäben also Informationen über die biologische Qualität des Tänzers. Wow! Klar, dass der eine oder andere Mann an dieser Stelle auf die Idee kommen mag, durch fleißiges Trainieren und Knieschlenkern seine Chancen auf dem Parkett steigern zu können. Ja, es gibt auch Forscher, die das glauben.

Doch Fink widerspricht. Jeder Mensch habe ein individuelles Bewegungsmuster, und das sei nun mal nicht veränderbar. »Durch Üben kann man zwar kleine Defizite kaschieren, vielleicht sogar ausgleichen«, sagt der Forscher. »Mehr geht aber nicht.« Männer sollten sich trotzdem nicht entmutigen lassen. Wir glauben: Ein bisschen was geht immer.

Von Schönheit und Ausstrahlung

Wohin, glauben Sie, schauen Männer zuerst, wenn sie eine Frau betrachten? Vermutlich wandern Sie, liebe Leserinnen, gedanklich gerade vom Dekolleté abwärts. Da irgendwo muss der Ort wohl sein, wo Männer gerne sofort ihre Augen haben.

Und wohin, denken Sie, gucken Frauen als Erstes bei Männern? Das ist ja wohl klar: ins Gesicht, denken Sie jetzt vielleicht. Denn: Wir Frauen achten auf die wirklich wichtigen Dinge. Oder?

Und tatsächlich, Männer und Frauen haben verschiedene

Hotspots für den ersten Blick auf das andere Geschlecht, wie Forscher herausgefunden haben. Aber, Überraschung: Beide schauen zuerst ins Gesicht! Und zwar sehen Männer (!) in die Augen, Frauen auf die Nase-Mund-Partie. Wollen wir und ein paar Forscher also allen Ernstes behaupten, dass es in Wahrheit die Männer sind, die auf die wirklich wichtigen Dinge ...

Nein, es ist anders. Männer, so die wissenschaftliche Interpretation, wollen durch den direkten Blick in die Augen zum Beispiel einen Menschen und eine Situation abschätzen. Frauen dagegen meiden eher diese Schnittstelle, an der schnell auch mal Aggression entstehen kann – nach dem Motto: »Was guckst du so?« und »Ist was?«. Während Männer eher risikobereit sind, vermeiden Frauen also lieber solch ein Risiko. Und lenken ihren Blick deshalb eine Etage tiefer.

Die Wissenschaftler beobachteten außerdem, dass Männer und Frauen, mit allen zwei Geschlechtern konfrontiert, beide am längsten auf Frauen schauten. Und noch eine Überraschung: Während die Frauenblicke – und wir dachten wirklich, das machen die Männer! – schon über die weiblichen Körper wanderten, verweilten die Blicke der Männer länger im Gesicht der Frauen. Oha.

Die Interpretation dieser Ergebnisse ist, dass Frauen und Männer die Welt mit anderen Augen sehen, andere Präferenzen haben und auch ein und dieselbe Umgebung unterschiedlich wahrnehmen. Wobei Frauen sich für mehrere Details interessieren, vielleicht auch, um potenzielle Konkurrentinnen genauer unter die Lupe zu nehmen. Aber wenn es darum geht, schnelle Bewegungen zu erkennen, vor allem aber feinste Kontraste, sind es die Männer, die den schärferen Blick haben. Eine Qualität, die die Forscher dem Testosteron zuschreiben, von dem Männer für gewöhnlich mehr besitzen als wir Frauen. Schon beim Ungeborenen soll das

Hormon das Entstehen von Nervenverbindungen und Gehirnzellen im Sehzentrum befördern. Eine Qualität, die unseren Vorfahren möglicherweise bei der Jagd behilflich war; es war zumindest sicher hilfreich, schnell zu erkennen, ob das Mammut am Horizont auf sie zustürmte oder vor ihnen floh. Auch heute noch könnte dieser schärfere Blick dafür sorgen, dass Männer die richtigen Signale erkennen. Die wirklich wichtigen, aus ihrer Sicht zumindest.

Während sich Frauen also sagen: Schicke Bluse hat sie an, aber etwas unvorteilhaft für diese Figur, können Männer aus dem Augen-Blick des Gegenübers nicht nur dessen Aggressionsstatus ablesen und ob er oder sie bereit ist zur Konfrontation oder zur Verteidigung. Sie können im Gesicht einer Frau selbst jene subtilen Veränderungen wahrnehmen, die Fruchtbarkeit signalisieren.

Kaum zu glauben, denken Sie nun. Aber es ist wahr. Es geht um die zwei Begriffe Schönheit und Ausstrahlung.

Janek Lobmaier vom Institut für Psychologie an der Universität Bern kennt die Sensibilität der Männer für diese besonderen Merkmale, vor allem wenn es um die Beurteilung von Frauengesichtern geht. In einer Studie untersuchten er und Kollegen die Veränderungen in weiblichen Gesichtern während fruchtbarer und nichtfruchtbarer Phasen. Die Frauen wurden in beiden Phasen fotografiert, und die Forscher ermittelten mithilfe des Computers kleinste Unterschiede, definierten diese als feste Erkennungspunkte, beispielsweise an Augen, Nase, Mundwinkeln und Ohren, und erstellten aus dem Durchschnitt Musterbilder. Dann suchten sie aus einer Datenbank Bilder von Frauen, von denen sie nicht wussten, in welcher Zyklusphase sie sich befanden, und passten diese an diese Vor-Bilder an, und zwar zweimal: einmal anhand der Erkennungspunkte aus der fruchtbaren und einmal anhand deren aus der nichtfruchtbaren Zeit.

Schließlich baten sie männliche Probanden, sich die Bilder anzuschauen unter den Aspekten: Wie attraktiv finden Sie diese Frau? Wie fürsorglich? Wie flirtbereit? Und: »Wie wahrscheinlich ist es, ein Date mit dieser Frau zu haben?«

Siehe da: Die Männer präferierten immer das Bild einer Frau in ihrer fruchtbaren Phase. »Es scheint, dass die Formen des Gesichts durch den erhöhten Östrogenspiegel in der fruchtbaren Phase weiblicher aussehen«, sagt Lobmaier. Er weist auf Studienergebnisse anderer Forscher hin, die zeigen, dass die Haut in dieser Zeit gesünder aussieht, sie eine frischere Farbe hat und sehr rein wirkt, weil sie unter dem Einfluss von Östrogen besser durchblutet wird und weil sich Wasser einlagert. So erscheinen die Gesichter, ja sogar die ganze Figur symmetrischer. »Bei uns«, sagt Lobmaier, »haben wir die Gesichtsform angeschaut. Und es scheint, dass sie sich verändert, dass das Gesicht weicher und rundlicher aussieht.« War das alles? Vielleicht noch nicht, sagt der Psychologieprofessor, »vielleicht, haben die Frauen mehr mit der Kamera ›gespielt‹, geflirtet an diesen fruchtbaren Tagen, und deshalb war das Funkeln in ihren Augen ein anderes – denn gelächelt haben sie ja nicht. Ich würde vielleicht eher sagen, sie strahlten etwas aus.«

Frauen haben diesen unbestechlichen Blick für die Gesichter fruchtbarer Frauen übrigens nicht. Lobmaiers Team legte dieselben Fotos auch weiblichen Probanden vor. »Sie wählten die Frauen zufällig aus, zeigten keine Vorlieben«, berichtet der Psychologe.

Das Gesicht als Gradmesser für Schönheit und Ausstrahlung – auf den ersten Blick trifft das zu. Und obwohl das Hormon Östrogen bei nicht hormonell verhütenden Frauen einmal im Monat die Ausstrahlung pusht, blühen wir Frauen nicht alle auf die gleiche Weise auf. Einige von uns sind mit Östrogen satt gesegnet, haben – unabhängig von der fruchtbaren Phase – an sich schon mal einen höheren Östrogen-spiegel. Solche Vertreterinnen des weiblichen Geschlechts werden, das haben Studien gezeigt, in allen Zyklusphasen attraktiver eingeschätzt. Frauen, die generell einen niedrigeren Östrogenspiegel haben, werden in ihrer Wirkung niemals an diese östrogenverwöhnten Frauen heranreichen. Auch dann nicht, wenn sie gerade fruchtbar sind – wenngleich sie in dieser Zeit attraktiver wirken als an anderen Tagen. Und natürlich attraktiver als Frauen, die vielleicht einen noch niedrigeren Östrogenspiegel haben.

Frauen unter sich scheinen sich also in einem immer-währenden Wettbewerb um die Männer zu befinden. Und so ist es kein Wunder, dass sie, vor allem an den fruchtbaren Tagen, gerne Geld ausgeben. Für Make-up, Lippenstift, Mascara und Concealer. Für all diese kleinen Helferlein, die Augenschatten wegmogeln, Pickel retuschieren, Lippen noch voller wirken lassen und Frische auf die Wangen zaubern. Dinge, von denen die Hersteller uns noch mehr Schönheit, noch mehr Ausstrahlung versprechen. Wussten Sie – die folgende Wahnsinnszahl will ein Kosmetikhersteller ermittelt haben –, dass eine »gewöhnliche Frau« in ihrem Leben dreieinhalb Kilogramm Lippenstift verspeist, also ungefähr 875 Lippenstifte? Sie haben richtig gelesen: verspeist! Was bedeutet: mit Kaffee reingeschlürft, in Aufregung abgenagt, lustvoll weggeschleckt, wie auch immer. Legen wir die Kosten eines Lippenstiftes aus dem mittleren Preissegment von zirka 8 Euro zugrunde, verschnabuliert besagte »gewöhnliche Frau« also im Laufe ihres Lebens Lippendeko im Wert von 7000 Euro. Noch nicht mit eingerechnet, was auf ihren Lippen bleibt, sich an Kaffeetassen heftet, was sie an andere Lippen weitergibt, an die Hemdkragen ihres Geliebten, die Wangen ihrer Kinder.

Und hinzu kommen natürlich noch all die anderen Materialkosten für kleinere und größere Schönheitsreparaturen.

Lohnt sich dieser Aufwand? »Für den ersten Eindruck reicht es, für die erste Täuschung auch«, sagt Susanne Röder, Verhaltensbiologin an der Universität Bamberg, »denn Frauen – und darum geht es nun mal, so banal es uns auch immer wieder scheint – können mit einem schönen Gesicht einen Mann im Vorbeigehen von sich überzeugen, zumindest sein Interesse wecken.« Make-up sorgt für ein ebenmäßigeres Hautbild, Eyeliner und Lippenstift betonen Augen und Mund. Das Gesicht wirkt gleichmäßiger und damit attraktiver. Kurz, es entspricht den Merkmalen, mit denen, abgeleitet vom menschlichen Begehren, Wissenschaftler Attraktivität definieren. (Mehr dazu in Kapitel 5 unter der Überschrift »Wer ist attraktiv?«.) Und dann sind ja da noch die bereits geschilderten subtilen Veränderungen, die geheimen Zeichen der Fruchtbarkeit.

»Ob aber das Komplettpaket stimmt, und das ist entscheidend, wird ein Mann dann herausfinden, wenn beide miteinander reden und sich näherkommen«, sagt Susanne Röder. »Klingt die Stimme so jung, wie das Gesicht aussieht? Bewegt sie sich so fruchtbar und jugendlich, wie das Aussehen und ihre Kleidung versprechen? Riecht sie angenehm? Unbewusst wird er diese Merkmale abgleichen und spüren, dass da etwas nicht zusammenpasst. Oder dass eben alles stimmt.«

Ein schönes Gesicht, schlussfolgern wir daraus, taugt also zunächst als Köder, weckt Interesse, eröffnet Möglichkeiten. Es allein ist aber kein Garant für einen guten Fang. »Denn die Stimme ist«, erzählt Susanne Röder, »ein ›ehrliches Signal‹, wie wir Forscher das nennen, etwas, das ich nicht manipulieren, jünger machen kann. Dasselbe gilt zum Beispiel auch für den Körpergeruch.«

3,5 Kilo Lippenstift, 7000 Euro plus eine Summe X für weitere Schönmacher, Schadstoffe je nach Hersteller inklusive. Andererseits: Der Blick in den Spiegel tut dem Selbstbewusstsein gut – denn wie immer die Forschung auch argumentieren mag, Evolution und Reproduktion hin oder her: Wir Frauen wissen, dass wir uns auch gerne schmücken um des Schmückens willen. Weil es uns guttut, weil es uns gefällt. Und wenn wir dann auch noch einen bewundernden Blick einfangen, ein Lächeln, wenn sich Türen öffnen, auch im übertragenen Sinn, so ist das die Investition allemal wert.

Verführerische Farben: Woman in Red

Haben Sie sich schon mal darüber Gedanken gemacht, warum wir Menschen eine besondere Beziehung zur Farbe Rot haben? Warum diese Farbe allgegenwärtig ist? Haben wir das irgendwann einfach so beschlossen – oder steckt noch mehr dahinter? Also: Hat es einen Grund, dass Feuerwehrautos rot sind und Prominente über den roten Teppich laufen? Was ist dran an den roten Lippen, die man küssen soll – idealerweise nachdem die roten Rosen gut angekommen sind. Warum bleiben wir ausgerechnet an der roten Ampel stehen (jedenfalls sollten wir das), nicht an einer orangefarbenen? Oder erinnern Sie sich noch, wie Chris de Burgh seine »Lady in red« anschmachtete, diese Frau im roten Kleid, die noch nie zuvor so schön aussah und für die sich noch nie zuvor so viele Männer interessierten wie an diesem Abend. An dem sie ebendieses rote Kleid trug, das ihr offenbar diesen ganz besonderen Zauber verlieh.

O ja, die Wissenschaft hat sich auch mit dem Zauber beschäftigt, der von der Farbe Rot ausgeht – speziell in der Beziehung von Männern und Frauen. In Experimenten wurde nachgewiesen, dass Männer Frauen dann als besonders attraktiv, elegant und überdies sexuell anziehend und interessiert an Sex empfinden, wenn diese Rot tragen. Bekommen deshalb Kellnerinnen, die etwas Rotes anhaben, von Männern mehr Trinkgeld?

Gehen Sie eigentlich gerade in Gedanken Ihren Kleiderschrank durch? Vielleicht gehören Sie ja zu jenen Frauen, die regelmäßig einen Rotrappel kriegen. Und gar nicht wissen, warum. Wer denkt schon darüber nach, dass es eine Strategie der Biologie sein könnte, die Sie – wahrscheinlich unbewusst – ein rotes Kleidungsstück wählen lässt. Und zwar, Sie ahnen es inzwischen, genau in der fruchtbaren Phase.

Auch Alec Beall und Jessica Tracy von der University of British Columbia hatten diesen Verdacht. Auf der Suche nach Signalen weiblicher Fruchtbarkeit konnten sie in einer Studie zeigen, dass Frauen, wenn sie empfängnisbereit sind, besonders gerne rote oder pinkfarbene Kleidungsstücke tragen. Die Psychologen aus Kanada befragten ihre Probandinnen online und wollten von ihnen lediglich zwei Dinge wissen: »Wann war Ihre letzte Periode?« und: »Wie ist die Farbe des Oberteils, das Sie gerade tragen?« Anhand der Antworten zum Zyklus ordneten sie die Frauen zwei Gruppen zu: »Empfängnis wahrscheinlich« und »Empfängnis unwahrscheinlich«.

Das Ergebnis zeigte ganz klar einen Zusammenhang zwischen Fruchtbarkeit und Farbwahl: 80 Prozent der Frauen, die Rot und Pink trugen, befanden sich in der empfängnisbereiten Phase.

Die Farbe Rot, eine Signalfarbe. »Eine laute Farbe«, wie Hugo Fastl sie nennt. Der Psychoakustikprofessor vom Lehrstuhl für Mensch-Maschine-Kommunikation an der TU München konnte beweisen, was italienische Sportwagenhersteller längst ahnten: Rot schreit. Macht Lärm. In einem

· **132** ·

Experiment spielte er seinen Probanden das Geräusch eines vorbeirauschenden ICE vor. Auf einem Bildschirm sahen sie dabei den Zug in Originalfarben oder hellgrün beziehungsweise rot eingefärbt. Das Resultat war eindeutig: Der rote ICE wurde als am lautesten empfunden – obwohl der Lärmpegel bei allen Zügen exakt gleich war.

Fahren Männer deshalb so gerne in Ferrari-Rot, weil der Sound dann gefühlt noch satter klingt? Und lässt sich dieses Ergebnis auch auf Menschen übertragen, die rot gekleidet sind? »Wir haben es nicht untersucht«, sagt Fastl, »ich kann nur spekulieren. Aber es ist doch sehr naheliegend.« Dass die Frau in Rot förmlich schreit: Hier bin ich, ihr Männer, seht mich an, hier komme ich, bin ich nicht toll? Und tatsächlich, sie scheint vom anderen Geschlecht dann ja auch die Aufmerksamkeit zu bekommen, die ihr Zyklus über die Farbe ihres Kleides von der Umwelt einfordert.

Das Prinzip Rot funktioniert übrigens auch in die andere Richtung. Untersuchungen zeigen, dass Frauen ihrerseits sich zu Männern hingezogen fühlen, die Rot tragen. Sie finden diese Männer sexuell begehrenswerter, trauen ihnen eher zu, Karriere zu machen und viel Geld zu verdienen. Frauen bringen Männer in Rot also mit einem höheren Status in Verbindung – noch eine potenzielle Erklärung für das Ferrari-Rot?

Beim gleichen Geschlecht verläuft diese Einschätzung völlig anders. Frauen finden andere Frauen alles andere als sympathisch, wenn diese rot gekleidet sind. Sie begegnen ihnen mit Eifersucht. Sie reden diese Frauen schlecht. Unterstellen ihnen Untreue. Sehen sie, vielleicht manchmal zu Recht, als Gefahr für die eigene Beziehung. Sie sehen im wahrsten Sinne des Wortes rot.

Erstaunlich, an was man alles denken sollte, wenn man einfach nur Lust hat, zu der Grillparty dieses rote Kleid anzuziehen, finden Sie nicht? Oder was man alles auslösen kann, wenn man beim Shoppen vor den Umkleiden den nächstbesten auf seine Frau wartenden Mann ganz unbedarft fragt, wie er dieses rote Kleid findet …

Nein, Sie haben recht, so etwas fragt man nicht ganz unbedarft. Auch nicht ein bisschen unbedarft. Sagen wir also, wenn man vor den Umkleiden den nächstbesten auf seine Frau wartenden Mann fragt, wie spät es ist.

Oder ist das auch so eine Frage, die zu irgendeiner Strategie gehört? Wenn man dabei Rot trägt: vielleicht …

Aber warum haben Frauen ausgerechnet eine Rot- und keine Grün- oder Braun-Blau-Strategie? Und warum springen Männer genau darauf an? Warum gilt Rot als Signalfarbe für Liebe, Leidenschaft, Macht und Gefahr?

Es gibt eine ganze Reihe von Erklärungsversuchen. Rot steht für Feuer, vernichtend, aber auch wärmend, und war schon für unsere frühesten Vorfahren bedrohlich und lebenswichtig zugleich. Rot ist die Farbe des Blutes und stand schon damals für Leben und Tod. Rot signalisiert Erregung, aus Liebe oder Wut. Rot kann immer beides bedeuten: Gut und Böse. Rot zu erkennen, in all seinen Facetten, konnte also nur Vorteile bringen. Doch dazu mussten unsere Vorfahren erst mal in der Lage sein, Rot zu sehen. Also: Farben zu sehen.

Zunächst ging die Wissenschaft davon aus, dass sich das Farbensehen, wie wir es kennen, entwickelte, um die Futtersuche zu erleichtern. Um reife, also rote (!) Früchte zwischen grünen Blättern zu erkennen oder von unreifen grünen Früchten zu unterscheiden. Dazu brauchte es eine besondere Gabe, die des Drei-Farben-Sehens, wie wir Menschen sie inzwischen haben und auch Menschenaffen wie Gorillas, Schimpansen und Orang-Utans. Dazu sind bestimmte Sinneszellen in den Augen nötig, Stäbchen und Zapfen genannt, die auf der Netzhaut liegen. Und zwar dreierlei Sorten Zapfen. Während die Stäbchen dafür sorgen, dass wir Hell und Dunkel unterscheiden können, sind die drei Zapfensorten dafür zuständig, blaue, grüne und rote Farbsignale aufzunehmen und auseinanderzuhalten.

Denn die Farben sind nicht einfach dort, wo wir glauben, sie zu sehen. Keine Blume ist von sich aus rot, kein Pullover blau. Sie werden es erst in unserem Kopf: Es ist das Sonnenlicht, das alle Farben in sich trägt. Sie alle zusammen erscheinen uns weiß, aber die Farben haben unterschiedliche Wellenlängen – Blau kurz, Grün mittellang, Rot lang. Man muss sich das ähnlich wie bei Wellen im Meer vorstellen, deren Abstände auch kürzer oder länger sind. Wenn die Gegenstände um uns herum das Sonnenlicht reflektieren beziehungsweise Strahlen des Lichtes verschlucken oder zurückwerfen, reflektieren ihre unterschiedlich beschaffenen Oberflächen manche Wellen besser als andere. Und hier kommen nun die drei Zapfentypen zum Einsatz: Der erste ist Spezialist für langwellige Strahlen, der zweite reagiert besonders auf Mittelwelliges, und der dritte ist empfindlich für kurzwellige Reize. Reflektiert die Oberfläche der Blüte also nur lange Wellen, ist die Blume in unseren Augen rot, wirft der Stoff nur kurze Wellen, ist der Pullover für uns blau. Mischfarben wie Hellblau, Orange, Braun oder Gelb entstehen bei uns im Gehirn, wenn eine Fläche unterschiedlich lange Wellen zurückwirft. Weiß kommt heraus, wenn alle drei Zapfentypen gleichzeitig aktiviert werden, Schwarz, wenn der Gegenstand zu wenige oder gar keine Strahlen reflektiert. Fällt ein Zapfentyp aus, gerät das perfekte Zusammenspiel durcheinander. Dann leidet jemand zum Beispiel unter einer Rot-Grün-Sehschwäche.

Drei-Farben-Sehen für eine qualifiziertere Nahrungssuche, nämlich nach der Farbe Rot – der Evolutionsneurobiologe

Mark A. Changizi aus den USA hat eine andere These. Er glaubt, dass sich das Farbensehen auch deshalb entwickelte, damit wir unser Gegenüber besser einschätzen, Körpersignale erkennen und Stimmungen einfangen können.

Denn an der Farbe der Haut, an der Art, wie sie durchblutet wird, zeigt sich, ob jemand zornig ist, erregt oder verlegen. Ob er gesund ist oder krank. Es sind Signale, die etwas darüber aussagen, ob er uns gefährlich werden kann, uns anziehend findet, sexuell attraktiv oder ob er krank ist und vielleicht Hilfe braucht. Und hier sehen die Forscher um Changizi den großen Vorteil, den wir Grün-Blau-Rot-Seher, der Fachbegriff heißt Trichromaten, haben: Sie können ebendie Veränderungen des Blutflusses im Gesicht des Gegenübers und damit seine aktuelle Stimmungslage wahrnehmen. Changizi untermauert seine These mit dem Hinweis, dass Trichromaten wie zum Beispiel Gorillas, Schimpansen und Orang-Utans auch nackte Gesichter haben.

Welche Theorie nun mehr zutreffen mag, fest steht eines: Wir haben eine so besondere Beziehung zu dieser außergewöhnlichen Farbe, dass es kein Wunder ist, dass sie bis heute einerseits als Warnsignal Verwendung findet, andererseits aber auch als Signal für Attraktivität. Und wenn Frauen an bestimmten Tagen ihres Zyklus zu Rot greifen, kann das für die Männer sogar beides bedeuten. Und noch viel mehr. Wie schreibt Alexander Theroux in »Rot: Anleitungen eine Farbe zu lesen«: »Die Farbe Rot besitzt ein seltsames, riesenhaftes Leben, sie ist ein Rätsel, das alles umfasst, vom Sonnenuntergang bis zur rosigen Farbe unseres Inneren. Und sie verwirrt uns mit ihren unzähligen Bedeutungen, denn sie ist reinste Magie.«

KAPITEL 4

ICH, DIE ANDEREN UND
DIE LAUNEN DER NATUR

Zickentage

Wir Frauen reden einfach gerne. Wen wundert's, haben wir doch vor so circa 200 000 bis 300 000 Jahren die Sprache erfunden. Wir, also nicht die Männer, die das mit der Bisonjagd endlich besser organisieren wollten.

So haben wir quasi die Fellpflege abgelöst, die bei unseren Vorfahren weniger der Hygiene diente als vielmehr dazu, Nähe herzustellen, miteinander in Kontakt zu sein, zu kommunizieren: Genau, Lausen und Kraulen war sozusagen die Urform des Klatschens und Tratschens. Der soziale Kitt jeder Gemeinschaft. Und dafür waren einst die Weibchen zuständig. Die bildeten den Kern der sozialen Gruppe und hielten sie zusammen. (Fairerweise müssen wir hier erwähnen, dass Männer sich auch schon damals immer wieder um den Nachwuchs kümmerten und Frauen gelegentlich bei der Jagd halfen.)

Doch irgendwann wurde es eng mit dem Netzwerken per Hand. Die Sippen wurden größer, die Kraulerei wurde als Bindemittel zu aufwendig. Denn niemand, nicht mal eine

· 137 ·

Frau, kann vier, fünf Gruppenmitglieder auf einmal kraulen. Und dann die Zeit, die für Nahrungsbeschaffung und Verteidigung draufging!

Und so erfanden die Weibchen eine weit effektivere Form der Kommunikation. Die Sprache.

Das ist wahrscheinlich der Grund, weshalb wir Frauen es auch heute noch so lieben, zu klatschen und zu tratschen. Obwohl das längst nicht mehr allein unsere Domäne ist. Die Männer haben ordentlich aufgeholt.

Wussten Sie, dass Menschen im Schnitt zwei Drittel ihrer Gesprächszeit über andere Menschen reden? Um zu dieser Erkenntnis zu kommen, belauschten Forscher über Jahre hinweg die Leute. Nicht am Telefon, nicht im Internet, nicht mit moderner Geheimdiensttechnik, nein, nach der guten alten wissenschaftlichen Methode. In ganz England – in Bars, Zügen, Geschäften – setzten sie sich unauffällig in die Nähe von Sprechenden und notierten sich alle 30 Sekunden: »Worüber redet er/sie jetzt?« Das Ergebnis war immer das gleiche: Etwa 66 Prozent der Gesprächsinhalte drehten sich um Zwischenmenschliches. Um Beziehungen. Das Verhalten von Freunden und Bekannten. Die spannende Frage, warum eine Frau wie die dahinten sich freiwillig ein Kleid kauft, in dem sie aussieht wie eine Weißwurst in der Pelle. Kein anderes Thema nahm sonst so viel Redezeit in Anspruch: Die Bereiche Sport und Freizeitgestaltung kamen zusammen gerade mal auf zehn Prozent, Politik, Kultur, Ethik und Beruf brachten es auf nur zwei bis drei Prozent.

Die Wissenschaftler fanden allerdings Unterschiede im Klatsch- und Tratschverhalten von Frauen und Männern: Während sich Frauen meist über andere unterhielten oder sich um ihr soziales Netzwerk kümmerten, sprachen Männer – besonders gerne über sich selbst. Sie betrieben fleißig PR in eigener Sache.

Man muss wissen, dass mit diesem wissenschaftlich untersuchten Klatsch und Tratsch nicht automatisch das gemeint ist, was wir landläufig unter bösartiger Lästerei verstehen. Aus Forschersicht ist Klatsch und Tratsch zunächst einmal ein Informationsaustausch über positive wie negative Eigenschaften und Verhaltensweisen anderer Menschen sowie Ereignisse aus deren Leben, die uns aus irgendeinem Grund interessieren. Weil das unsere Neugier befriedigt, Unterhaltungswert bietet oder ein Anlass ist, mit jemandem im Gespräch zu bleiben. Weil wir wertvolle Informationen erhalten, die uns zum Beispiel – wichtig schon zu Zeiten der Bisonjagd – sagen, ob jemand vertrauenswürdig ist oder nicht.

»Anna hat mir die 30 Euro immer noch nicht zurückgegeben!« – was bewirkt dieser Satz einer Freundin bei Ihnen, wenn Anna Sie demnächst bittet, ihr doch mal schnell das Geld für das Kantinenessen auszulegen?

Aber immer wieder benutzen wir Klatsch und Tratsch dazu, andere ab- und damit uns selbst aufzuwerten, äußern sich Neid und Missgunst in Form von Gehässigkeiten und abwertenden Bemerkungen über andere.

Da lästern wir Frauen beim Kindergeburtstag über die Mutter mit dem immer so perfekt aussehenden selbst gebackenen Kuchen (»Der ist doch von Tchibo!?«). Wenn beim Frauenstammtisch eine von uns auf die Toilette verschwindet, stecken wir sofort die Köpfe zusammen (» ... die ist doch schwanger?!«). Und natürlich ist es in der Firmenkaffeeküche Thema, dass die GF-Assistentin was mit dem Chefcontroller hat, der immer nur rotweiß kleinkarierte Hemden trägt (»Da hat sie ja mal wieder richtig Geschmack bewiesen ...!«). Und: Vielleicht ist diese Anna mit den geliehenen 30 Euro ja vor allem das Opfer einer missgünstigen Bekannten – die Ihnen vormachen will, dass sie viel vertrauenswürdiger ist?

All das mag ja noch gehen. Aber an rund sechs Tagen im Monat läuft es richtig rund. So etwa zwischen dem 10. und dem 16. Tag nach Beginn der letzten Periode liegen uns in null Komma nichts echte Bösartigkeiten auf der Zunge. Jetzt wird nicht mehr nur über Äußerlichkeiten hergezogen, jetzt ist es schon böse Nachrede: »Die kauft ihre Kuchen immer bei Tchibo und kippt Schokosauce drüber, damit sie selbstgebacken aussehen.« – »Sie ist schwanger – weiß sie auch, von wem?« – »Verliebt in den Kleinkarierten! Die will doch nur Karriere machen: Was meint ihr, wie sie den jetzigen Job gekriegt hat?!« Und Anna? Die hat ganz sicher auch etwas mit dem Fehlbetrag in der Kaffeekasse zu tun ...

Wir scheuen auch nicht davor zurück, andere direkt anzugehen. Weisen offensiv und vor anderen auf Fehler und Peinlichkeiten hin, die wir sonst vermutlich unter vier Augen besprochen hätten. Wir wollen zeigen, dass wir das Sagen haben, Vorrang haben, besser sind.

Und Zielscheibe unserer Gemeinheiten sind immer andere Frauen. Wir können es kaum ertragen, wenn sie gut aussehen, bessere Ideen haben oder einfach immer nur gute Laune und einen attraktiven Mann dazu. Und zu allem Überfluss: uns im Weg stehen. Da muss es gar nicht beim Verbalen bleiben.

Sie kennen das vielleicht: Sie stehen im Shoppingtempel an der Kleiderstange, schauen fröhlich ein paar Blusen durch. Da bewegt sich von der Seite eine andere Frau auf sie zu, die das Gleiche tut wie Sie. Nur sehr viel schneller und sehr aggressiv. Wie ein Duracell-Hase auf Ecstasy fetzt sie einen Bügel nach dem anderen zur Seite, nähert sich Ihnen rasend schnell, und während Sie noch über Flucht oder Gegenangriff nachdenken, reißt sie schon den Bügel zur Seite, den Sie gerade festhalten, knallt sofort den nächsten hinterher. Und klemmt Ihre Hand zwischen den Bügeln ein, als

· **140** ·

wären Sie gar nicht da oder zumindest unsichtbar. Und falls Sie es in Ihrer Verblüffung noch schaffen, genau so etwas zu fragen, bevor sie außer Hörweite ist, zeigt ihre Reaktion, dass sie genau das von Ihnen erwartet.

Willkommen in der fruchtbaren Phase des Zyklus!

Jener Phase, die sozusagen das Alphatier in uns Frauen von der Leine lässt: Wir sind die Besten, die Ersten, niemand sonst. Wir wollen nicht nur privat Komplimente ernten, bevorzugt von Männern, sondern wir erwarten auch im Job besondere Aufmerksamkeit. Da vergessen wir schon mal die Solidarität mit anderen Frauen, ja selbst mit der besten Freundin oder der Kollegin, mit denen wir sonst immer gut können. Wir werden unberechenbar. Und ungenießbar.

Und was ist schuld daran? Der eine oder andere Mann könnte sich jetzt ein Grinsen sicher nicht verkneifen; er hat es ja schon immer geahnt: Es sind die Hormone!

Genauer gesagt, ein Frauen-Power-Hormon-Trio aus Östron, Östradiol und Östriol. Drei Stoffe, bekannt unter dem Oberbegriff Östrogen. In den Eierstöcken gebildet, durch den Körper geschickt als Superhormon, das uns zu Frauen macht, unsere Sexualität und Fortpflanzung steuert. Das beeinflusst, wie wir lernen oder wie unser Gedächtnis funktioniert. Das Teile unseres Gehirns beim Arbeiten unterstützt und unser Gefühlsleben diktiert.

Ein wahrer Zaubercocktail. Meistens jedenfalls.

Allerdings, an bis zu sechs Tagen im Monat kann er uns zu gemeinen Hexen machen. Etwa in der Mitte des Zyklus, wenn der Östrogenspiegel seiner Höchstmarke entgegensteigt und bewirkt, dass die Hirnanhangdrüse das Luteinisierende Hormon (LH) ausschüttet, damit das Ei springen kann. Und auch für uns gibt es dann kein Halten mehr gegenüber anderen Frauen.

Männer dagegen scheinen in dieser Zeit sogar einen Bonus zu genießen. Das hat ein Forschungsteam um Maryanne Fisher nachgewiesen. Fisher ist Professorin für Psychologie an der Saint Mary's University in Halifax, Kanada. Sie forscht zu evolutionären Grundlagen für zwischenmenschliche Beziehungen und interessiert sich besonders für das Konkurrenzverhalten zwischen Frauen. Und das scheint an bestimmten Tagen sehr intensiv zu sein.

Wie fand Fishers Team das heraus? Die kanadischen Wissenschaftler legten Männern und Frauen einfach Fotos von anderen Männern und Frauen vor und baten sie, diese zu bewerten. Auf einer Skala von extrem unattraktiv bis extrem attraktiv.

Die Männer waren sich relativ einig, wen sie attraktiv fanden. Und auch nach wiederholten Beurteilungen der Fotos blieben sie bei ihrer Meinung. Die Frauen dagegen bewerteten die Porträts anderer Frauen immer dann wesentlich schlechter, wenn sie sich selber in den Tagen um den Eisprung befanden – während ihre Einschätzung der Männer auf den Fotos unabhängig von ihrem Zyklusstand gleich blieb.

Da waren also nicht einfach hormonbedingte Stimmungsschwankungen im Spiel, ist sich Studienleiterin Fisher sicher. Denn sonst hätten auch die Männerporträts schlechtere Noten bekommen müssen. Nein, die Negativurteile waren ganz klar eine Frauen-Frauen-Sache. Dass sich das in der Realität – also außerhalb der Labore – natürlich als abfällige Bemerkungen über andere manifestieren könne, habe sie selber schon erlebt: »Wenn man in einer Diskothek ist und dort auf die Toilette geht, kann man oft hören, wie Frauen andere Frauen runtermachen.« Außerhalb der Damentoilette tun sie das auch, gegenüber ihrem Freund oder Mann, und zwar auf ganz spezielle Weise, sagt Fisher: »Statt ihm zu sagen: ›Ich könnte dieser Frau eine scheuern, weil sie dich gerade so angesehen hat‹, sagen sie: ›Hast du gesehen, was die für fette Beine hat?‹«

Eine zweite Beobachtung machte Fisher in ihrer Studie: Männer und Frauen finden weibliche Gesichter durchweg attraktiver als männliche Gesichter. Die Wissenschaftlerin hat dafür eine Erklärung: Womöglich habe der Faktor Schönheit bei der Bewertung von Frauen generell einen größeren Stellenwert als bei der Beurteilung von Männern, bei denen es eher auf Zeichen von Wohlstand, auf körperliche Fitness und auch auf zupackende Aggressivität ankomme. Wenn Schönheit beim weiblichen Geschlecht so wichtig ist, sei es kein Wunder, folgert Fisher, dass Frauen das Aussehen ihrer Konkurrentinnen unbedingt schlechtmachen wollen.

Könnte das nicht auch den Erfolg von People-Magazinen erklären, die peinliche Fotos von Prominenten drucken? Mal ehrlich: Welche Frau sieht es nicht gerne, wenn Paparazzi das sonst immer top retuschierte Model als Celluliteopfer outen? Die ewig junge Queen of Pop erwischen, wenn sie ohne Make-up und im Schlabber-Hoodie aussieht wie ihre eigene Mutter? Die Filmdiva, die beim Oscar-Auftrieb nur mit Shapewear unterm Abendkleid antritt, mit Schwabbelbauch beim Joggen ablichten?

Wir wissen, was Sie jetzt denken, aber in Wirklichkeit geht es uns nicht nur darum, uns zu vergewissern, dass Stars »auch Menschen sind«, also aussehen wie wir. Es geht uns vor allem um die heimliche – oder unheimliche – Schadenfreude, dass diese Stars schlechter aussehen als wir.

Richtig, die kanadische Studie macht klar: Wir können ganz anders, als man es uns oftmals zuschreibt. »Frauen werden vielfach als sehr kooperativ, warmherzig und nicht konkurrierend charakterisiert«, sagt Fisher. Dabei deuteten ihre Ergebnisse darauf hin, dass Frauen genau das Gegenteil davon sein können: egoistisch, ellenbogenzentriert und, ja, auch gehässig.

Ein ziemlicher Schock für all jene, die beispielsweise daran glauben, dass Frauen, wenn es nur genug von ihnen in Führungspositionen gäbe, die ellenbogenorientierte Arbeitswelt zulasten der eigenen Karriere zu einer besseren Welt machen würden. Warum sollten Frauen nicht genauso auf ihren Vorteil bedacht auftreten dürfen wie Männer, fragte beispielsweise die Moderatorin Maybrit Illner in der Wochenzeitung »Die Zeit«.

Wie wir wissen, konkurrieren Frauen allerdings anders – unabhängig davon, in welcher Zyklusphase sie gerade stecken: Während Männer mit offenem Visier kämpfen, gerne verbal laut polternd und auch schon mal mit den Fäusten, ziehen Frauen eher Fäden und schmieden Allianzen, um Ziele zu erreichen und ungeliebte Personen loszuwerden. Frauen, sagt Maryanne Fisher, können nicht nur direkt, sondern »auch indirekt aggressiv sein«. Richtig hintenrum also.

Ist eine Frau aber erst mal auf dem hormonellen Sechs-Tages-Kriegspfad, ist alles drin, Intrigen, Sabotage, Verrat inklusive. Zack, einfach so. Und dann lassen wir selbst scheinbar gute Kolleginnen lächelnd ins Messer laufen.

Der Grund für diese Aggression liegt tief in uns verwurzelt und ist so alt wie der Mensch selbst: Indem wir andere Frauen als Gegnerinnen sehen und entsprechend behandeln, erhöhen wir die eigene Chance auf Nachkommenschaft. Zumindest hat das früher in der Horde offenbar ganz hervorragend funktioniert. Und passenderweise spielt sich das während unserer fruchtbaren Tage ab. Genau das ist der biologische Grund, warum Frauen die Männer zumindest in der fruchtbaren Zeit mit ihren eisprungbedingten Launen verschonen – im Gegensatz zu anderen Tagen des Monats, denn an dem Klischee dahinter ist tatsächlich etwas dran; mehr dazu später.

Aber auch unabhängig vom Zyklus, das zeigen andere Forschungen, behalten Frauen ihre potenziellen Rivalinnen genau im Blick: Sie reagieren auf hübsche und sexy gekleidete Konkurrentinnen geradezu allergisch. Sie können sich kaum jemals Freundschaften mit ihnen vorstellen und würden sie vom eigenen Partner strikt fernhalten – während sie weniger attraktive und eher konservativ gekleidete Frauen viel eher akzeptieren können.

Maryanne Fisher kann noch nicht sagen, mit welchem Mechanismus dieser Wettbewerb den Frauen genau helfen soll, bei einem Mann zu landen: indem sie, wenn sie andere Frauen runter- beziehungsweise fertigmachen, sich selber besser und toller fühlen? Oder indem sie andere Frauen vor einem Mann schlechtmachen, damit diese anderen ihm weniger attraktiv erscheinen als sie selber?

Letzteres könnte allerdings auch unerwünschte kontraproduktive Folgen haben: Benimmt eine Frau sich zu »bitchy«, kann sie auch Gefahr laufen, von einem Mann generell als boshafte Person eingeschätzt zu werden. Und welcher Mann will schon freiwillig mit einer solchen Frau zusammen sein?

Wenn wir uns aber einmal klarmachen, was der Zyklus so alles mit uns macht, könnte es durchaus möglich sein, dass hinter der zickig-überheblichen Abwertung anderer Frauen nicht nur eine perfide weibliche Psychotaktik steckt. Sondern vielleicht einfach ein verstärktes Empfinden der eigenen Attraktivität. Denn auch das schwankt abhängig vom Zyklus, wie genau und zu welchen Herausforderungen das führt, werden Sie in diesem Buch noch erfahren. Aber rund um den Eisprung fühlen sich Frauen schöner als an anderen Tagen.

Das könnte von den echten körperlichen Veränderungen herrühren, die durch Östrogen hervorgerufen werden – mehr Lippenfarbe und -fülle zum Beispiel. Was wiederum heißt, dass die betreffenden Frauen irgendwie doch richtigliegen, wenn sie andere Frauen weniger schön finden.

Trotzdem, das dachten Sie sich vermutlich auch schon, die gute alte Fortpflanzungsstrategie taugt nicht unbedingt zum kategorischen Verhaltensimperativ für den Alltag im 21. Jahrhundert. Schon gar nicht für den Job: Geht es da den meisten von uns nicht um andere Dinge, als sich bei der nächsten günstigen Gelegenheit im Kopiererraum zu paaren? Und überhaupt: Welche Frau hört schon gerne über sich, sie sei zickig und hormongesteuert?! Möchte sich auf ein periodisch amoklaufendes Hormonpaket reduzieren lassen?

Als Vertreterin des weiblichen Geschlechts tut man ganz gut daran, die Ziege zumindest zu zügeln, die sechs kritischen Tage unter dem Codewort »Vorsicht, elektrischer Weidezaun!« im Terminkalender zu vermerken oder sich auf den Badezimmerspiegel zu schreiben. Und in dieser Zeit lieber nur zu schlucken, wenn einem eine böse Bemerkung zur Lehrerin seines Kindes auf der Zunge liegt (die, wenn es dumm kommt, ebenfalls gerade ihren Hormonflash hat). Über jede Mail, die Wutpotenzial birgt, zweimal drüberzulesen. Und im Zweifel lieber auf die Klatsch-und-Tratsch-Runde mit den Kolleginnen in der Kaffeeküche zu verzichten und sich den Männern anzuschließen, rein dienstlich natürlich, denn die meinen es garantiert gerade gut mit uns. (Warum passenderweise ausgerechnet jetzt, haben Sie in Kapitel 3 »Unbewusste Signale erfahren«.)

Man könnte aber auch zu Hause dem Partner erzählen, dass der nächste schöne gemeinsame Urlaub nun wirklich überfällig sei. Denn: Viele Türen, ob privat oder im Beruf, stehen uns in dieser Zeit weiter offen als sonst. (Dazu mehr unter »Zykluspower: Chef, ich will mehr Geld!« in diesem Kapitel.)

So einfach ist das also? Sind es die Hormone, die uns steuern, uns zu Marionetten werden lassen? Wie praktisch: Kann keine Frau etwas dafür, wenn sie der Rivalin bei der Vernissage den Schampus ins Dekolleté schwappen lässt? In der Firma Schwangerschaftsgerüchte über die Konkurrentin verbreitet? In ihrem Lieblingsladen einer anderen Kundin die Stilettos in den Fuß bohrt, weil die nach derselben Handtasche greift?

Nein, natürlich nicht: Selbst Frauen schaffen es, sich einfach nur schlecht zu benehmen. Aber das stimmt: Kommen die Hormone ins Spiel, ist ganz anderer Wumms dahinter.

WAS FRAUEN ERZÄHLEN

Nina, 35, Redakteurin bei einer Frauenzeitschrift
Wir sind eine Handvoll Frauen bei uns im Ressort. Zwischen 25 und 35 Jahre alt. Ich bin die Älteste. Wir brainstormen nach der Arbeit auch gerne mal in unserer Lieblingsbar. Das heißt nicht, dass wir ein Herz und eine Seele sind. Im Gegenteil. Die Jüngste in unserer Runde zum Beispiel mag ich eigentlich ganz gerne. Doch sie geht mir regelmäßig auf den Keks. Sie investiert ihr Jungredakteurinnengehalt in alles, was ein Skinny-Etikett hat, kommt sich so toll und kreativ vor. Schafft es meist, sich in den Mittelpunkt zu schieben. Wahrscheinlich träumt sie sich schon auf den Chefredakteurinnensessel. Als wir neulich große Redaktionskonferenz hatten, sie war nicht da, hab ich das Topthema vorgeschlagen. Der Chefredakteur war begeistert. Dass es ihre Idee war, die sie mir Tage zuvor auf dem Heimweg erzählt hatte, war mir völlig egal. Ich war wie

im Rausch. Ich genoss dieses Gefühl regelrecht. So eine Mischung aus Triumph und Kampflust. Ich dachte: Zur falschen Zeit am falschen Ort, meine Liebe! Ich bin hier. Du musst mit mir rechnen! Ein paar Tage später – sie war am Boden zerstört – fragte ich mich: Was zum Teufel hat dich da eigentlich geritten?

Jeanne, 37, Trainerin in der Erwachsenenbildung
Wenn meine Seminargruppen rein weiblich sind, geht es viel ungebremster zu. Gerade jüngere Frauen sagen viel schneller mal was, ohne darüber nachzudenken – sind auch manchmal mir gegenüber im Tonfall nicht korrekt. Ich denke, da sind manchmal auch die Hormone im Spiel. Ich will mich da gar nicht ausnehmen. Und ich meine es nicht nur negativ. Wettbewerbsverhalten kann auch beflügeln. Dennoch: In Gruppen, wo ein, zwei Männer dabei sind, empfinde ich das als eine angenehme Art von Regelfaktor. Die Stimmung in der Gruppe ist ausgeglichener, vorsichtiger, wertschätzender. Eine gemischte Gruppe ist eine Art Regelfaktor für beide Geschlechter.

Zykluspower: Chef, ich will mehr Geld – und was jetzt noch alles besser klappen könnte

Zyklus und Job – ein heikles Thema. Weil es dort, zumindest empfinden das wohl die meisten von uns so, nicht hingehört. Zu intim, zu sehr belastet von Tabus, von der Tatsache, dass der Einfluss von Hormonen immer noch vor allem mit Emotionalität, mit Unberechenbarkeit, mit Tränen oder Wutausbrüchen gleichgesetzt wird. Im Job wollen wir noch viel weniger als sonst, dass uns unsere Hormone verändern, womöglich sogar Entscheidungen beeinflussen, uns angreifbar machen. »Die hat wohl ihre Tage« – wenn sich Kollegen (oder Kolleginnen) augenrollend diesen Satz zuraunen, dann heißt das so viel wie: »Die ist heute zu nichts zu gebrauchen, die spinnt doch.«

Man ist da sehr schnell beim Grundsätzlichen, bei den großen Themen – Gleichberechtigung und Chancengleichheit. Bei der Frage, was Frauen im Job leisten können. Ob sie anders auftreten. Anders arbeiten als Männer. Oder warum sie im Schnitt für die gleiche Arbeit immer noch weniger verdienen und deutlich seltener in Führungspositionen zu finden sind.

So gab es auch nur eher zurückhaltende Reaktionen, als Ende 2014 ein britischer Gynäkologe drei zusätzliche Menstruationsurlaubstage für Frauen forderte, als motivations- und leistungsfördernde Maßnahme. Aber welche Frau will schon ihren Zykluskalender mit ihrem Chef durchsprechen oder im Vorstellungsgespräch gefragt werden, ob sie denn unter schweren Menstruationsbeschwerden leide. Was bringen drei freie Tage, wenn sie dazu führen, dass man Frauen deshalb lieber nicht mehr einstellt?

Wollen wir uns also im Job wirklich mit unserem Zyklus beschäftigen? Als ob er uns da nicht schon lästig genug wäre: nicht nur, wenn wir die Kollegin schon wieder mit rotem Kopf um einen Tampon anbetteln müssen. Sondern auch, weil er vielen von uns, wenn wir mal genau darüber nachdenken, eben doch Tage beschert, an denen wir weniger schlagfertig sind, weniger kreativ. An denen es noch mehr als sonst nervt, vier Stunden lang im Konferenzraum zu hocken und sich die immer gleichen Argumente irgendwelcher Alphatiere anzuhören. An denen wir genau erkennen, dass wir uns in der Teambesprechung schlecht verkauft und deshalb bei der Aufgabenverteilung die blöde Statistik aufs Auge gedrückt bekommen haben.

Sicher, wir schalten den Zyklus ja nicht ab, wenn wir die Firmeneinfahrt passieren, die Chipkarte ans Zeiterfassungsterminal halten. Wir schieben ihn allenfalls gedanklich weg. Was völlig legitim ist.

Aber ist das wirklich das Beste, was wir tun können? Lassen sich die Effekte des Zyklus im Berufsleben nicht auch nutzen?

Denn es gibt auch die anderen Tage. Die, an denen wir schneller als sonst entscheiden, souveräner argumentieren. An denen wir das entscheidende bisschen cleverer sind, um aus der grauen Masse hervorzustechen.

Im vorigen Kapitel haben Sie gelesen, dass wir andere Frauen vor allem dann als Konkurrentinnen wahrnehmen, wenn an den fruchtbaren Tagen der Östrogenspiegel seinen Höhepunkt erreicht. Wir fahren die Ellenbogen aus, wir sorgen dafür, dass wir wahrgenommen werden – wir und nicht die anderen. Wir sind selbstbewusst, weil wir uns gut fühlen und oft auch ein bisschen besser aussehen.

Aber auch im Job geht es um Wettbewerb und um Konkurrenz. Entweder gegenüber den Mitbewerbern auf dem Markt. Oder innerhalb der eigenen Firma. Oder beides.

Kristina Durante, die Psychologin und Zyklusforscherin aus Texas, die Sie in diesem Buch schon getroffen haben, hat sich angesehen, ob die zyklusbedingte Konkurrenz zwischen Frauen auch Auswirkungen auf wirtschaftliche Entscheidungen hat: ob sie eine Rolle spielt, wenn's ums Geld geht. In einem Versuch ließ sie Frauen sich zwischen zwei Situationen entscheiden: »Du bekommst ein Auto für 25 000 Dollar, zugleich erhält eine andere Frau ein Fahrzeug für 40 000 Dollar.« Oder: »Du bekommst ein Auto für 20 000 Dollar, die andere aber nur ein Vehikel für 12 000 Dollar.«

Also: entweder das wertvollere Auto – aber mit der Konsequenz, dass eine andere Frau noch besser dasteht. Oder: der

· **150** ·

weniger tolle Schlitten – aber dafür bekommt die andere nur einen Kleinwagen.

Wie hätten Sie sich entschieden?

Kristina Durantes Probandinnen wählten während ihres Eisprungs häufiger das kleinere Auto als in der nichtfruchtbaren Phase. Sie nahmen also einen finanziellen Verlust für sich selber in Kauf, nur um gegenüber der potenziellen Konkurrentin besser dazustehen: Der objektive Wert des Gegenstands ist also zweitrangig. Entscheidend ist das Gefühl: Ich stehe auf der Rangliste ganz oben.

Wie sieht das aus, wenn ein Mann ins Spiel kommt? Auch das wollte Kristina Durante wissen und änderte die Fragestellung. Nun ging es um folgende Entscheidung: »Für mich ein Haus für 350 000 Dollar, für eine Frau oder einen Mann aus meinem Bekanntenkreis ein Haus für 500 000 Dollar.« Oder: »Für mich ein Haus für 250 000 Dollar, für den oder die andere eine Hütte für 100 000 Dollar.«

Das ist jetzt keine Überraschung mehr: War der konkurrierende Bekannte weiblich, ging es den Frauen in ihrer fruchtbaren Phase auch jetzt wieder mehrheitlich darum, sich einen besseren Status zu verschaffen, auch um den Preis des kleineren Hauses.

War er hingegen männlich, gab es diese zyklusbedingten Unterschiede nicht.

Die Hormone sorgen also dafür, dass Frauen an ihren empfängnisbereiten Tagen ihren eigenen Status sichtbar machen, sich von den anderen abheben und, evolutionsbiologisch betrachtet, deutlich machen: »Ich bin das Weibchen, das es sich zu wählen lohnt.«

Nun fällen wir wirtschaftliche Entscheidungen von größerer Tragweite glücklicherweise nicht mit den Eierstöcken, sondern natürlich vorrangig mit dem Kopf. Und das hoffentlich anhand wohlüberlegter rationaler Entscheidungskrite-

· **151** ·

rien. Aber vielleicht ist es doch ganz gut zu wissen, dass die Frage »Stehe ich mit dieser Entscheidung auch besser da als meine Konkurrentin(nen)?« zu gewissen Zeiten irgendwo doch eine Rolle spielen könnte.

Und was ist nun mit den Männern? Kann es sein, dass, wenn es um die geht, der Zyklus überhaupt keine Rolle spielt, wie es im oben beschriebenen Versuch den Anschein hat?

Nein, und das machte ein anderes Experiment von Kristina Durante deutlich. Diesmal ging es darum, Geld mit anderen zu teilen. Und siehe da: Fruchtbare Probandinnen überließen anderen Frauen höchstens ein Viertel der Summe. Männer dagegen – bekamen mehr als die Hälfte ab.

Die Bereitschaft, dem anderen Geschlecht mit offenen Armen entgegenzugehen, beruht auf Gegenseitigkeit: Während ihrer fruchtbaren Tage wird die Frau auch für den Mann noch einmal ein bisschen interessanter. Davon haben Sie hier schon einiges gelesen. Stichwort Vermehrung – Sie wissen schon.

Und wahrscheinlich sagen Sie jetzt: Nein danke, solche Mechanismen haben doch im Job nichts zu suchen. Sie wollen Karriere machen, weil Sie etwas können, nicht weil Sie an bestimmten Tagen Ihres Zyklus besonders anziehend riechen oder einen besonders reizvollen Hüftschwung haben. Sie haben natürlich recht. Niemand will hier das Klischee bedienen, dass manche Frauen ihre berufliche Position ihrem engen, vielleicht sogar sehr engen, persönlichen Kontakt zu ihrem Vorgesetzten verdanken. Interessant dabei ist allerdings, dass nahezu jede von uns Frauen kennt, denen nachgesagt wird, genau auf diesem Weg Karriere gemacht zu haben. Weil es wirklich so ist? Oder weil es eine besonders üble Nachrede im Konkurrenzkampf unter Frauen ist?

Doch wie gesagt: Es geht nicht darum, im Job mit Weibchenschemata zu punkten. Sondern zu erkennen, dass der

Zyklus ein Faktor ist, der unser Verhalten beeinflussen könnte. Die Tage, an denen er uns nervt, kennen wir meist ganz gut. Aber es könnte sich lohnen, auch auf die anderen Tage zu achten. »Männer nehmen fruchtbare Frauen als attraktiver wahr, schätzen sie als fürsorglicher ein, trauen ihnen mehr zu«, sagt Susanne Röder von der Universität Bamberg, die als Verhaltensbiologin die Mechanismen des Zyklus erforscht. »Wenn die Verhandlungspartner, die Entscheider, männlich sind, könnte das ein Faktor sein, der eine Rolle spielt.«

Ob das Vorteile bringt bei der Gehaltsverhandlung, beim Kundentermin? Wir können es nicht versprechen. Aber es schadet ja nichts, sich die Tage im Kalender anzustreichen. Und es einfach auszuprobieren. Psychologin Kristina Durante sieht das ganz pragmatisch: »Wenn ich wüsste, dass bald ein wichtiges Treffen ansteht oder eine wichtige Verhandlung, dann würde ich den Termin während meines Eisprungs terminieren, wenn mein Östrogenspiegel hoch ist. Denn ich weiß, dass es einen Einfluss auf mein Verhalten hat, vergleichbar mit dem, wie Männer sich generell am Arbeitsplatz verhalten, also mehr konkurrierend.«

Aber vergessen Sie nicht: Auch Sie sind Männern jetzt zugewandter. Und lassen sich vielleicht mit Komplimenten einwickeln – und sich dann doch wieder die lästige Statistik aufs Auge drücken, die Sie eigentlich nicht mehr übernehmen wollten.

Spannend wird es, wenn zwei fruchtbare Frauen aufeinandertreffen. Denn die wollen ja gemäß den Forschungsergebnissen beide oben stehen, den bestmöglichen Status ergattern, die andere ordentlich auf Abstand halten. Der »Fruchtbarkeitsvorsprung« relativiere sich, sagt Susanne Röder, »wenn die weiblichen Mitbewerber, Konkurrentinnen oder Entscheiderinnen sich ebenfalls gerade in ihrer fruchtbaren Phase befinden«.

· **153** ·

Und genauso wie Konkurrenztage gibt es Kooperations-
tage. An der Universität Frankfurt/Main haben Psychologen
den Einfluss des hormonellen Status auf die Koopera-
tionsbereitschaft untersucht. Sie sammelten mit einem
Onlinefragebogen Informationen über die sogenannte
soziale Wertorientierung. Dabei wird abgefragt, wie man
Geld und andere Ressourcen zwischen sich selbst und einer
anderen Person aufteilen würde. Es ergab sich ein ziemlich
klarer Zusammenhang zwischen Zyklusphase und Koopera-
tionsbereitschaft: Sie war immer dann hoch, wenn der Östrogenspiegel niedrig war. Dass die neue Kollegin im Team heute
nicht mitzieht, könnte also daran liegen, dass sie gerade auf
Konkurrenz gebürstet ist. Geben Sie ihr noch ein paar Tage –
wenn Sie selber hormonell dazu gerade in der Lage sind.

Das, was Wissenschaftler über unseren Zyklus herausgefunden haben, ließe sich im Job also sehr wohl gewinnbrin-
gend einsetzen. Nun ist der abteilungsinterne Zyklusplan im
Outlook-Kalender ein weder praktikables noch erstrebens-
wertes Modell. Ebenso wenig werden wir unsere Kundinnen
oder unsere Geschäftspartnerinnen nach ihrem Fruchtbarkeitsstatus fragen. Oder danach, ob sie die Pille nehmen, wodurch alles ja wieder ganz anders aussehen könnte.

Wenn es gerade erst losgeht mit der Karriere, wenn die
Gedanken an die Familiengründung noch ganz weit weg
sind, ist für viele junge Frauen die Pille oder ein anderes
Hormonpräparat das sichere Verhütungsmittel der Wahl.
Damit fällt der Östrogenpeak weg, stattdessen regiert ein
Hormonspiegel auf gleichmäßig mittlerem Niveau. Es wäre
zumindest nicht überraschend, wenn sich dadurch auch der
Umgang mit Konkurrenzsituationen ändert.

Thomas Buser, ein Psychologe aus der Schweiz, der in
Amsterdam forscht, hat es ausprobiert. Er ließ Frauen
mathematische Aufgaben lösen, entweder nur für sich oder

in einem Duell gegen andere Spieler. Die Duellvariante versprach einen höheren Gewinn – bedeutete aber auch ein größeres Risiko. Immer dann, wenn ihr Progesteronspiegel hoch war, also nach dem Eisprung oder während der Pilleneinnahme, gingen die Frauen dem Wettbewerb eher aus dem Weg.

Auch Forscherin Kelly Cobey hat sich mit der Frage beschäftigt, ob die Pille den Wettbewerb zwischen Frauen verändert. Denn die Gruppe der Hormone einnehmenden Frauen wird gerne vergessen, wenn es um den Hormonhaushalt der Frau geht. »Wir wissen, dass die Pille den Testosteronspiegel der Frau verringert, und zwar um bis zu 70 Prozent«, erklärt Cobey. Und womit assoziieren wir Testosteron, das Hormon der Männlichkeit – das es gar nicht ist, weil es im Körper der Frau, wenn auch in geringeren Mengen, ebenfalls produziert wird? Genau, es gilt als das Machohormon, zuständig für Aggressivität, Revierkämpfe, Durchsetzungsvermögen. »Es ist möglich, dass Frauen generell weniger konkurrierend sind oder weniger hitzig in ihren Meinungen, wenn sie die Pille einnehmen, da ihr Testosteronspiegel niedriger ist«, sagt Cobey, »die Forschung dazu steht allerdings noch ganz am Anfang.«

Wer nun sagt: Ich fühle mich aber mit Pille viel wohler, weil sie mir Berechenbarkeit schenkt, mir Beschwerden nimmt, die Möglichkeit eröffnet, meine Periode zu verschieben, wenn sie mir gerade überhaupt nicht in den Kram passt, der hat natürlich die Strategie, die zu ihm passt, um seine Ziele bestmöglich verwirklichen zu können.

Und die anderen?

Wovon ist Erfolg im Beruf abhängig? Von Fleiß, von Ehrgeiz, von Begabungen, von der Chance zu lernen und von der Fähigkeit, diese Chance zu nutzen. Von Menschen, die an uns glauben. Von Zufällen. Aber auch zu einem gehörigen

· 155 ·

Anteil von Selbstbewusstsein: Ich weiß, was ich kann, und ich zeige das auch. Ich erkenne Chancen und habe den Mut, sie zu ergreifen.

Selbstbewusst können wir sein, wenn es uns gut geht, wenn wir Power haben. Und deshalb könnte sich der Versuch lohnen, einfach mal die Sichtweise zu wechseln. Und den Zyklus nicht als Wettbewerbsnachteil, sondern als Vorteil zu betrachten. Statt »Die hat wohl schon wieder ihre Tage« hören wir die Kollegen einander vielleicht künftig zuraunen: »Wow – woher hat die eigentlich so viel Energie?«

WAS FRAUEN ERZÄHLEN

Maribel, 34, Verhaltensbiologin an einer Universität
Meine Studentinnen amüsieren mich manchmal. Wenn sich eine zum Beispiel morgens besonders gestylt und gekleidet hat. Dann kann ich nicht umhin und frage mich: »An welchem Tag des Zyklus ist sie wohl heute?« Es gibt ebendiese Tage, da zeige ich mich, es gibt die Tage, da verhülle ich mich. Das kenne ich auch von mir. Auch in Konkurrenzsituationen: Wenn ich mit Kolleginnen zu tun habe, die nicht kooperationsbereit sind. Das nehme ich dann als Revierverhalten. Das ist ganz bestimmt zyklusabhängig – wie ich es empfinde und wie sie sind. Und wie ich dann reagiere – großzügig, furchtsam oder angriffslustig.

Fine, 33, Teamleiterin Verkauf in einem IT-Start-up
Ich selber bin ein sehr kontrollierter Typ. Zyklus ist für mich nach außen hin kein Thema. Aber ich hatte im Studium eine Freundin, die war prämenstruell und während ihrer Tage sehr hart im Umgang mit anderen. Und in der Eisprungphase sehr

freizügig, sehr kokettierend, aufreißerisch. Hat beim Tanzen schon mal den Pullover hochgerissen, dass mir der Atem stockte. Kein Tisch war vor ihr sicher – obwohl sie sonst nicht so war. Sie hat dieses Spiel unglaublich gerne gespielt in dieser Phase.

»ICH SCHAUE LIEBER AN MEINEN FRUCHTBAREN TAGEN IN DEN SPIEGEL«

Ein Gespräch mit der Verhaltensbiologin Susanne Röder über die Selbstwahrnehmung von Frauen während des Zyklus, über die Qual der richtigen Kleiderwahl und die Frage, wann wir mit den falschen Männern flirten.

Sabeth Ohl: Im Laufe ihres Zyklus machen Frauen eine wahre Achterbahnfahrt durch: Mal fühlen sie sich schön und stark, mal unattraktiv und schwach, mal haben sie Lust auf Sport, dann sind sie lieber Couch-Potato, mal stürzen sie sich auf Salat, dann kommt der Süßigkeitenflash – diese unterschiedliche Selbstwahrnehmung, dieses emotionale Auf und Ab, geschieht das völlig unbewusst?

Susanne Röder: Die meisten Frauen kennen das. Ich auch. Ich gucke morgens in den Spiegel und denke: »Wow!« Oder ich gucke morgens in den Spiegel und denke: »Oh je!« Und das hat natürlich viel mit den Hormonen zu tun. Ich schaue lieber in den Spiegel, wenn ich in der Mitte des Zyklus bin, also an meinen fruchtbaren Tagen. Ich diskutiere morgens länger mit meinem Schrank, wenn ich in der unfruchtbaren Phase bin, denn ich kann anziehen, was ich will, ich sehe gefühlt immer sch... aus. In der fruchtbaren Phase dagegen zieh ich mir etwas an und denke gleich: »Ja, so gehe ich jetzt raus.« Ich treffe die Entscheidung einfach schneller. Und wähle in dieser Zeit eher figurbetonte Sachen, entscheide mich für den kürzeren Rock.

Es wird vielen Frauen nicht bewusst, dass diese Schwankungen in der Selbstwahrnehmung an der Zyklusphase liegen. Dass sie sich anders wahrnehmen, findet im Unbewussten statt. Das wird deutlich, wenn wir unsere Studien machen. Wir merken, dass nur wenige Frauen über ihren Zyklus Bescheid wissen. Oder wissen, wie lang ihr Zyklus ist, wann überhaupt die fruchtbaren Tage sind …

Woran, glauben Sie, liegt das?

Ich glaube, das hat auch mit der Vielfalt an Verhütungsmethoden zu tun. Heute ist es einfach nicht mehr so wichtig zu wissen, wann man schwanger werden kann, wann man vorsichtig sein muss. Viele Frauen fangen schon sehr jung zum Beispiel mit der Pille an. Und wenn sie sie dann absetzen, weil sie in einer festen Beziehung sind, weil sie vielleicht eine Familie planen oder weil sie keine Hormone mehr nehmen möchten, dann setzt nicht mehr automatisch das Bewusstsein für den Zyklus ein. Dabei wird es gerade dann wieder wichtig. Denn diese ganzen Unterschiede im Verhalten der Frauen, auch, wie sie sich selber wahrnehmen und wie sie von Männern wahrgenommen werden, sind nur bei Frauen zu finden, die nicht hormonell verhüten.

Wäre es nicht eine Strategie, seinen Zyklus zu kennen, die Phasen seines Zyklus in den Kalender einzutragen und sich so bewusst zu machen: Darum bin ich heute so, wie ich bin. Oder gar vorausschauend zu planen?

Es ist leider nicht ganz einfach, aber im Grunde eine schöne Idee. Seit ich an diesem Thema forsche, klappt das bei mir immer wieder ganz gut. Ich schaue dann leichter in den Spiegel oder fühle mich nicht mehr so unglücklich, weil ich mir sage: Nimm es nicht so ernst, es sind nur die Hormone, in drei Tagen sieht es wieder anders aus.

Der Weltschmerz relativiert sich auf diese Weise also ein bisschen ...

Ja, er verliert zumindest etwas an Schwere, wenngleich ich mich nicht so gut fühle wie an anderen Tagen.

Das Wissen um die Stärken und Schwächen im Zyklus kann Frauen also tatsächlich motivieren und ihnen Kraft geben?

Das kann funktionieren, wenn man sich darauf einlässt, wenn man versucht, sich und seinen Körper besser zu verstehen, und auch einmal genauer »hinhört«. Gutes Zureden hilft ja oft. Nehmen wir das Beispiel Sport: Viele von uns wissen, dass es hilft, wenn man jemanden hat, der mitläuft und dann sagt »Komm, einen Kilometer schaffen wir noch« – alleine würde man den Lauf vielleicht abbrechen. Warum also nicht auch sich selber einmal gut zureden beim Blick in den Spiegel?

Zykluswissen als Partner für die Herausforderungen des Alltags ...

Ja, das ist ein schönes Bild.

Was können Sie noch aus eigener Erfahrung berichten?

Wenn man sich mit dem Zyklus beschäftigt – und das habe ich ja allein schon durch meine Forschungen getan –, fängt man an, sich anders wahrzunehmen, und das beeinflusst das eigene Verhalten und Denken. Ich erinnere mich, dass wir in unserer WG damals untereinander oft darüber geredet haben. Meine Freundinnen haben dann auch angefangen, mal mehr auf sich zu achten. Sie fanden es spannend, diese Regelmäßigkeiten, über die wir Forscher schreiben, bei sich selber zu erkennen. Regelmäßigkeiten, bei denen sie vorher vielleicht gedacht haben: Bei mir ist es anders, da ist es nicht so, so kann man das doch nicht sagen ... Aber wenn man sich dann mal selber über mehrere Wochen hinweg beobachtet, wird man merken: Ein bisschen steckt von dem Ganzen doch auch in mir drin. Und das ist ja logisch. Die Hormone wirken. Und so dramatisch es klingen mag: Auch wir handeln nach gewissen Instinkten, die durch unsere Hormone gesteuert und beeinflusst werden.

Frauen flirten mit Gute-Gene-Typen, obwohl sie zu Hause den treuen Versorger haben wollen. Konkurrieren privat und beruflich mit anderen Frauen. Das alles dreht sich um Fortpflanzung. Ticken wir wirklich noch so steinzeitlich? Oder sehen Sie nicht erste Anzeichen, dass der evolutionsbiologische und -psychologische Ansatz zu bröckeln beginnt?

Evolution ist ein Anpassungsprozess, der nicht in wenigen Tagen oder Jahren stattfindet, sondern in mehreren Tausend Jahren. Evolution ist nie abgeschlossen, sondern findet immer statt. Die evolutionäre Psychologie geht davon aus, dass sich Partnerpräferenzen, Verhaltensweisen und Vorlieben entwickelt haben, weil sie uns einen gewissen Vorteil im Überleben und im Fortpflanzungserfolg gebracht haben. Wir sind also mit dieser Vorliebe und Präferenz für bestimmte Merkmale optimal an unsere Umwelt angepasst. Es steht uns nicht auf die Stirn geschrieben, wie gesund und fruchtbar wir oder unser Gegenüber gerade ist. Das Erkennen von Merkmalen, die diese Hinweise signalisieren, hilft uns also dabei, den richtigen Partner auszuwählen, und das geschieht unbewusst, innerhalb von Bruchteilen einer Sekunde. In unserer heutigen »modernen Welt« brauchen wir den »guten Versorger« scheinbar nicht zwingend, so wie früher, aber die Präferenz für männliche Merkmale, die ebendieses signalisieren, bestehen nach wie vor.

Aber warum?

Evolutionswissenschaftlich gesagt: Sie minimieren unser Überleben in der heutigen Zeit nicht und sind deshalb nach wie vor erhalten geblieben. Präferenzen und Merkmale entwickeln sich aufgrund eines gewissen Selektionsdrucks. Grob gesprochen: Beeinflussen sie unser Überleben positiv, werden sie erhalten bleiben, gefährden sie unser Überleben, werden sie aufgrund des negativen Selektionsdrucks verschwinden. Im Grunde ist dieses »steinzeitliche Ticken« seit Tausenden von Jahren ganz fest in unserem Gehirn verankert, und wir werden in unserer Wahrnehmung und unserem Verhalten dadurch »gesteuert«.

Mir fällt spontan die Angst vor Spinnen ein. Die ist bei vielen Menschen nach wie vor da – aber doch unnötig ...

Ängste sind ein gutes Beispiel für evolutionspsychologische Beobachtungen. Warum haben wir heute noch Angst vor Spinnen? Wo doch wesentlich mehr Leute durch Autounfälle ums Leben kommen als durch Spinnenbisse. Die Angst vor Spinnenbissen ist noch da, weil sie mich nicht in meinem Überleben und meinem Fortpflanzungserfolg einschränkt. Heute ist allerdings ein leichter Gegentrend zu beobachten. Wir Menschen passen uns ein Stück weit vielleicht nicht mehr an unsere Umwelt an, sondern passen vielmehr unsere Umwelt an unsere Bedürfnisse an und stellen eigene Regeln auf. Ich brauche normalerweise keine Angst vor Autos zu haben, wenn ich mich an die Regeln halte, nicht bei Rot über die Ampel laufe und Tempolimits einhalte. Wie sich das auf die Zukunft auswirkt, wird sich zeigen.

––––––––––

Dr. Susanne Röder forscht an der Universität Bamberg u. a. zur Selbstwahrnehmung von Frauen während des Zyklus und versucht, die Partnerwahl aus evolutionspsychologischer Sicht zu erklären.

TEIL III
DIE LIEBE UND DER SEX

KAPITEL 5

WARUM WIR UNS FINDEN – ODER AUCH NICHT

Wer ist attraktiv?

Ob Mann oder Frau, instinktiv haben wir den natürlichen Wunsch, einen geeigneten Partner zu finden, um uns mit ihm fortzupflanzen. Das ist der biologische Antrieb, der auch bei Tieren da ist: bei Affen, Pferden, Schildkröten, Fliegen. Und auch wenn wir – mal wieder – denken, dass wir uns einer Fruchtfliege alles andere als verwandt fühlen: Letzten Endes wollen wir, wie sie, unser Überleben sichern, um unsere Art zu erhalten. Und dafür wollen wir uns natürlich maximal fortpflanzen.

Die Frage ist nur: Anhand welcher Kriterien sollen wir unsere Partner aussuchen? Und: Woran sollen wir uns dabei orientieren? Aus Sicht der Evolutionspsychologen hat die Evolution die Attraktivität als Kriterium ausgewählt. Eine Art ersten Filter sozusagen.

Denn stellen wir uns doch nur mal vor, wir würden uns mit jedem Menschen auseinandersetzen, dem wir im Winter auf der Straße begegnen oder im Fitnessstudio, in der Disco, auf dem Unicampus oder auch im Job. Wie viel Zeit es in

· 165 ·

Anspruch nähme, würden wir erst mal gucken, wie er tickt, welche Persönlichkeit er hat, wie er so drauf ist. Würden wir ihn quasi durchleuchten, erforschen, um ihn dann als Partner auszuwählen – oder auch nicht.

Nun könnten Sie sagen: gut, wenn das Ergebnis stimmt und am Ende der zeitraubenden Prozedur sogar der Richtige steht ...

Aber was, wenn, und das ist eher zu erwarten, das Gegenteil der Fall ist? Wenn nach ewigem Irrlichtern, nach ermüdender Informationsbeschaffung mal wieder herauskommt: Das war ja wohl nix. Und alles begänne von vorn. Zum x-ten Mal. Wenn Ihnen bis dahin nicht die Füße abgefroren sind auf der Straße im Winter, Ihnen im Fitnesscenter das Laufband unter den Füßen weggeschmort ist, Ihre Stimmbänder gerissen sind in der Diskothek, Sie zwangsexmatrikuliert werden oder Ihnen im Job wegen Stalkerei gekündigt wird.

Oder sich gar inzwischen Ihr Reproduktionszeitfenster schließt und Sie sich gleich daranmachen können, sich einen Wii-Partner fürs Seniorenheim zu suchen – sofern Sie den Richtigen finden ...

Nein, so viel Zeit hat der Mensch nicht. Und schon gar nicht wir Frauen. Die Zeit, die wir haben, um uns zu reproduzieren, ist, im Gegensatz zum Spielraum der Männer, begrenzt. Trotzdem müssen wir gut hinschauen, genau auswählen, denn wir zahlen einen hohen Preis und tragen ein großes Risiko: Schwangerschaft, Geburt, Aufzucht der Kinder. Frauen haben viel mehr zu verlieren, wenn sie sich mit dem falschen Partner verbinden, der sich später auf und davon macht oder genetisch nicht so gut ausgestattet war. Umstände, die sich dann auch auf die Kinder negativ auswirken – weil sie die väterliche Fürsorge nicht haben oder nicht so gesund sind. Und so gelten wir Frauen – und das völlig zu Recht – als das wählerische Geschlecht.

Aber zurück zum Filter, zur »Attraktivität«. Sie kennen das sicher selber: Sie gehen durch die Straßen einer Stadt, Ihnen kommen Hunderte von Menschen entgegen, aber dann können Sie sich vielleicht an zwei oder drei Gesichter erinnern. Zwei- oder dreimal sind Sie auf etwas »angesprungen«. Auf ein schönes Gesicht, auf eine athletische Figur. Auf einen Duft, einen besonderen Gang, eine angenehme Stimme. Oder auf alles zusammen. Ihr Gehirn hat in Millisekunden aus allen Informationen ein Bild zusammengefügt und ein Urteil gefällt. Eine Höchstleistung!

Diese Sensibilität für gewisse Merkmale ist so in unseren grauen Zellen verankert, dass wir gar nichts machen können. Und durch diesen ersten Filter wird eben unser Interesse für jemanden geweckt. Oder auch nicht.

Das, was uns interessiert, die Schönheit der anderen, ist messbar. Wissenschaftler haben eruiert, was genau Menschen attraktiv erscheinen lässt: Symmetrie, Durchschnittlichkeit und typische geschlechtsspezifische Merkmale. Unter Symmetrie fällt zum Beispiel, wie Augen, Mund und Nase zueinander stehen. Durchschnittlichkeit bedeutet unter anderem, dass etwas nicht von der Norm abweicht. Was in unserem Sprachgebrauch eher negativ verwendet wird, ist, evolutionsbiologisch gesehen, ein deutlicher Hinweis auf genetische Gesundheit. Und: Ein durchschnittliches Gesicht macht dem Gehirn weniger Arbeit, lässt sich leichter verarbeiten und wird daher unwillkürlich als positiver bewertet. Und doch fallen bei aller Vorliebe für Symmetrie und Durchschnittlichkeit kleine, nennen wir es Macken eher angenehm auf, gelten sogar als liebenswert. Das Muttermal auf der Wange zum Beispiel. Es macht einen einzigartig, unverwechselbar, hat einen Wiedererkennungswert. Denn es hilft dem Gehirn, sich an einen bestimmten Menschen zu erinnern. Und kann die Attraktivität des Einzelnen in der Masse steigern, weil es ihn hervorhebt. Das Muttermal als Wettbewerbsvorteil.

Fehlen noch die geschlechtsspezifischen Merkmale:

Frauen finden Männer attraktiv, die besonders maskulin sind. Dazu gehört ein Gesicht mit ausgeprägten Wangenknochen und Augenwülsten, mit markantem Kinn und einer höheren Stirn. Diese Männer sind größer, haben breitere Schultern und einen muskulösen Körper.

Männer finden bei Frauen jugendliche und feminine Gesichtszüge attraktiv: kleine runde Augen, volle Lippen, Stupsnäschen, kurzes Kinn. Sie mögen es, wenn Frauen ein breiteres Becken haben und sich das Körperfett über Stellen wie Brüste und Po verteilt, wenn sie lange Haare haben, wenig Körperbehaarung. Dazu eine schmale Taille – also dieses Taille-Hüfte-Verhältnis zwischen 0,6 und 0,8. Das heißt: der Umfang der Taille in Zentimetern durch den Umfang der Hüfte in Zentimetern. Dabei spielt das Gewicht kaum eine Rolle: Marylin Monroe soll dieses ideale Maß gehabt haben, aber auch die Model-Ikone Twiggy.

»Diese Präferenzen bei Frauen und Männern sind weltweit in allen Kulturen zu finden«, sagt Verhaltensforscherin Susanne Röder von der Universität Bamberg, »das macht es für uns als Evolutionsbiologen und -psychologen so spannend, weil sich diese Merkmale scheinbar entwickelt haben, ohne durch kulturelle Einflüsse, religiöse Einflüsse oder Medien geformt oder beeinflusst worden zu sein.«

Dabei werden doch für diese geltenden Schönheitsideale immer wieder die Medien verantwortlich gemacht. »Das können wir nicht so einfach sagen«, widerspricht die Forscherin. »Wir finden diese Präferenzen ja auch dort auf der Welt, wo es keine Fernseher gibt. Und auch Männer, die von Geburt an blind sind, finden, wenn sie Figuren abtasten, Frauen attraktiver, wenn sie dieses bestimmte Taille-Hüfte-Verhältnis aufweisen.« Diese Präferenzen seien ganz tief »auf unserer Festplatte verankert«, eben weil diese Attraktivitätsmerkmale Gesundheit, Fitness und Fruchtbarkeit signalisierten.

Einige Medien stellten allerdings die Schönheitsideale übertrieben dar, sagt Röder. »Schauen Sie sich nur Zeichentrickfiguren von Disney an wie Tinkerbell und Co. oder Models, die haben ja gar kein ideales Taille-Hüfte-Verhältnis. Und diese ganzen Photoshop-getunten Frauen in Magazinen.« Dies alles gaukele uns etwas vor, was es nicht gebe. »Das macht, dass wir uns hässlich finden, dass schon junge Mädchen sich schlecht fühlen«, sagt die Forscherin. Dadurch veränderten sich aber nicht die Präferenzen für das, was wir seit jeher als attraktiv empfänden.

Die Biologin erinnert sich an eine Studie von Forschern der University of Glasgow, wonach Frauen ein bis zu zehnmal schlechteres Bild ihres Körpers haben als Männer. Sie kommt damit zu einem weiteren wichtigen Faktor, der mitentscheidet, ob wir jemanden attraktiv finden oder nicht. Die Faktoren Duft, Bewegung und Hautbeschaffenheit zum Beispiel kennen Sie ja bereits aus Kapitel 3. Doch wie wir die Attraktivität anderer beurteilen und worauf wir bei ihnen achten, liegt auch an unserem Bild von uns selbst. »Wenn ich mich als Frau selber als sehr attraktiv einschätze, suche ich auch einen Partner, der sehr attraktiv ist, also extrem maskuline Züge zeigt«, sagt Susanne Röder. »Wenn ich mich aber selber als weniger attraktiv einschätze, suche ich auch dementsprechend meinen Partner aus – der für mich aber trotzdem attraktiv ist.«

Das heißt: Entsprechen wir nicht diesem als ideal berechneten Durchschnitt – oder meinen zumindest, dass wir es nicht tun –, gehen wir Kompromisse ein. Und so, nur um ein Beispiel zu nennen, bekommen die kleinen Männer auch eine Chance. Bei den (kleinen) Frauen. Die Körpergröße, aber auch das Alter spielen bei der Partnerwahl eine wichtige Rolle. Wer schon mal auf Partnervermittlungsportalen im Internet unterwegs war oder sich klassische Kontaktanzeigen in Zeitungen anschaut, kennt das:

Männer suchen häufig eine »junge, attraktive« Frau. Bei Frauen steht oft: treuer Mann, älter, größer. Susanne Röder kann das aus wissenschaftlichen Befragungen bestätigen: »Wenn die Frau selber Mitte 20 ist, sucht sie gerne einen Partner zwischen 30 und 40. Männer wünschen sich eher jüngere Frauen. Und je älter sie sind, umso größer ist die Präferenz für noch jüngere Partnerinnen.«

Das eine ist der Wunsch, das andere die Realität. Aber wenn am Ende die kleinen Männer bei den kleineren Frauen eine Chance bekommen – warum hat sich das evolutionär nicht durchgesetzt? Warum wollen trotzdem die meisten Frauen größere Partner? »Weil es im Laufe der Evolution den größeren Vorteil gebracht hat. Eine gewisse Größe, eine athletische Figur, ein muskulöser Körperbau, diese Merkmale versprachen gute Gene für die Fortpflanzung, Anerkennung und Status innerhalb einer Gruppe, Erfolge bei der Jagd und bei der Verteidigung des Nachwuchses. Wenn die Präferenz für kleine Männer vorteilhafter gewesen wäre, hätte sie sich durchgesetzt«, sagt Susanne Röder.

Was wir suchen, hängt also auch davon ab, wie wir uns selbst sehen. Heißt das, dass jene, die dazu neigen, sich selbst zu überschätzen, auch bei der Partnersuche öfter ins Leere laufen, da sie sich immer Leuten zuwenden, bei denen sie von vornherein keine Chance haben? Männer gelten eher als solche Selbstüberschätzer. Frauen dagegen haben einen Ruf als Selbstunterschätzer. Sind sie bei der Partnerwahl auch entsprechend kompromissbereiter? Und kann das manche Krisen erklären, die in vielen Beziehungen nach der ersten euphorischen Zeit losbrechen? Dann nämlich, wenn die Männer merken, dass sie sich eine Partnerin ausgewählt haben, die sie völlig unterschätzt haben und der sie nun nicht gewachsen sind. Und die Frauen sich darüber klar werden, dass sie sich vor lauter Selbstunterschätzung einen Mann ausgesucht haben, der sich offenbar völlig überschätzt hat und mit dem sie im Alltag nicht zusammenpassen:

Zeit für eine Korrektur, am besten auch der eigenen Selbstunterschätzung.

Und was würde es bedeuten, wenn wir diese korrigierte Selbsteinschätzung auf andere Lebensbereiche übertragen: auf Freundschaften, familiäre Beziehungen, berufliche Entscheidungen, Gehaltsverhandlungen ... Sollten Frauen sich dann nicht öfter eher mal selbst überschätzen – auch wenn sie hin und wieder auf die Nase fallen?

Wir kennen jetzt die typischen äußeren Attraktivitätsmerkmale, wir wissen um die Bedeutung unserer Selbsteinschätzung bei der Partnersuche. Aber was ist eigentlich mit unseren inneren Werten?

Treue zum Beispiel oder ähnliche Vorlieben. Interesse daran gibt es natürlich – bei beiden Geschlechtern. Wenngleich es hier sehr ungerecht zugeht und gemein: Denn wir übertragen diese Präferenz für Attraktivität, die wir im Rahmen der Partnerwahl haben, auf vieles andere und teilen gut aussehenden Menschen automatisch positive Persönlichkeitseigenschaften zu: Mütter wenden sich süßen Babys intensiver zu, hübsche Kinder werden in der Schule besser benotet, schöne Menschen sind bei Bewerbungsgesprächen im Vorteil, gut aussehende Kriminelle bekommen die geringeren Strafen. Wer attraktiv ist, wird für intelligent und moralisch integer gehalten. Und dem macht man auf dem Gehweg obendrein noch eher Platz.

Aber es funktioniert glücklicherweise auch andersherum. Wissenschaftler haben in verschiedenen Studien gezeigt, dass positive Charaktereigenschaften schön machen. Wie wir eine Person kennenlernen, wie wir ihr Verhalten bewerten, weil sie zum Beispiel freundlich ist oder sich sozial engagiert, hat Einfluss darauf, ob wir ihr Aussehen als mehr oder weniger attraktiv bewerten. Die viel beschworenen inneren Werte, sie machen uns tatsächlich schön.

Unsere Merkmale für Attraktivität beeinflussen übrigens auch das Aussehen von Alltagsgegenständen. Denn die Industrie greift unsere Präferenzen gerne auf. Da werden bestimmte Produkte so designt, dass sie dieses Taille-Hüfte-Verhältnis bekommen – uns fallen da spontan die kurvige Silhouette der Coca-Cola-Flasche ein und auch einige Flakons von Frauen-Parfüms. Duftwässerchen für Männer stecken dagegen oft in kantigem Design. Und Autos, gerade die, die Männer ansprechen wollen, haben eher eine maskuline Erscheinung, mit einem »bösen Blick«. Das verkauft sich einfach besser. Autos speziell für Frauen hingegen, die typischen Zweitwagen, kommen rundlich und knuffig daher. Sie werden sicher noch mehr entdecken.

Aber möglicherweise gehören Sie zu jenen Menschen, die jetzt (wieder einmal) sagen: Ich gehöre nicht dazu, habe meine ganz eigenen Präferenzen – bei der Partnersuche und beim Shoppen. Ich beurteile Menschen nicht so und schon gar nicht oberflächlich, und ich falle auch nicht auf verkaufsfördernde Designs herein. Susanne Röder kennt das aus ihrer täglichen Arbeit: »Es gibt individuelle Unterschiede. Bei dem einen sind diese Vorlieben ausgeprägter als bei dem anderen. Und wiederum andere sagen, bei ihnen ist es nicht so – aber es fällt ihnen nur nicht auf. Wenn aber die Unterschiede signifikant sind und zum Beispiel diese Präferenzen für Attraktivität in allen Kulturen und weltweit zu finden sind, geht die Wissenschaft davon aus, dass man das verallgemeinernd sagen kann.«

Wie auch immer wir uns selber einschätzen oder von anderen gesehen werden, ob es für uns eher eine Bestätigung ist oder ein Trost: Wir haben unsere Schokoladenseite. Was schon viele Künstler gespürt und porträtiert haben, konnten Wissenschaftler nachweisen. Es ist unsere linke Gesichtshälfte, die auf Betrachter besonders attraktiv wirkt. Denn sie spiegelt, gesteuert von der rechten Gehirnhälfte – unsere Emotionen deutlicher wieder. Und das macht sie ästhetisch ansprechender – und zwar bei Frauen und bei Männern.

Liebe des Lebens oder großer Irrtum: Wie der Zyklus die Partnerwahl beeinflusst

Wir kennen es von uns selbst, wir haben es vielleicht bei der besten Freundin erlebt, bei der Schwester oder bei der Mutter: Frauen, verheiratet oder anderweitig verbandelt, die heute zurückschauen auf die Zeit, als sie noch auf der Suche waren nach Mr Right, oder Frauen, die gerade mittendrin sind in der Suche, fallen sofort auch Geschichten ein über eine ganz bestimmte Art von Männern. Männer, die viel Aufmerksamkeit bekommen, die sehr attraktiv sind, rebellisch, sozial dominant, die einen gewissen Status haben im Freundeskreis oder im Job. Es sind Womanizer, leicht narzisstisch, die sich nicht als langfristige Partner empfehlen. Aber die erst mal für solche gehalten wurden. Weil wir Frauen einfach unbedingt wollten, dass eine Beziehung mit diesem tollen, attraktiven Kerl funktioniert. Allen Warnungen – und die kamen schnell! – von Familie und Freunden zum Trotz: Wir entschuldigten ihr schlechtes Benehmen, schmetterten Gerüchte ab, er habe noch eine andere. Wir haben diesen Jungs geplatzte Dates verziehen, geduldig auf ihre Anrufe gewartet, die nicht kamen, ihre Ausreden geglaubt und ihre Liebesbekenntnisse. Wir haben diese Beziehungen verteidigt. Und uns selber etwas vorgemacht. Wir malten uns eine Zukunft aus mit ihm, dem tollen Liebhaber, der sicher auch ein liebevoller, fürsorglicher Vater wäre. Am Ende litten wir natürlich an gebrochenem Herzen.

Und wenn wir mit Abstand zurückblicken, zeigt es sich, dass diese Männer viele oder gar alle Stereotype des klassischen »bösen Jungen« besaßen.

Auch Kristina Durante, Sie erinnern sich, die Psychologin von der University of Texas in San Antonio, hatte Erfahrungen mit diesen sogenannten Sexy Cads gemacht. Vor allem eine zu viel. »Es gab einen Zeitpunkt, ich promovierte gerade, an dem ich dachte, alles läuft gut. Dieser tolle attraktive Mann will etwas Langfristiges, er will, dass wir zusammenbleiben, heiraten. Und als ich eines Morgens aufwachte, war der Typ einfach verschwunden. Er ist nicht gestorben. Er wollte einfach nur nicht mehr mit mir in einer Beziehung sein.«

Dies sei so ein Moment gewesen, an dem sie darüber nachgedacht habe, warum sie das nicht vorher bemerkt hatte. Und warum beispielsweise ihre Schwestern, denen es ähnlich ergangen war, auch solchen Kerlen auf den Leim gingen und andere Frauen auch.

Und so war es auch eine persönliche Motivation herauszufinden, warum Frauen so etwas denn überhaupt passiert. Denn rückblickend habe es ehrlicherweise niemals Anzeichen dafür gegeben, dass diese Männer eine Beziehung wollten oder gar in einer Beziehung bleiben würden.

»Ich wollte einen Blick auf die biologische Komponente des Ganzen werfen«, sagt die Forscherin. Eine Ahnung hatte sie bereits: »Wenn Frauen sich etwas vormachen, was Männer angeht, dann ist der Zeitpunkt, zu dem sie das am ehesten tun, der während des Eisprungs. Wenn der Östrogenspiegel hoch ist.« Durante wusste außerdem: Der Zyklus verändert bei Frauen im Laufe eines Monats die Vorlieben für Männertypen. Während ihrer fruchtbaren Phase fühlen sie sich eher von den klassisch-attraktiven Männern mit ausgeprägten maskulinen Attraktivitätsmerkmalen angezogen, und wenn sie flirten, dann mit ihnen. An den anderen Tagen hingegen mögen sie den zuverlässigen, treu sorgenden Mann. Hin- und hergerissen zwischen Macho und Softie, kann das für Frauen nicht nur bedeuten, dass sie sich auf den falschen Mann einlassen und verlassen werden. Es kann natürlich auch heißen, dass sie es sind, die verlassen oder betrügen und sich den Ruf einhandeln, unbeständig zu sein – um es vorsichtig zu formulieren.

Und wenn der Zyklus all dies beeinflussen kann, so die Idee von Kristina Durante, dann kann er vielleicht sogar darauf Einfluss nehmen, wie Männer und ihre Eigenschaften als Ganzes wahrgenommen werden. Können die Hormone einer Frau eine Art rosarote Brille vor die Augen zaubern?

Um das zu erforschen, designte Durante, auf ihren Erfahrungsschatz zurückgreifend, Online-Dating-Profile entweder eines Mannes vom Typ sexy Abenteurer oder eines Mannes vom Typ zuverlässiger Buchhalter. Dann bat sie Studentinnen, sich diese anzuschauen – während ihrer fruchtbaren und während ihrer unfruchtbaren Tage – und sich vorzustellen, mit diesen Männern ein Baby zu haben.

»Wir fanden heraus, dass die ovulierenden Frauen dem sexy Mann viel mehr zutrauten, ihn völlig überschätzten: dass er ein toller Vater und Partner sein würde, dass er auf jeden Fall die Fläschchen spülen und vorbereiten und auch die Windeln wechseln würde und all diese Dinge, die man tut, wenn man ein Kind hat«, berichtet sie, »dass er also auf lange Sicht der bessere Vater sei.«

Die Forscher sicherten dieses Ergebnis mit einer weiteren Aktion ab: Ein Schauspieler gab via Skype den sexy Abenteurer oder den zuverlässigen Buchhalter. Mit demselben Resultat. Die Frauen gingen sogar noch weiter: Sollten sie den Abenteurer danach beurteilen, wie er als Vater wäre, wenn er mit einer anderen Frau Kinder hätte, fiel ihr Urteil über ihn vernichtend aus. Nicht aber, wenn es darum ging, sich vorzustellen, dass er der Vater ihrer eigenen Kinder sei.

»Wenn Frauen ihn durch die Eisprungbrille betrachten, sieht Mr Wrong aus wie Mr Right«, sagt Durante und resümiert amüsiert: »Ich konnte es kaum glauben, dass meine Schwestern und ich also nicht die Einzigen gewesen waren, sondern dass viele andere Frauen sich genauso etwas vormachen.«

Die Forscherin beschreibt dieses Verhalten, alles auf eine rosarote Karte zu setzen, als eine Strategie der Evolution, um an Männer mit guten Genen zu kommen. »Wenn wir in der Lage wären, diese attraktiven und erfolgreichen Typen zu durchschauen, würden wir denken: Das lohnt sich doch gar nicht, es überhaupt bei ihnen zu versuchen«, sagt Durante. »Ich meine damit nicht nur Alphamänner, denen wir im Freundes- oder Kollegenkreis begegnen. Ich meine auch dieses Promiphänomen. Schwärmereien für Männer wie George Clooney, John Mayer oder diesen französischen Schwimmer Camille Lacourt.« Und die typisch weibliche Vorstellung, diese Männer würden sich umgehend in die Schwärmenden verlieben, wenn sie sie nur kennenlernen würden.

Und so verschafften die Hormone den Frauen Möglichkeiten zum Selbstbetrug – obwohl es manchmal ein bisschen vergleichbar sei mit der Hoffnung, im Lotto zu gewinnen. »Dies gibt uns die Freiheit, es zumindest zu versuchen: zu glauben, dass wir bei ihm eine Chance haben und er etwas für uns empfindet. Und diesen Auftrieb bekommen wir insbesondere während des Eisprungs.«

Damit nicht genug. Frauen werden zusätzlich in die Irre geführt durch einen weiteren uralten Mechanismus, der ihnen einst helfen sollte, den fittesten Partner zu finden: das Küssen. Forschungen haben gezeigt, dass für Frauen der Kuss besonders wichtig ist, um potenzielle Partner zu bewerten (über den Duft lassen sich wichtige Informationen einsaugen), um eine Beziehung zu beginnen, sie aufrechtzuerhalten und um den aktuellen Status der Beziehung mit einem Langzeitpartner zu überwachen. Die Wissenschaftler Rafael Wlodarski und Robin Dunbar fanden heraus: Wie wichtig Frauen das Küssen einschätzen, variiert mit den hormonellen Schwankungen des Zyklus. Und da Frauen in der fruchtbaren Phase an genetisch fitten Männern interessiert sind, legen sie zu diesem Zeitpunkt auch den größten Wert auf Maßnahmen, die helfen, etwas über diese Qualität herauszufinden, ebenden Kuss. In bereits fortgeschrittenen Partnerschaften, also dann, wenn eine Anfangsbewertung des Partners nicht mehr hilfreich ist, bewerteten Frauen in der fruchtbaren und der nichtfruchtbaren Phase die Wichtigkeit des Küssens dagegen nicht mehr unterschiedlich.

Und wie halten es die Männer mit der intimen Mund-zu-Mund-Propaganda? Sie messen, Forschern zufolge, dem Küssen weniger Bedeutung zu. Und scheinen den Kuss eher einzusetzen, um, sagen wir es wie die Wissenschaftler, die Wahrscheinlichkeit für Sex zu erhöhen.

Da ist sie wieder einmal, die Triebfeder Fortpflanzung. Die Jagd nach guten Genen, nach Fitness und Gesundheit für den Nachwuchs, nach Sicherheit und Fürsorge für die Familie. Dabei schleppen wir uns mit einer biologischen Strategie herum, die unseren Vorfahren noch taugte, doch heute in Ländern wie Deutschland überholt ist, in denen es eine gute medizinische Versorgung gibt, finanzielle und soziale Unterstützung für Familien und Kinderbetreuung, in denen der

Staat für den Unterhalt von Kindern einspringt, wenn Väter sich verdrücken (oder auch Mütter), in denen Frauen gleichberechtigt sind und ihr eigenes Geld verdienen können (wenn auch nicht immer so viel wie Männer).

Die Forscher Marcel Zentner von der Universität Innsbruck und seine Kollegin Klaudia Mitura glauben nicht, dass diese Partnerwahlprinzipien als evolutionäre Anpassungen im Gehirn festgeschrieben wurden, so wie einige Evolutionspsychologen das annehmen. Sie sind vielmehr der Ansicht, dass Menschen in der Lage sind, diese Muster an gesellschaftliche Verhältnisse anzupassen. Und dass etwa die Gleichstellung der Geschlechter die Partnerwahl beeinflussen kann. Ihre Studie zeigte unter anderem: In Ländern mit wenig Gleichberechtigung ist die Tendenz größer, dass Frauen eher gut situierte Männer bevorzugen und Männer eher junge Frauen als in Ländern mit hoher Gleichberechtigung. Zentner und Mitura schließen trotzdem nicht aus, dass unsere evolutionären Wurzeln eine Rolle spielen. Sie sehen in der Fähigkeit, Verhalten und Einstellungen relativ schnell an gesellschaftliche Veränderungen anzupassen, ein evolutionäres Programm. Aber eines, das Flexibilität belohnt statt Starrheit.

Das hört sich schon viel besser an. Nach mehr als Hirn ausschalten und Hormone verwalten. Und abgesehen von den gesellschaftlichen Verhältnissen machen auch Frauen schließlich ihre Erfahrungen, beobachten und lernen. Nach dem Motto: Nun bin ich zum x-ten Male auf den sexy Abenteurer reingefallen; vielleicht fühle ich mich eigentlich mehr zu einem anderen Typ Mann hingezogen – kann das sein?

Und wenn Frauen in bestimmten Phasen Süßigkeiten widerstehen können, wenn sie wissen, dass sie in der fruchtbaren Phase besonders gerne Geld ausgeben, und es ihnen gelingen kann, gerade dann nicht einkaufen zu gehen (siehe

Kapitel 2, »Shoppen: Marken, Sex und Eiscreme«), dann sind sie wohl auch in der Lage, bei der Partnerwahl ihren Verstand einzusetzen.

»Natürlich können wir das lernen«, lacht Kristina Durante. Die Frage sei nur, wie oft man entsprechende Erfahrungen machen müsse. Einige Frauen brauchten länger oder lernten es nie, andere verstünden sofort oder machten überhaupt nicht erst die Erfahrung des gebrochenen Herzens. Und selbst wenn man es dann mehr oder weniger mühsam intus habe, »der Anreiz dieser Männer bleibt«, ist Durante überzeugt, »vor allem während des Eisprungs«. Die Forscherin ist sich sicher, dass sich selbst in der abgeklärtesten Frau etwas regen würde, wenn sie im Gespräch mit George Clooney oder John Mayer in einer Bar stünde. »Aber weil wir mehr Erfahrungen mit den Verführern haben, sind wir dann besser in der Lage, in die Bremsen zu gehen.« Sodass man als Frau irgendwann denkt: Wow, ein attraktiver Mann! Wie man denkt: Wow, ein leckerer Schokoladenkuchen! Mehr aber auch nicht.

Vielleicht noch eines, für manche ein kleiner Trost, eine Bestätigung trotz allem: Durante glaubt – schlechte Erfahrungen hin oder her –, dass viele der Sexy Cads sich im Laufe ihres Lebens verändern. Dass Männer nicht nur das eine sind: Guter-Vater-Typ oder Böser-Junge-Typ. Aber Frauen sollten darauf vorbereitet sein, dass es beide Typen gibt.

Das Auf und Ab der weiblichen Lust

Lust – das kann so harmlos klingen. Ich habe Lust auf Gummibärchen. Komm, wir gehen ins Kino, hast du Lust mitzukommen? Haben Sie Lust weiterzulesen? Aber darum geht es hier natürlich nicht. Jetzt nähern wir uns DER Lust, der

Kraft, die Männer und Frauen wie ein Magnet zusammenführt, dem Verlangen nach Sex.

Was ist Lust?

Haben Sie das für sich schon mal versucht zu definieren? Es ist mehr ein Gefühl, mit Worten nur schwer präzise zu beschreiben. Lust kann großartig sein. Oder Stress bedeuten. Lust kann der Motor einer Partnerschaft sein, weil sie uns ein unvergleichliches Gefühl von Zusammengehörigkeit schenkt. Oder der Sand im Getriebe, wenn der eine will, der andere aber nicht.

Lust hängt immer auch zusammen mit Erwartungen. Unseren eigenen an eine erfüllte Partnerschaft. Und den medial vermittelten, in denen Menschen ziemlich oft Lust aufeinander haben. Mit unserer erlebten Realität stimmt das nicht immer überein.

Was entfacht Ihre Lust? Berührungen? Blicke? Vielleicht ein ganz bestimmter Duft? Lassen Sie Lust immer zu? Oder ist sie Ihnen zu unberechenbar, zu triebhaft? Wächst Lust nur zusammen mit Liebe? Oder geht's auch ohne? Muss Sex immer lustvoll sein? Und gibt es Liebe ohne Lust?

Die Mechanismen, die sexuelle Begierde entstehen lassen, sind noch weitgehend unklar. Man weiß nur: Es scheint ein kompliziertes Zusammenspiel verschiedener Faktoren zu sein. Wir nehmen etwas wahr, eine Berührung, den Anblick eines Menschen, den Klang einer Stimme. Die Information schießt ins Gehirn und wird dort nicht wie ein ganz normaler Sinneseindruck verarbeitet, sondern löst Verlangen aus. Lässt das Herz schneller schlagen, setzt den Körper unter Hochspannung: »Ich will. Jetzt. Sofort.«

Doch nicht nur Gehirn, Nerven, Sexualorgane, sondern auch Erziehung, Werte, Erfahrungen mischen mit. Und natürlich die Hormone. Wie sie die Lust befeuern, wollen wir uns im Folgenden etwas genauer ansehen.

Lust ist kein Selbstzweck. Sie soll uns die Fortpflanzung möglichst angenehm gestalten. »Diese ist von der Natur zur Erhaltung der Art angelegt, nicht zur Freude der Erwachsenen. Deshalb ist der Orgasmus mit sehr viel Dopamin- und Endorphinausschüttungen verbunden«, sagt der Wiener Hormonforscher Johannes Huber. Dopamin und Endorphin sind Neurotransmitter, also Botenstoffe des Nervensystems. Die beiden haben besonders erfreuliche Post im Gepäck: Dopamin erzeugt Lust und Begeisterung, Endorphine machen uns glücklich. Was beim Sex passiert, hat Ähnlichkeit mit einem Drogenrausch.

Die Lust hat also den Zweck, Männchen und Weibchen zusammenzubringen, damit sie Nachkommen zeugen. Da wäre es doch sinnvoll, wenn die Lust der Fruchtbarkeit folgt. Und tatsächlich steigt die Libido mit dem Östrogenspiegel, der zum Eisprung seinen Gipfel erreicht. Viel Östrogen im Blut macht es leichter, Lust zu empfinden: Ihr Partner macht Sie selbst in dem Doppelrippunterhemd an, das Sie eigentlich schon längst in den Müll werfen wollten.

Was Sie nach dem Eisprung dann vermutlich auch tun werden. Denn nun regiert das Progesteron. Es macht uns eher gelassen und bedächtig. Jetzt sollte es also schon ein unverpackter Sixpackbauch sein, um das Blut in Wallung zu bringen.

Forscher am Muhlenberg College in Pennsylvania machten dazu einen interessanten Versuch. Sie wollten wissen, ob der Zyklus empfänglicher macht für erotische Signale. Denn auch die können ja die Lust durchaus fördern. Sie zeigten Frauen einige der berühmten abstrakten Blumenbilder der US-amerikanischen Malerin Georgia O'Keeffe. »Was sehen Sie auf diesen Bildern, was könnte die Künstlerin beabsichtigt haben?«, wollten sie anschließend von den Probandinnen wissen. Und tja: Je näher die Frauen am Eisprung waren, umso mehr Sexbezug bekamen die Bilder. Was an den unfruchtbaren Tagen eine Blume war, wurde in der fruchtbaren Zeit zur Darstellung einer Vagina.

Was erotische Stimuli auslösen, hängt allerdings nicht nur davon ab, wie viel Östrogen gerade im Körper unterwegs ist. Noch ein weiteres Hormon spielt eine wichtige Rolle, das Testosteron nämlich, das wir normalerweise mit der männlichen Lust in Verbindung bringen. Doch auch Frauen produzieren es, in der Nebennierenrinde und auch in den Eierstöcken. Niedrige Testosteronwerte können für Unlust verantwortlich sein. Das trifft vor allem Frauen nach den Wechseljahren, kann aber auch in jüngeren Jahren schon der Fall sein. Entweder weil der Körper nur wenig Testosteron produziert. Oder aber weil Hormone aus der Pille das frei verfügbare – und damit wirksame – Testosteron blockieren. Und damit möglicherweise gleichzeitig die Fähigkeit, auf knisternde Erotik mit Lust zu reagieren. Das wird zumindest als mögliche Ursache diskutiert, wenn es um die Frage geht, warum viele Frauen die Pille als Lustkiller erleben. Mittlerweile steht Libidoverlust als mögliche Nebenwirkung auf dem Beipackzettel einer ganzen Reihe von Antibabypillen.

Das überrascht zunächst. Denn wer keine Angst vor einer ungewollten Schwangerschaft haben muss, könnte doch Lust besonders unbeschwert erleben können. Der Gynäkologe und Hormonforscher Johannes Huber hat andere Beobachtungen gemacht: »Ich erlebe in meiner Praxis oft, dass Frauen sich beschweren, dass durch die Pille die Libido sinkt.« Die bislang größte Studie zu diesem Thema entstand unter Federführung des Instituts für Frauengesundheit Baden-Württemberg. Befragt wurden über 1000 Medizinstudentinnen, und es stellte sich heraus, dass diejenigen jungen Frauen, die hormonell verhüteten, tendenziell unzufriedener mit ihrem Sexleben waren und häufiger von Erregungs- oder Orgasmusproblemen berichteten.

Nicht bei allen Pillenutzerinnen ist das so, das werden Gynäkologen nicht müde zu betonen. Manchmal bringt auch ein anderes Präparat die Lust zurück. Es könnte sich im Falle des Falles lohnen, die Frauenärztin mal darauf anzusprechen. Den Spaß am Sex sollten wir uns nicht nehmen lassen.

Womit wir schon bei der Frage nach dem »Wie viel?« wären. Wie viel Lust braucht der Mensch, wie viel Begehren, wie viel Sex? Umfragen helfen da nicht weiter: Wahrscheinlich wird bei kaum einem Thema so viel gelogen wie bei der Frage, wie oft man Sex hat und wie zufrieden man mit seinem Liebesleben ist. Dann wäre da noch Martin Luther mit seinem legendären »in der Woche zwier«. Doch einzig wirklich sinnvoller Gradmesser ist: Sind beide Partner glücklich und zufrieden mit ihrem Liebesleben? Ist es für beide okay, dass sie sich nicht mehr ganz so häufig übers Laken wälzen wie in den ersten verliebten Monaten? Dafür aber besser wissen, was der andere für Wünsche und Sehnsüchte hat? Es gibt Lebensphasen, in denen Sex nicht so wichtig ist. Nicht jede Flaute im Bett ist deshalb gleich eine Luststörung. Aber sie kann dazu werden, wenn die Betroffenen darunter leiden. Mögliche Ursachen gibt es viele: Stress und Sorgen, Medikamente, ein sinkender Östrogen- und Testosteronspiegel in den Wechseljahren. Vieles lässt sich gut medizinisch behandeln – wenn man sich traut, darüber zu sprechen.

Natürlich fragen wir uns, wenn es im Bett nicht (mehr) so läuft: »Bin ich noch normal?« Zu wissen, dass auch der Zyklus die Lust beeinflusst, dass er für lustvolle Tage ebenso verantwortlich ist wie für flaue Nächte, kann da schon ein ganz hilfreiches Wissen sein.

Enttäuschen müssen wir Sie allerdings, falls Sie sich von

diesem Kapitel eine Antwort auf die ewige Frage nach dem G-Punkt, diesem sagenumwobenen Zentrum weiblicher Lust, erhofft hatten. Ob es ihn tatsächlich gibt, darüber gehen die Meinungen nach wie vor auseinander. Wissen Sie eigentlich, woher er seinen Namen hat? Ein Mediziner mit dem Namen Ernst Gräfenberg hat ihn als Erster beschrieben. Man sollte also korrekterweise vom Gräfenberg-Punkt sprechen. Was allerdings gleich deutlich weniger sexy klingt. Vermutet wird er einige Zentimeter hinter dem Scheideneingang, zuverlässig lokalisiert hat man ihn noch nicht. Es gibt Frauen, die spüren ihn, es gibt Frauen, die warten noch sehnsüchtig auf dieses Erlebnis, und es gibt Frauen, die verweisen alle entsprechenden Berichte ins Reich der Mythen. Aber so ein bisschen Geheimnis und Unerklärbarkeit hat der Lust noch nie geschadet.

Pille und Partnerschaft:
Wenn Hormone mehr verhüten, als sie sollen

Die ganz normale Biografie einer Beziehung: Clara und Simon lernen sich kennen, da sind sie beide Ende 20. Haben die Hürden des Berufseinstiegs genommen, machen erste Schritte auf der Karriereleiter. Und kommen zusammen. Erst behält noch jeder seine Wohnung – die Beziehung ist noch jung, wer weiß, was wird. Clara nimmt die Pille. Das hat sich bewährt, ist sicher und praktisch. Ein Kind ist kein Thema – »wir sind doch noch so jung«. Irgendwann ziehen Simon und Clara zusammen. Ist praktischer so, spart Zeit und Wege. Und es ist ja auch schön, immer gemeinsam aufzuwachen. Eigentlich, denken beide dann, könnten wir es doch versuchen mit der Familie. Clara setzt die Pille ab.

Wir wünschen den beiden, dass der Traum von der gemeinsamen Zukunft wahr wird. Es könnte aber auch sein, dass die Hormone ihnen einen Strich durch die Rechnung machen. Denn, so lautet die Hypothese einiger Forscher, unter dem Einfluss der Pille bevorzugen Frauen möglicherweise andere Männer als mit normalem Zyklus. Setzen sie die Pille dann wieder ab, stellen sie fest: O nein, der Typ, der da im Blümchenschlafanzug neben mir liegt, war doch der Falsche.

Wie lässt sich eine solche Hypothese im psychologischen Laborversuch belegen? Eine Gruppe von Forschern um den Psychologen Craig Roberts von der schottischen University of Stirling konfrontierte Frauen mit Fotos von Männern, die so bearbeitet worden waren, dass sie mal kantig-maskulin wirkten, mal eher weiche Gesichtszüge aufwiesen. Von ihren Versuchsteilnehmerinnen wollten die Forscher wissen: »Mit wem können Sie sich eine Beziehung vorstellen?« Frauen, die mit Hormonen verhüteten, bevorzugten die weicheren Gesichter, Frauen ohne Pille die maskulineren Typen – und mussten dafür noch nicht einmal in ihrer fruchtbaren Phase sein.

So weit der Laborversuch. Doch gibt es auch im wahren Leben Hinweise für die unterschiedlichen Partnerpräferenzen? Craig Roberts sammelte dafür per Onlinefragebogen Daten zur Qualität von Partnerschaften. Befragt wurden 2519 Frauen mit mindestens einem Kind. 1005 von ihnen hatten die Pille genommen, als sie den Partner kennenlernten, 1514 nicht. 1761 der Partnerschaften existierten zum Zeitpunkt der Befragung noch. Die Teilnehmerinnen sollten berichten, wie zufrieden sie mit ihrer Partnerschaft und ihrem Sexleben seien, ob sie ihren Partner attraktiv fänden, ob er ihnen Sicherheit biete. Das Ergebnis der statistischen Auswertung: Frauen, die die Pille nahmen, fanden ihren Partner nicht so attraktiv und sexuell anziehend, waren aber allgemein zufriedener, die Beziehungen hielten auch länger. Wenn sie doch in die Brüche gingen, waren es meistens die Frauen, die die Initiative ergriffen. Mit anderen Worten: Mit der Pille wählt Frau eher den Versorgertyp, den zuverlässigen, vertrauenswürdigen Mann, der eine gute Absicherung bietet – und seltener mit Seitensprüngen die Beziehung bedroht. Die Frage ist nur: Ist er dann auch der Richtige für die pillenlosen Zeiten? Roberts rät tatsächlich zum »Reality-Check« vor der Hochzeit: Pille absetzen und testen, ob man sich immer noch zum Partner hingezogen fühlt.

Es ist alles eine Frage der Sichtweise, das sieht man schon an den Schlagzeilen, die Roberts' Studie machte. Einmal hieß es »Pille schützt vor Seitensprüngen«, an anderer Stelle, wohlgemerkt zur selben Studie, »Im Bett läuft es für Pillefrauen eher schlecht«.

Warum wir welche Beziehung eingehen, ja, das wüssten wir selbst manchmal gern. »Weil ..., weil ...«, stottern wir, wenn die beste Freundin wissen will, warum wir uns im Büro ausgerechnet in den schüchternen Kollegen mit der Halbglatze und den rotweiß kleinkarierten Hemden verliebt haben. Und jetzt sollen wir auch noch darüber nachdenken müssen, ob das nur eine Liebe für unsere Pillenjahre ist?

Die Forschungsergebnisse machen das Suchen und Finden der Liebe fürs Leben nicht einfacher. Denn was bedeuten sie in der Konsequenz? Starken Tobak. »Es gibt bei Forschern die Annahme, dass die in den letzten Jahrzehnten stark gestiegenen Scheidungsraten durchaus mit den hormonellen Verhütungsmitteln in Zusammenhang stehen könnten«, sagt Susanne Röder, Verhaltensbiologin an der Universität Bamberg. Weil irgendwann nach Absetzen der Pille die Erkenntnis – oder, besser gesagt, die hormonelle Eingebung – kommt, dass man doch nicht zusammenpasst. »Es gibt aber auch noch eine andere Theorie«, sagt Röder:

»Das hormonelle Verhüten erlaubt mehr sexuelle Offenheit, mehr Unverbindlichkeit. Auch das könnte eine Erklärung für die größere Zahl von Trennungen sein.« Noch fehlen auch Studien zu der Frage, ob Männer auf Frauen, die die Pille nehmen, anders reagieren. Für Spekulationen bleibt also jede Menge Raum.

»MÄNNER KÖNNEN EINE FRAU BESOFFEN REDEN«

Ein Gespräch mit dem Verhaltensforscher und Evolutionsbiologen Karl Grammer über männliches Balzverhalten, die Frage, was Frauenflüsterer richtig machen, und die Rolle der Temperatur im weiblichen Zyklus

Sabeth Ohl: Frauen, die einen natürlichen Zyklus haben, kleiden sich vor allem an den fruchtbaren Tagen aufreizender, zeigen mehr Haut ...

Karl Grammer: Weshalb tun sie das? Was denken Sie?

Eine Jagdstrategie für Männer? »Gene-Shopping«, also um sich im evolutionären Wettbewerb das beste genetische Material zu sichern?

Die Erklärung ist ganz einfach, da muss keine evolutive Anpassung dahinter sein. Sondern mit dem Zyklus steigt der Stoffwechselgrundumsatz. Das heißt, der Dame wird's wärmer, und dann zieht sie weniger an. Das ist alles. Das ist meine primäre Erklärung. Ob das eine Anpassung ist an »Gene-Shopping«, sei dahingestellt.

Aber das wird ja vermutet ...

Ja, aber wenn ich so eine einfache Erklärung habe wie die mit der Wärme, dann halte ich mich zunächst mal an die.

Sie würden also wirklich sagen, es liegt einfach an den Temperaturschwankungen?

Sie haben diesen Anstieg der Temperatur zum Zeitpunkt der Ovulation. Dann bleibt sie auf dem Level und geht langsam wieder runter. Und dieser kurzfristige Anstieg löst meines Erachtens sehr viele Verhaltensänderungen aus.

Welche noch?

Wie Frauen sich bewegen, die Tatsache, dass Frauen während der Ovulation auf einmal sensomotorisch sehr viel mehr leisten können – zum Beispiel sind sie reaktionsschneller, trainieren besser, all das ist wahrscheinlich temperaturabhängig. Ich hab's nie geglaubt, aber ich nehme in der Zwischenzeit an, dass es so ist, weil es die naheliegende Erklärung ist.

Das höre ich so zum ersten Mal …

Wissen Sie, was Männer tun, wenn sie eine Frau attraktiv finden?

Na, denen wird es wahrscheinlich auch warm …

Genau. Sie schieben die Ärmel hoch. Weil es ihnen warm wird. Ganz einfach.

Das muss ich ab jetzt beobachten!

Ich beobachte das dauernd. Wenn ich in einer Bar sitze und einen Mann balzen sehe, dann warte ich drauf, dass er die Ärmel hochkrempelt. Früher ist mir das nicht aufgefallen, aber meine Frau hat mich immer darauf aufmerksam gemacht. Sie können darauf warten: Das Ärmelhochkrempeln kommt nach fünf Minuten. Weil ihnen warm wird.

Wirklich herrlich einfach …

Ich glaube, an diese einfachen Sachen muss man denken, obwohl natürlich die anderen Geschichten, die evolutionspsychologisch erklärt werden, sehr viel spektakulärer sind. Was mich jetzt interessiert, ist die Frage, weshalb es zu dieser Temperaturänderung kommt. Denn es könnte ja die gegenseitige Anpassung aneinander sein, die das alles hervorruft.

Bei Frauen und bei Männern ...

Ja, bei beiden. Die Temperatur hat nicht nur Einfluss auf das Verhalten, sondern auch auf die Kognition. Wenn das Gehirn mehr gekühlt werden muss, funktioniert es anders, als wenn es weniger gekühlt werden muss. Das sind Sachen, an die noch keiner gedacht hat.

Das klingt, als hätten Sie schon eine Vermutung, wie das Gehirn dann funktioniert ...

Habe ich, aber die verrate ich noch nicht. Die Temperaturgeschichte ist eine Spekulation. Aber ich würde das gerne messen. Dazu müssen wir in Experimenten herausfinden, mit welchen Phänomenen die Änderung der Körpertemperatur generell einhergeht.

Leichte Kleidung, spezielle Düfte, femininere Gesichtszüge – Frauen senden in der fruchtbaren Phase viele unbewusste Signale aus. Womit können Männer Frauen schwach machen?

Schweißgeruch.

Jetzt kriegen Sie Ärger mit den Deoherstellern!

Schweiß enthält den Sexuallockstoff Androstenol und dessen Abbauprodukt Androstenon. Und das nehmen Frauen rund um ihren Eisprung als besonders angenehm wahr. Den können Sie auch nicht mit Deo ausschalten. Meine Kollegin Astrid Jütte hat das sehr schön nachgewiesen: Sie präparierte Stühle in einem Wartezimmer mit Androstenon. Und Frauen, die gerade fruchtbar waren, setzten sich besonders oft auf diese Stühle.

Wir wissen, dass Frauen in dieser Zeit auf den sehr männlichen Mann stehen ...

Wenn Sie als Mann typisch männliche Attraktivitätsmerkmale aufweisen wie ausgeprägtes Kinn, Körpergröße usw., dann werden Sie immer auf ovulierende Frauen treffen, weil die genau für diese Merkmale offen sind. Wenn Sie der femininere Typ sind, treffen Sie eher auf Frauen, die eine Langzeitbeziehung suchen. Mit diesen Phänomenen müssen Sie rechnen. Markant aussehende Männer tun das auch. Die wissen darüber Bescheid.

Die sind sich dessen bewusst, welche Frauen auf sie fliegen?

Ja.

Und der andere Typ Männer nicht?

Nein.

Wie kommt es zu diesem Unterschied?

Die meisten Männer kapieren noch nicht mal, wie Flirten funktioniert. Die Selbstdarstellung, die Männer üblicherweise betreiben, ist für Frauen sehr häufig uninteressant.

Wissen Sie denn, wie Flirten geht?

Nein.

Na ja!

Wir wissen, dass es effektiv ist, wenn man zum Beispiel nicht ständig in der ersten Person Einzahl redet und nur über seine persönlichen Erfolge. Das ist ja das, um was es darum eigentlich geht: dass man auf das Gegenüber eingeht.

Und das machen Männer zu wenig?

Ja. Das können dann eben nur die Frauenflüsterer. Die Typen mit den markanten Gesichtern, die sich ihrer Wirkung auf Frauen sehr wohl bewusst sind, weil sie diese ständig einsetzen. Mit Erfolg.

Und der Rest der Männer redet – natürlich mit hochgekrempelten Ärmeln – über sich selbst ...

Genau. Und wenn die Erfolg haben, dann auf andere Weise: Sie können eine Frau quasi besoffen reden. Es gibt Studien aus den 60er-Jahren, wo Tausende von Collegestudenten befragt wurden. Das ist eine endlose Quelle von lustigen Geschichten über Männer, die nicht wissen, wie es geht. Und die manchmal feststellen: Auf einmal geht alles. Aber sie wissen überhaupt nicht, warum. Das hat sich seither nicht geändert, weil die Männer zur Selbstdarstellung tendieren. Denn sie brauchen sie im männlichen Wettbewerb. Frauen springen darauf aber nicht an.

Können Sie als Verhaltensforscher eigentlich noch frei und unvoreingenommen durchs Leben gehen? Oder sind Sie ständig dabei, andere Leute zu beobachten und sich zu amüsieren?

Manchmal schon. Aber nicht immer.

Karl Grammer ist Verhaltensforscher und Evolutionsbiologe im Department of Anthropology – Human Behavior Research – an der Universität Wien.

KAPITEL 6

VON EIFERSUCHT UND ABWEGEN

Leiden schaffen ohne Not

Wann waren Sie das letzte Mal auf eine Frau eifersüchtig? Wie würden Sie dieses Gefühl beschreiben? Welches Ereignis gab den Anlass? Und vor allem: War Ihre Eifersucht begründet?

Eifersucht ist schwer zu greifen. Für den, der von ihr gepackt wird, und auch für den, den sie trifft. Was ist Eifersucht? Wodurch wird sie genährt – durch Selbstzweifel, Unsicherheit, Angst? Ist Eifersucht ein Gefühl der Schwachen? Eine Bestätigung für die Starken? Löst sie Mitleid aus oder Verachtung? Ist sie ein Kompliment an die Rivalin, eine Liebeserklärung an den Partner – oder ein selbst inszeniertes Gedankenabenteuer im eingefahrenen Beziehungsalltag?

Dichter haben versucht zu beschreiben, was Eifersucht ist. In Zitatensammlungen findet sich eine Fülle von »Erklärungsversuchen«. Was die in jedem Falle zeigen – und allein das kann tröstlich sein –: Jede von uns hat ihre eigene Geschichte, aber keine ist gefeit: Eifersucht ist ein Gefühl, das jeden treffen kann.

In Kapitel 2 »Shoppen: Marken, Sex und Eiscreme« haben wir die Lust auf verführerische Kleider beschrieben, die

· **192** ·

Frauen in ihrer fruchtbaren Phase anfällt. In »Zickentage« erzählen wir von der Stutenbissigkeit, die genau dann viele Frauen packt.

Und noch eine Strategie gibt es, mit der Frauen um Männer kämpfen und Konkurrentinnen aus dem Weg räumen wollen: Die Forscher Vladas Griskevicius, Professor für Marketing und Psychologie, und die Doktorandin Yajin Wang von der University of Minnesota fanden heraus, dass Frauen, die in einer festen Beziehung leben, Statusprodukte verwenden, um andere Frauen von ihrem Partner fernzuhalten. Und dass Eifersucht dabei eine Rolle spielen kann.

Mit Statusprodukten sind hier keine Designersessel oder 50 000-Euro-Einbauküchen gemeint, sondern Handtaschen und Schuhe. Nicht irgendwelche, sie sollten schon von Labels wie Gucci, Chanel oder Fendi sein. Luxusprodukte, die man öffentlich zeigen kann. Und nur solche. Ja, tatsächlich: Das wahnsinnige Wetteifern um die schicksten, teuersten, unmöglichsten Schuhe, es hat einen evolutionären Hintergrund. Ab jetzt können Sie Ihrem Spiegelbild, Ihrem Partner oder Ihrem Kreditberater mit unschuldigem Augenaufschlag sagen: »Ich kann nichts dafür, es ist die Biologie!«

Allein in den USA kaufen die Frauen sich im Schnitt drei neue Handtaschen pro Jahr. »Es mag irrational sein, dass Amerikaner jedes Jahr mehr als 250 Milliarden US-Dollar für Luxusgüter für Frauen ausgeben«, sagt Vladas Griskevicius, »aber demonstrativer Konsum ist tatsächlich geschickt für Frauen, die ihre Beziehung sichern wollen.«

Die teuer Behängten, so die Forscher, suggerieren so nämlich potenziellen Konkurrentinnen, dass diese luxuriösen Dinge ein Geschenk des Liebsten sind – selbst wenn sie sie selbst gekauft haben. Worauf die Konkurrentinnen denken: »Der muss seine Frau ja lieben, wenn er so großzügig ist und ihr solche Geschenke macht. Nein, da habe ich keine Chance.

Ein Mann, der seine Frau so verehrt und verwöhnt, ist für Flirtereien nicht empfänglich und schon gar nicht für mehr. Der kleinste Versuch ist also reine Energieverschwendung ...«

In der Kurzfassung: Frauen, die solchen Luxus spazieren führen, machen eine klare Ansage: »Finger weg von meinem Mann!« Sie tragen das Designertäschchen wie einen Schutzschild vor ihrer Beziehung.

Nun fragen Sie sich vielleicht: Wenn das ein Erbe der Evolution ist, was hatten die Damen denn an vorzeigbaren Luxusdingen in der Steinzeit? Was ist das evolutionäre Äquivalent zur Gucchi-Tasche? Bekannt ist, dass die Menschen schon damals Lederbeutel mit sich führten. Und mal ehrlich, liebe Leserinnen: Wir müssen unsere Phantasie nicht allzu sehr bemühen, um uns vorzustellen, dass ein schickes Beutelchen aus, sagen wir: Säbelzahntigerfell wesentlich mehr Eindruck machte (und von Jäger oder Jägerin wesentlich größere Mühen erforderte) als ein Beutel aus schnödem Hasenbalg.

Wie auch immer: Eifersucht kann dieses Verhalten offenbar fördern. Griskevicius und Wang ließen die Teilnehmerinnen ihrer Studie sich zum Beispiel vorstellen, dass eine andere Frau mit ihrem Mann flirtet. Kurz darauf bekamen die Frauen eine scheinbar nicht damit zusammenhängende Aufgabe: Sie sollten auf eine Handtasche das Logo einer Luxusmarke malen. Die Logos von Frauen, die sich eifersüchtig fühlten, waren doppelt so groß wie die von Studienteilnehmerinnen, die nicht eifersüchtig waren.

Das Überraschende für die Forscher war, dass eifersüchtige Gefühle diesen plakativen Wunsch nach Luxusprodukten nicht nur bei Frauen in festen Beziehungen auslösten, sondern sogar auch bei Singles. »Statt ›Finger weg von meinem Mann‹ soll das wohl heißen: ›Finger weg von meinem zukünftigen Mann‹«, sagt Yajin Wang.

Ob der Zyklus ihrer Probandinnen dabei eine Rolle spielte, haben Griskevicius und Wang nicht analysiert. Kelly Cobey, Psychologin an der schottischen University of Stirling, allerdings hat gezeigt, wann genau Frauen besonders zu Eifersucht neigen: dann, wenn sie fruchtbar sind. Und dass Frauen, die sich in einer festen Partnerschaft befinden und hormonell verhüten, noch ein Stück eifersüchtiger sind. Ihre Probandinnen mussten zuerst, während sie die Pille nahmen, und dann später nach deren Absetzen in der nichtfruchtbaren und in der fruchtbaren Phase ihres Zyklus auf einer Skala Fragen von zutreffend bis nicht zutreffend beantworten, etwa »Ich befürchte, dass mein Partner jemanden attraktiver finden könnte als mich« oder »Es ist für mich inakzeptabel, dass mein Partner Frauen als Freunde hat«. Dazu kamen auch offene Fragen wie: »Wie würden Sie sich fühlen, wenn Ihr Partner mit einer anderen Frau eng tanzen würde?«

Kelly Cobey fand nicht nur heraus, dass die Pille das Gefühl Eifersucht deutlich verstärken kann. Sondern auch, dass die chemische Zusammensetzung der Pille eine Rolle dabei spielt, wie intensiv die Eifersucht ist. Eine besonders starke Wirkung beobachtete die Forscherin bei Pillen mit einem höheren Gehalt an synthetischem Östrogen. Insbesondere diese Pillen, so Cobeys Resümee, können eifersüchtiges Verhalten befeuern und letzten Endes Beziehungen beeinflussen.

Auch jede Veränderung, jeder Wechsel der Pille, sagt Cobey, beinhalte somit das Risiko, dass in einer Partnerschaft mehr Eifersucht aufkomme.

Auf diese Weise bekommen auch die Partner die negativen Effekte der Pille zu spüren. Psychologische Tests haben gezeigt, dass Männer Frauen während der fruchtbaren Phase attraktiver finden. Cobey schließt aus ihren Ergebnissen – sie hatte die Partner der Probandinnen in die Studie eingebunden –, dass Männer ihre Partnerinnen in der fruchtbaren Zeit anziehender finden als in der nichtfruchtbaren, und sie schließt auch daraus, dass sie sie weniger anziehend finden, wenn sie die Pille nehmen. Und die Selbstwahrnehmung von Männern hinsichtlich ihrer Attraktivität verbessert sich, stellte Cobey fest, wenn ihre Partnerinnen einen natürlichen Zyklus haben.

Trotzdem: Wie immer sich die Frauen auch entscheiden – für einen natürlichen Zyklus oder für die Pille –, sie haben gute Gründe dafür. Kelly Cobey wünscht sich mehr Aufklärung in den Frauenarztpraxen, wo schon Mädchen häufig die erstbeste Pille verschrieben bekommen und nur eine andere ausprobiert wird, wenn sie über Unverträglichkeiten klagen. Sie sehe tagtäglich in ihrer Forschungsarbeit, wie hormonelle Verhütung sich nicht nur auf das physische, sondern auch auf das psychische Befinden von Frauen auswirken könne, sagt Cobey. Und empfiehlt, von den Ärzten mehr Aufklärung einzufordern: Was könnte diese Pille noch bei mir bewirken außer dicken Beinen, Kopfschmerzen oder Thrombosen?

Zurück zur Eifersucht. Sie scheint uns zu schaden, unserem Partner, unserer Beziehung. Wenn es schlecht läuft, riskieren wir die Liebe unseres Lebens. Dann nämlich, wenn die Eifersucht völlig sinnlos aus dem Ruder läuft und/oder jeder Grundlage entbehrt.

Doch was, wenn sie mit Koketterie daherkommt? Mit einem Augenzwinkern? Wenn ihre Botschaft an den Partner ist: Schau her, ich liebe dich, du bist mir wichtig? Was wäre, wenn wir uns klarmachten, dass unsere Eifersucht mit jeder fruchtbaren Phase wiederkehrt und dass sie einen festen Platz in unserem Zykluskalender hat? Dann ließe sie sich leichter einordnen, hinterfragen.

Ließe sich ihre Energie umleiten.

Denn warum sollte man diese Eifersucht nicht klug für sich selber nutzen? Also fragen: Was hat die Konkurrentin, was ich nicht habe? Was kann sie, was ich nicht kann? Schlummert in einem nicht sowieso längst schon der Verdacht, man sollte mal wieder mehr für seine Fitness tun, statt immer eine Nummer größer einzukaufen? Oder eine andere Farbe ausprobieren? Was ist das letzte Buch, das man gelesen hat und über das man sprechen kann? Wo ist sie hin, die Spontaneität, die früher alle an einem mochten, das ansteckende Lachen, der Humor?

Vielleicht muss man sich ja nur wieder auf seine Talente besinnen. Seine Leidenschaften wecken. Das eigene Selbstbewusstsein füttern.

Und der Eifersucht so einen Sinn geben.

Fremdgehen als Überlebensstrategie

Jetzt haben Sie von der Eifersucht gelesen. Und von der Angst, dass der Partner fremdgeht, eine andere Frau interessanter, attraktiver, begehrenswerter findet – und deshalb untreu wird.

Der Mann. Der, zur Monogamie nicht fähig, seinen Samen so großzügig wie möglich unters Volk zu bringen versucht, natürlich nur, um seine kostbaren Gene der Nachwelt zu erhalten. Der immer auf der Suche ist nach Partnerinnen, die diesen Genen optimale Bedingungen bieten. Und die er dann wieder verlässt, wenn sie nicht mehr jung, knackig und fruchtbar sind. Der Mann als Betrüger, die Frau als Betrogene.

Es ist ein gern zitiertes Klischee.

Aber der Seitensprung ist keine Männerdomäne, er wurde

beim Mann nur lange Zeit gesellschaftlich eher toleriert. Frauen dagegen bestrafte man hart. Der englische König Heinrich VIII. entledigte sich zwei seiner sechs Ehefrauen, indem er sie wegen Ehebruchs anklagen und hinrichten ließ.

Heutzutage taugt die Affäre noch zum Skandal, wenn Promis beteiligt sind. Ansonsten bleibt sie – je nach Perspektive lustvolle oder schmerzhafte – Privatsache. Ob mehr Männer oder mehr Frauen fremdgehen, lässt sich nicht mit Gewissheit sagen, auch wenn immer wieder Zahlen kursieren. Doch wer gibt schon ehrliche Antworten über vollzogene oder beabsichtigte Seitensprünge, wenn abends die Meinungsforscher anrufen und neben einem auf dem Sofa der Partner sitzt?

Warum sie eine Affäre eingehen, darüber scheinen sich Männer und Frauen weitgehend einig zu sein: Sexfrust treibt sie ins fremde Bett. Von 219 »Seitenspringern« und »Seitenspringerinnen«, die Psychologen der Universität Göttingen im Rahmen des Online-Paartherapie-Projekts »Theratalk« befragten, nannten 76 Prozent der Männer und 84 Prozent der Frauen als Grund sexuelle Unzufriedenheit in der Partnerschaft.

Den Frauen sagt man dabei eine größere emotionale Beteiligung nach: Sie hätten eher eine längere Affäre aus Liebe als einen unverbindlichen One-Night-Stand der Triebabfuhr wegen. In Zahlen lässt sich das nicht belegen. Laut den Göttinger Forschern sind es lediglich marginal mehr Männer als Frauen, die den Seitensprungsex nur eine heiße Nacht lang wollen.

Der Seitensprung, so scheint es, ist weder Männer- noch Frauendomäne. Und vielleicht ist er, so glauben es zumindest manche Forscher, tatsächlich in den Genen angelegt. Weil nicht Monogamie das Überleben einer Art sicherstellt, sondern Vielfalt.

Und hier kommt der Zyklus ins Spiel. Möglicherweise ist das, was Frauen fremdgehen lässt, nicht nur die Langeweile im Bett, die Routine einer eingefahrenen Partnerschaft, die Sehnsucht nach mehr Aufmerksamkeit, der Kick der heimlichen Affäre ohne Verpflichtungen. Frauen haben an ihren fruchtbaren Tagen eine wissenschaftlich belegte Vorliebe für die gut aussehenden, charmanten, leider tendenziell eher unzuverlässigen Hallodris. Zu den Männern mit den guten Genen. Wir haben darüber in Kapitel 5 »Liebe des Lebens oder großer Irrtum« berichtet. Die Frau steckt demnach – natürlich nur rein evolutionsbiologisch betrachtet – in dem Dilemma, welchen Mann sie als Vater ihrer Kinder wählt: den coolen Typen, dessen Gene gesunden und starken Nachwuchs versprechen, der aber dummerweise gern verschwindet, wenn er dafür die Verantwortung übernehmen soll? Oder den freundlichen, leider nicht ganz so aufregenden Versorger, bei dem sie sich sicher sein kann, dass er die Brut vor den Gefahren des Lebens schützt und sie nicht im Stich lässt? Oder aber – vielleicht beide? Den einen für die Gene, den anderen für den Rest?

Dann müsste an den fruchtbaren Tagen die Lust auf eine Affäre steigen. Eine Studie von Kristina Durante, der Zyklusforscherin aus Texas, liefert dafür einige Indizien. Die Psychologin ließ 52 Frauen einen Fragebogen beantworten: Finden Sie sich attraktiv? Wie zufrieden sind Sie mit Ihrer Partnerschaft? Flirten Sie gern? Haben Sie gelegentlich eine Affäre? Zugleich wurde der Hormonstatus der Frauen ermittelt. Das Studienergebnis brachte dem Östrogen in den Schlagzeilen den Beinamen »Seitensprunghormon« ein: Denn Frauen mit hohem Östrogenspiegel gingen häufiger fremd, flirteten lieber und hatten auch mehr feste Partner im Laufe ihres Lebens. Und: Sie fanden sich attraktiver.

Deshalb bleibt natürlich die Frage: Haben Frauen mit

einem hohen Östrogenspiegel einfach deshalb mehr Erfolg bei Männern, weil sie besser aussehen und beim Mann »Haben-will«-Reflexe auslösen? Oder wirkt das Östrogen tatsächlich auf das Sexualverhalten?

Schauen wir uns in diesem Zusammenhang noch eine zweite Studie von Kristina Durante an, die sich mit der Frage beschäftigte, ob sich Frauen an ihren fruchtbaren Tagen anders anziehen. Auch hier wurde neben dem Hormonstatus zunächst erfasst, wie attraktiv sich die 88 Teilnehmerinnen selbst wahrnahmen, ob sie in einer Beziehung lebten und wie oft sie Lust auf unverbindlichen Sex außerhalb der Partnerschaft haben. Dann wurden sie fotografiert, und ihr Kleidungsstil wurde ausgewertet. Singles, stellte sich heraus, zeigten an ihren fruchtbaren Tagen mehr Haut. Bei Frauen in einer Partnerschaft war es genau umgekehrt: Sie hatten an ihren nichtfruchtbaren Tagen das auffälligere Outfit. Das lädt natürlich zu Spekulationen ein: Ist das ein Ablenkungsmanöver, eine Art Selbstschutz gegen eine möglicherweise folgenschwere Affäre in der fruchtbaren Zeit?

Andererseits: Wenn die Evolutionsbiologen recht haben, geht es ja gerade darum, die fruchtbaren Tage für den arterhaltenden Seitensprung zu nutzen. Der vorbeiziehende Jäger brachte frisches Blut in die Sippe, und die Vorzeitaffäre hatte noch einen weiteren angenehmen Nebeneffekt: Die untreue Frau hatte mehr zu essen, weil der Zweitpartner ihr auch noch etwas von seiner Jagdbeute abgab; so schildert es die US-Anthropologin Helen Fisher in ihren Büchern sehr anschaulich.

Der zusätzliche Bissen Fleisch dürfte heute in Mitteleuropa als Motivation für den Seitensprung an Bedeutung verloren haben. Der Mehrwert des betrügerischen Aktes ist mittlerweile wohl eher ideeller Art: mehr Aufmerksamkeit, mehr Komplimente, mehr Spaß am Sex, mehr Spannung im

Leben. Und wie sieht es mit der Jagd nach den guten Genen aus? Unser Aktionsradius hat sich gegenüber prähistorischen Zeiten vergrößert. Wir haben schon beim ersten Partner mehr Auswahl als die Jäger-und-Sammler-Sippen der Vorzeit. Und nachdem ein Kind die Gefahr, dass ein heimlicher Seitensprung auffliegt, doch deutlich steigert, möchte man meinen, dass Frauen hier doppelt vorsichtig verhüten.

Und doch sind je nach Schätzung drei bis zehn Prozent aller Kinder sogenannte Kuckuckskinder. Kinder, die einen anderen biologischen Vater haben als den Mann, bei dem sie aufwachsen. Und der nichts davon weiß. Das Kind wurde ihm ins Nest gelegt, weil die Frau weiß, dass er sich gut kümmern wird – weil er ihr aber als biologischer Vater nicht gut genug war? Geht es uns doch nur um die Gene?

»Ich bin eher zu einem Seitensprung bereit, zu Flirts mit anderen Männern, wenn ich meinen Partner als weniger attraktiv einschätze, das heißt, wenn es der eher treue und fürsorgliche Typ ist, den ich heiraten möchte, mit dem ich eine Familie gründen will«, fasst Verhaltensbiologin Susanne Röder den Forschungsstand zusammen. »Man muss sich das so vorstellen: Frauen dürfen ihre Männer auf einer Skala von 1 bis 5 bewerten. 1 ist unattraktiv, 5 ist sehr attraktiv. Bei Frauen, die ihre Männer eher in der unteren Hälfte der Skala einstuften, war die Bereitschaft für Seitensprünge und externe Flirts höher.« Aber die Wissenschaftlerin gibt auch zu bedenken: »Viele Frauen kennen sich mit ihrem Zyklus gar nicht aus, wissen gar nicht sicher, ob der Vater des Kindes der Seitensprung ist oder doch der Partner. Das muss man vielleicht den Frauen zugutehalten.«

Ist das Kind wirklich von mir? Für den Mann bleibt immer ein Restrisiko. Zumindest solange er keinen Vaterschaftstest machen lässt. Die Natur habe es deshalb so eingerichtet, dass Neugeborene in ihren ersten Lebenswochen dem Vater ähneln, heißt es. Um ihm die notwendige Sicherheit zu geben, um die Bindung zwischen Vater und Kind zu ermöglichen.

Doch auch hier scheinen die Dinge anders zu liegen, wie Forscherinnen an der französischen Université Montpellier herausfanden. Sie ließen Bilder von neugeborenen Jungen hinsichtlich ihrer Ähnlichkeit mit dem Vater bewerten – und zwar einerseits von den Müttern und andererseits von Personen, die die Familie nicht näher kannten. Die Mütter sagten mehrheitlich: »Natürlich, ganz der Papa.« Die unabhängigen Begutachter konnten hingegen nur bei einem Drittel der Babys eine Ähnlichkeit mit dem Vater entdecken. Die Theorie der Forscherinnen: Die Frauen wollen dem Vater Sicherheit bieten, wollen Zweifel an der Vaterschaft gar nicht erst aufkommen lassen. Das geschehe gar nicht mit Absicht, sondern sei ein unbewusst ablaufender Mechanismus, angestoßen möglicherweise durch das Bindungshormon Oxytocin, das nach der Geburt in großen Mengen im Körper einer Frau gebildet wird.

Liebe Männer, die Sie hier vielleicht mitlesen: Sie fühlen sich gerade ganz schön im Nachteil, oder? Da tun Sie alles für die Familie – aber Sie wollen doch nicht nur wegen dieser Wohlfühlqualitäten geliebt werden, sondern um Ihrer selbst willen und weil Sie ein ganzer Kerl sind, ein Mann eben. Und Sie wollen nicht mit diesem selbstverliebten Frauenflüsterer betrogen werden, nur weil dessen kantiges Kinn irgendwelche unbewussten Schwingungen bei Ihrer Partnerin in Gang setzt.

Seien Sie beruhigt. Wir Frauen mögen – wie die Männer ja auch – noch das eine oder andere Erbe der Evolution mit uns herumtragen. Aber wir wissen das Engagement der Männer, die Fürsorge und Verantwortungsbewusstsein zeigen, absolut zu schätzen. Und noch etwas sei Ihnen nicht vorenthalten: Die Evolution hat dem männlichen Geschlecht wenigstens eine Art Vorwarnsystem mitgegeben.

Denn Männer haben offenbar empfindlichere Antennen für Untreue als Frauen. Eine Studie an der Virginia Commonwealth University Richmond ergab, dass 94 Prozent der Männer, aber nur 80 Prozent der Frauen richtig einschätzen konnten, ob ihr Partner beziehungsweise ihre Partnerin sie betrügt. 75 Prozent der Männer, aber nur 41 Prozent der Frauen hatten auch schon einen Seitensprung entdeckt.

Zugleich können Männer an den fruchtbaren Tagen ihrer Partnerinnen potenzielle Rivalen offenbar geradezu erspüren. Sie nehmen, so fanden die britischen Psychologen Robert Burriss und Anthony Little heraus, andere Männer mit kantigen Gesichtszügen, hohen Wangenknochen, schmalen Lippen, also Männer, die dem Beuteschema fruchtbarer Frauen entsprechen könnten, als besonders dominant wahr. Eine Art Alarmsystem springt an: Das könnte ein Nebenbuhler werden. Und das könnte erklären, warum unser Partner auf der Party immer dann plötzlich neben uns steht, wenn wir gerade mit einem attraktiven Mann ins Gespräch gekommen sind.

Ist er klug, macht er es richtig. Statt eifersüchtig und besitzergreifend nachzufragen: »Wer war denn dieser Typ, dem du so schöne Augen gemacht hast?«, investiert er in kleine Aufmerksamkeiten: in Blumen, Pralinen, Komplimente, freundliche Worte. Welche Frau will da heutzutage noch fremdgehen?

KAPITEL 7

STREITEN UND VERSÖHNEN

Alles eine Frage der Optik:
Wenn kein gutes Haar am Partner bleibt

Wann haben Sie zum letzten Mal mit Ihrem Partner gestritten? Und worüber? Flogen die Fetzen? Oder war es mehr das beleidigte Genörgel, weil schon wieder die Socken auf dem Sessel lagen? Konflikte gehören zum Zusammenleben wie das Salz aufs Ei: Sie müssen sein, weil Menschen unterschiedliche Ansichten und Werte haben und weil wir wollen, dass unsere Sicht der Dinge von denen, die uns viel bedeuten, auch wahrgenommen wird. Entscheidend ist immer, wie die Auseinandersetzungen geführt werden. Wir wollten nun wissen, ob auch hier die Zyklushormone mitmischen.

Worüber streiten Paare? Die Antwort auf diese Frage hängt offenbar ein wenig davon ab, wer die entsprechende Umfrage in Auftrag gegeben hat. Laut einer gemeinsamen repräsentativen Studie der Zeitschrift »Brigitte« und der Partnervermittlung »Parship« zum Beispiel regen sich Frauen vor allem über eine ungerechte Aufgabenverteilung im Haushalt auf, gefolgt von mangelnder Zuhörbereitschaft des Partners. Der leidige Haushalt steht bei Männern auf

· 204 ·

Rang zwei der Streitthemen, übertroffen nur vom Ärger über zu wenig gemeinsam verbrachte Zeit.

Bei einer von einem britischen Badausstatter in Auftrag gegebenen Umfrage sehen die Streitthemen dann doch ganz anders aus: Hier zoffte man sich vor allem wegen Haaren im Abfluss, hochgeklappten Toilettendeckeln oder Bartstoppeln im Waschbecken.

Egal, ob nicht ausgeräumte Spülmaschine oder schmutziges Bad: Es gibt Tage, da ist uns das egal, und es gibt Tage, da bringt es uns auf die Palme. Da kommen wir von der Arbeit nach Hause und wissen genau, dass wir einen Anlass zum Nörgeln finden werden. Da ist, wenn wir den Schlüssel ins Schloss stecken, schon klar, dass der Abend gelaufen sein wird, ganz egal, wie der Partner reagiert.

Und doch können wir es nicht lassen.

Schauen Sie mal in Ihren Zykluskalender. Es könnte sein, dass Sie solche Szenen in einem ziemlich regelmäßigen Rhythmus anzetteln. Immer dann, wenn der Körper die Produktion der beiden Zyklushormone Östrogen und Progesteron herunterfährt, also kurz vor der Periode, sinken auch bei vielen Frauen die Stimmung, die Geduld, die Kompromissbereitschaft in den Keller.

Vor allem ein niedriger Progesteronspiegel scheint eine Rolle zu spielen. Eine Studie der Yale University zeigte, dass Frauen mit wenig Progesteron häufiger unter Stimmungsschwankungen, unter Trauer, Wut, Müdigkeit, Aggressivität oder Reizbarkeit litten.

Aber es gibt noch eine zweite Phase in unserem Zyklus, in der wir gegenüber unserem Partner streitlustiger sind. Und da geht es nicht darum, dass uns die Hormone auf die Stimmung schlagen. Nein, da sind wir gut drauf, befeuert vom Powerhormon Östrogen. Wenn wir es kurz vor dem Eisprung nicht lassen können, an unserem Partner herumzunörgeln, dann hat das andere Gründe. Dann spielt im Hintergrund wieder das ewige Lied von der Suche nach dem perfekten Mann.

Und deshalb könnte uns der eigene, sosehr wir ihn sonst auch schätzen, an unseren fruchtbaren Tagen nicht gut genug erscheinen. Darauf deutet zumindest das Ergebnis einer Studie hin, die die Psychologin Christina Larson an der University of California machte. Sie bat 108 Frauen, die in einer stabilen Beziehung lebten, die Stärken und Schwächen ihres Partners sowie seine Attraktivität zu bewerten. Dass es für Letzteres durchaus objektive Kriterien gibt, haben wir ja in Kapitel 5 »Wer ist attraktiv?« erläutert. Schönheit liegt eben nicht nur im Auge des jeweiligen Betrachters. Larson wollte außerdem wissen, wie zufrieden die Frauen mit ihrer Beziehung waren und wie innig sie das Miteinander mit ihrem Partner wahrnahmen – und zwar sowohl in der fruchtbaren Phase kurz vor dem Eisprung als auch während der Periode.

Auf die generelle Zufriedenheit mit der Partnerschaft schien der Zyklus keinen Einfluss zu haben: Sie veränderte sich zwischen den beiden Testsitzungen nicht. Aber: Mit einem nicht so attraktiven Mann fühlten sich die Frauen in der fruchtbaren Phase weniger verbunden, sie bemängelten kleine Fehler, schätzten seine Fähigkeiten geringer ein. Mit einem gut aussehenden Mann dagegen erlebten die Frauen in dieser Zeit ein Beziehungshoch.

Es geht also weniger um die große Frage, gehören wir zusammen oder nicht, sondern mehr um die kleinen Gemeinheiten des Alltags, das Genörgel. Weniger attraktive Männer bekommen mehr davon ab, Attraktivität dagegen sorgt in der fruchtbaren Phase für Harmonie.

Ganz schön fies, finden Sie. Das stimmt. Und nicht nur das. Ständigem Genörgel ausgesetzt zu sein erhöht laut einer dänischen Studie sogar das Sterberisiko. Besonders gefährdet seien Männer, die ständigen Diskussionen mit dem Partner ausgesetzt sind.

So weit sollten wir es dann doch nicht kommen lassen. Und beim nächsten Mal vielleicht erst in den Kalender schauen, bevor wir den Liebsten wegen der Socken auf dem Sessel oder der Bartstoppeln im Waschbecken maßregeln. Unrealistisch, weil man einfach nicht an sich halten kann, wenn schon wieder, zum tausendsten Mal, diese vermaledeiten Socken und diese lausigen Bartstoppeln ... Nun, dann sollte man sich vielleicht besonders viel Mühe mit der Versöhnung geben: Denn nicht Streit macht eine Beziehung kaputt, sondern die Art und Weise, wie er geführt (und wieder beendet) wird.

Kuscheln und die Wogen glätten mit dem Bügeleisenhormon

Ob im Arbeitsalltag oder beim Flirten – eine Berührung kann Wunder wirken. Sie kann, das haben mehrere Studien gezeigt, Menschen hilfsbereiter machen, großzügiger, ehrlicher, zugewandter. Ein Mensch, der einen anderen Menschen berührt, wird als sympathisch, freundlich und herzlich empfunden. Vorausgesetzt, die Berührung ist unaufdringlich, leicht, beinahe unauffällig, an der Schulter, an Ober- oder Unterarm. Was darüber hinausgeht, kann schnell unangenehme Gefühle auslösen und missinterpretiert werden. Wer möchte sich schon gerne von einem Fremden ins Gesicht fassen oder am Rücken streicheln lassen – geschweige denn mit einem saloppen Klaps auf den Po begrüßt werden. Die meisten Stellen unseres Körpers sind in der Regel »streng vertraulich«, also nur besonderen Menschen vorbehalten. Wer uns hier mit einer Berührung beglücken darf, darüber entscheiden wir lieber selbst.

Und was wir dann fühlen, verdanken wir nicht nur dem, der uns berührt. Sondern auch unserer Haut, unserem größten Organ, das uns mit eineinhalb bis zwei Quadratmetern bestem Material umhüllt. Diese Hülle grenzt unser Inneres ab vom Äußeren und schützt uns vor Umwelteinflüssen. Sie kommuniziert, zum Beispiel zeigt sie an, ob wir frisch und fit sind oder schlapp und angeschlagen. Und sie kann noch viel mehr und sorgt eben auch dafür, dass wir Berührungen empfinden.

Wir sprechen hier vom Tastsinn. Unter diesem Sinn, dem ältesten des Menschen übrigens, versteht man nicht nur unsere Fähigkeit, mit »Fingerspitzengefühl« aktiv die Beschaffenheit, Struktur und Form eines Gegenstandes zu ertasten, sondern auch das passive Wahrnehmen von Berührungen. Denn beides funktioniert mit der gleichen biologischen Ausstattung: Ob an den Fingerspitzen oder am Rücken, unsere Haut, dieses feine und doch strapazierfähige Stöffchen, ist prächtig ausgestattet mit den unterschiedlichsten Sinnes- und Nervenzellen. Die einen reagieren auf leiseste Berührungen, andere auf Druck. Manche sind Spezialisten für Schmerz, andere für Wärme und Kälte. Was sie da fühlen, melden die Sinneszellen über die Nervenzellen via Rückenmark an das Gehirn. Dort wird eins und eins zusammengezählt. Fühlen und Umwelt werden zusammengebracht, sodass ein komplettes Bild entsteht. Und dieses ermöglicht uns eine Reaktion: Empfinde ich die Hand des Kollegen auf meiner Schulter als angenehm, vielleicht sogar als sehr angenehm – und genieße die Situation noch ein bisschen? Oder entziehe ich mich prompt, weil diese Hand schon eine gefühlte Ewigkeit auf mir lastet – und mich die unerbetene Nähe dieses Menschen abschreckt?

Ob kurze Berührungen zwischen fremden oder intensivere zwischen vertrauten Menschen: Ein freundliches Hand-

auflegen, ein sanftes Streichen über die Schulter beim Begrü-
ßen, eine innige Umarmung, eine Massage, ein Kuss – wenn
wir sie als angenehm empfinden, wirken sie sich positiv auf
unseren Körper und unsere Psyche aus. Die Berührungen
bauen Stress ab, schaffen Verbindlichkeit zwischen Menschen.

Und hier kommt ein wichtiges Hormon ins Spiel: Oxytocin, auch bekannt als »Bindungshormon«, das vor allem im
Gehirn gebildet und besonders bei Berührung ins Blut freigesetzt wird:

Es ist bekannt, dass beim Einsetzen von Geburtswehen die
Oxytocinausschüttung im Gehirn eine Rolle spielt. Und dass
nicht nur Mütter und Väter nach der Entbindung hohe
Werte von Oxytocin aufweisen, sondern auch Paare beim
Sex. »Wobei der Orgasmus selbst aus bindungspsychologi-
scher Sicht für die Oxytocinfreisetzung gar nicht so interessant ist, sondern eher das, was vorher und nachher passiert«,
sagt Professor René Hurlemann, Psychiater und Leiter der
Abteilung für Medizinische Psychologie an der Universität
Bonn. Also das Kuscheln, Küssen, Streicheln rings um Sex
und Höhepunkt. Hurlemann sieht die wichtige Rolle des
Hormons denn auch weniger in der Beziehungsanbahnung
als in der Beziehungserhaltung. »Paare, die darauf Wert
legen, dass ihre Beziehung nachhaltig ist, und die ihre Beziehung aufrechterhalten wollen, sollten Mechanismen bedienen, die von vornherein angelegt sind, das zu erreichen«,
sagt er. »Ganz typisch dafür – weshalb ich glaube, dass sich
das kulturell so eingebürgert hat – ist zum Beispiel der
Abschiedskuss und der Kuss am Abend, wenn man sich wie-
dersieht.«

Der Kuss am Morgen bekräftige die Bindung zum Partner,
ein Effekt, der sich den Tag über noch etwas halte und
nebenher bewirke, dass man weniger nach anderen schaue.

Und abends belohne man sich dann mit dem nächsten Kuss: Ich war den ganzen Tag treu. Wodurch die Bindung wieder verstärkt werde.

René Hurlemann hat in einem Experiment gezeigt, wie Oxytocin als Bindungs- und Treuehormon funktioniert. Sein Forscherteam verabreichte Männern, die sich in einer festen Beziehung befanden, über ein Nasenspray Oxytocin oder ein Placebo. Danach mussten sich die Probanden in einen Magnetresonanztomografen legen. Über eine Brille wurden ihnen Bilder entweder ihrer eigenen Partnerin gezeigt oder die Bilder von fremden Frauen. Währenddessen schauten die Forscher den Männergehirnen bei der Arbeit zu. Sie konnten erkennen, dass unter dem Einfluss von Oxytocin das neuronale Belohnungssystem im Hirn, das uns zum Handeln motiviert, sehr stark aktiv war, wenn diese Männer Bilder ihrer eigenen Partnerin sahen. »Wir konnten zeigen, dass Oxytocin in einer besonderen Art und Weise das Belohnungssystem anregt, und zwar für partnerschaftsbedeutsame Stimuli, ganz ähnlich einer Droge«, erzählt Hurlemann, »während andere Stimuli offensichtlich von diesem privilegierten Zugang zum Belohnungssystem nicht profitieren.« Die Kontrollbilder von fremden Frauen schafften es nicht, das Verlangen in den Hirnarealen, das uns mit der Aussicht auf Belohnung lockt, in gleicher Weise anzukurbeln.

Jetzt könnte man sagen, das liege daran, dass die Männer ihre Frauen kannten – und die anderen Bilder von Fremden stammten. Und fragen, wie das Ergebnis ausgefallen wäre, wenn es sich um Bilder von Kumpelinen oder Verwandten gehandelt hätte. »Das wäre der Effekt der Familiarität, also der persönlichen Bekanntheit«, sagt Hurlemann.

Also machten die Forscher noch ein Folgeexperiment, das analog wie das erste ablief, nur dass die Wissenschaftler zusätzlich Bilder von sehr guten Freunden, Freundinnen und Bekannten einspielten. Und auch da wurde das Belohnungssystem nicht wirklich signifikant aktiviert. »Ein klares Zeichen dafür, dass dieser Effekt von Oxytocin relativ selektiv ist für die eigene Partnerin«, schlussfolgert Hurlemann.

Er ist gerade dabei herauszufinden, ob das Ganze auch umgekehrt funktioniert, wenn man Frauen Bilder ihrer Partner zeigt. Und wir fragen uns natürlich gespannt, welche Rolle unsere Zyklushormone dabei spielen. Denn genau die möchte Hurlemann berücksichtigen.

Dass Frauen auf die Gabe von Oxytocin anders reagieren als Männer, hat Alexander Lischke vom Institut für Psychologie an der Universität Greifswald mit seiner Kollegin Sabine Herpertz von der Allgemeinen Psychiatrie der Universität Heidelberg nachgewiesen. Und dass dabei das Zyklushormon Östrogen eine wesentliche Rolle spielt. Allerdings ging es dabei um einen ganz anderen Aspekt als den der Partnerbindung. Die Wissenschaftler verabreichten Frauen per Nasenspray das Hormon und zeigten ihnen dann Bilder mit bedrohlichen Gesichtern und ebensolchen Szenen: Männer und Frauen starren einen böse an, eine Frau wird von einem Mann attackiert. Die Forscher konnten bei ihren Probandinnen eine größere Aktivität in der Amygdala beobachten, jener Hirnregion, die für die Verarbeitung von emotional bedeutsamen Reizen zuständig ist. Bei Männern hingegen, das haben andere Studien gezeigt, verringert sich die Aktivität der Amygdala, wenn solche Reize verarbeitet werden und Oxytocin im Spiel ist. Diese unterschiedlichen Effekte des Hormons sind möglicherweise auf zyklusbedingte Schwankungen des Östrogen- und Progesteronspiegels zurückzuführen. »Aus dem Tiermodell ist bekannt, dass Östrogen und Progesteron die Wirkung von Oxytocin beeinflussen«, sagt Alexander Lischke, »dies könnte bei den Frauen in unserer Studie auch der Fall gewesen sein.« Interessanterweise befanden sich seine Probandinnen in der Lutealphase, die mit höheren Östrogen- und Progesteronwerten einhergeht. »Da aus anderen Studien bekannt ist, dass Östrogen die Wahrnehmung von bedrohlichen Reizen fördert, könnte es sein, dass Oxytocin diesen Effekt weiter verstärkt hat«, sagt der Psychologe. Allerdings seien weitere Studien nötig, um dies abschließend zu klären. Die bisherigen Forschungen lassen zumindest vermuten, dass Östrogen und Oxytocin bei Frauen die Wahrnehmung bedrohlicher Reize steigert. Unter evolutionspsychologischen Gesichtspunkten würde dies durchaus Sinn machen: Frauen sind, besonders dann, wenn sie schwanger sind oder sich um ihren Nachwuchs kümmern müssen, darauf angewiesen, Bedrohungen frühzeitig zu erkennen und abzuwehren.

Doch kommen wir zurück auf Oxytocin und seinen Einfluss auf Nähe und Verbundenheit in Paarbeziehungen. Wir wissen, dass das Hormon das Belohnungssystem im Gehirn aktiviert und dadurch die Bindung zwischen Liebenden aufrechterhält. Und dass es – eine für viele Beziehungen nicht ganz unwesentliche Voraussetzung – auf diese Weise, also über die Aktivierung des Belohnungssystems, die Monogamie fördert und Fremdgehen verhindert. Oxytocin, das Treuehormon.

Hurlemann und Kollegen machten dazu ein Experiment. Bei Männern und Frauen maßen sie, wie weit diese gut aussehende Fremde an sich heranließen. Im wahrsten Sinne des Wortes. Das Hormon Oxytocin, dachten sie, würde bei beiden Geschlechtern zu einer Verringerung von »sozialer Distanz« führen.

Überraschenderweise kam es ganz anders: Die Männer, die in einer Beziehung mit einer Frau lebten, zeigten sich unter einer Dosis Oxytocin, die sie per Nasenspray erhalten hatten, gegenüber einer fremden Frau auffallend reserviert: Sie hielten einen zehn bis fünfzehn Zentimeter größeren Abstand zu diesem attraktiven »Lockvogel« als Singles und Probanden aus der unbehandelten Kontrollgruppe. Die paargebundenen Frauen hingegen zeigten gegenüber attraktiven fremden Männern eher eine verringerte soziale Distanz. »Wir fanden diesen Unterschied ziemlich eindrucksvoll«, sagt Hurlemann. Allerdings nahmen nur per Pille verhütende Frauen an der Studie teil. So können die Forscher nicht ausschließen, dass das einen Einfluss auf den Effekt des Oxytocins und das bemerkenswerte Verhalten der Frauen hatte. Und sie wissen nicht, wie sich ein natürlicher Zyklus ausgewirkt hätte.

Uns fiel bei unseren Recherchen auf, dass viele Studien, auch die zum Zusammenhang von Oxytocingaben und Beziehungsverhalten, vor allem an Männern vorgenommen werden oder an Probandinnen, die hormonell verhüten. Dadurch wird völlig ausgeblendet, welche Wechselspiele und Einflüsse die weiblichen Zyklushormone haben. »Der Zyklus ist gerade mit die Ursache, warum Studien, in denen es um Hormone geht, bei Frauen zurückhaltend durchgeführt werden«, sagt Hormonforscher Markus Heinrichs vom Institut für Psychologie an der Universität Freiburg, »nämlich weil sie sonst dreimal teurer werden.« Dann müsse man auch den Zyklus kontrollieren und Pille versus Nichtpille berücksichtigen. »Also ist man versucht zu sagen: Machen wir es doch bei Männern. Zum Nachteil der Frauen …«

Oxytocin, das Bindungshormon, das Treuehormon. Das Hormon, das dafür sorgt, dass wir in unseren Beziehungen einander zugewandt bleiben. Doch wie heißt es so schön? Eine erfüllte Beziehung ist auch Arbeit. Nicht nur Nehmen, auch Geben. Liebe kann stark sein, aber auch flüchtig. Ob sie bleibt oder geht, hängt davon ab, wie wir sie nähren. Partnerschaften sind stabiler, wenn beide immer wieder körperliche Nähe suchen – und natürlich auch finden.

Eine Studie von Forschern der Universität Zürich zeigt eindrucksvoll, wie sich Oxytocin positiv auf das Streitverhalten von Paaren auswirkt. Die Wissenschaftler baten 47 Paare ins Labor, um dort über ein für sie typisches Beziehungsthema zu streiten. Vor diesem Konfliktgespräch erhielten die Probanden entweder Oxytocin oder ein Placebo – beides per Nasenspray. Die Forscher zeichneten das Verhalten der Paare mit einer Videokamera auf. Außerdem maßen sie bei beiden Partnern wiederholt das Stresshormon Cortisol im Speichel. So konnten sie die Stressreaktionen zum einen in der Kommunikation, zum anderen psychobiologisch erfassen. Schließlich werteten die Forscher das positive Verhalten – zum Beispiel Zuhören, Bestätigen und Lachen – im Verhältnis zum negativen Verhalten – Unterbrechen, Kritisieren und Abwerten – aus. »Paare, die Oxytocin erhalten hatten, schnitten signifikant positiver ab als Paare mit Placebo«, sagt Beate Ditzen, heute Universitätsprofessorin für Medizinische Psychologie und Psychotherapie in Heidelberg. Auch verlängerte das Hormon die Dauer des positiven Verhaltens zum negativen Verhalten. Und: Die Oxytocinpaare zeigten nach dem Streitgespräch niedrigere Cortisolwerte als jene Paare in der Placebogruppe. Die Forscher schließen daraus, dass Oxytocin als neuraler Mechanismus das Verhalten und die Stressreaktionen bei Partnerschaften beeinflussen kann.

Körperliche Nähe suchen und finden. Streicheleinheiten, der Abschiedskuss, kleine Rituale, die zusammenhalten, die Beziehung bereichern, Konfliktsituationen mildern. »Das ist, wenn man so will«, sagt Psychologe Markus Heinrichs, »eine schöne Rückkoppelung aus dem Labor in die Paartherapie.« Denn dort könnte man den Anteil einzuübender Körperkontakte durchaus etwas erhöhen, empfiehlt er.

»Wenn Sie in die Therapiemanuale der Paartherapeuten schauen, dann ist der Anteil der Kommunikationsregeln auf der Verhaltensebene – ausreden lassen, Polemik, Blickkontakt – deutlich höher als die Anteile von Zärtlichkeit, Körperkontakt oder Berührung«, kritisiert er. Denn so ein Hormon ließe sich ja nicht nur als Nasenspray applizieren, wie das zu Forschungszwecken üblich ist, sondern man könne seine natürliche Produktion bei Frauen wie bei Männern selbstverständlich auch stimulieren. »Warum sollte man ein bindungsorientiertes biologisches System nicht auch ganz bewusst einsetzen – etwa auch in der Paartherapie –, statt Situationen nur kognitiv zu lösen?«

Kuscheln, Streicheln, Küssen, Sex also als Bindemittel, als Liebesfutter, als Anreiz für unser Belohnungssystem. Als etwas, von dem wir mehr wollen.

Wir haben in verschiedenen Kapiteln dieses Buches gezeigt, was Frauen in den einzelnen Zyklusphasen zum Beispiel mögen und was nicht, was ihnen besser gelingt und was gar nicht. Wir könnten nun versuchen, zum Thema Zyklus und Oxytocin zu spekulieren: Gibt es bestimmte Tage, an denen Frauen besonders fähig sind, Nähe zu geben oder anzunehmen? Wann ist dafür der richtige und wann der falsche Zeitpunkt? Wann ist das Zusammenspiel von Zyklushormonen und Oxytocin als Kuschelhormon am besten?

»Tatsächlich variieren die Oxytocinspiegel im Verlauf des Zyklus«, sagt René Hurlemann. »Wir können auch davon ausgehen, dass der Zyklus einen gewissen Einfluss hat. Aber welchen genau, das ist noch nicht genügend erforscht.«

Es gibt Befunde, die einander widersprechen. Manche Wissenschaftler behaupten sogar, dass der Oxytocinlevel tageszeitenabhängig schwanke. »Und natürlich gibt es auch Menschen, deren Oxytocinspiegel höher liegen als bei anderen«, sagt Forscher Hurlemann. »Wir wissen aber nicht genau, warum. Das kann vor allem genetische Ursachen haben.«

Was also ist es noch, das uns zusammenhält – Zyklusphase hin oder her? Gemeinsam joggen vielleicht, gemeinsam kochen? »Ja, genau«, sagt René Hurlemann und lacht. »Es wäre mal interessant zu wissen, ob Paare, die viel gemeinsam kochen, weniger Sex haben.«

Wie bitte?

»Ja, das könnte ich mir vorstellen. Man sagt ja nicht umsonst: Essen ist der Sex des Alters.« Hurlemanns Erklärung: Das Essen ist ein primärer Belohnungsreiz. Und wenn Paare miteinander kochen, stimulieren sie über das Kochen ihr Belohnungssystem im Hirn, in dem Wissen: »Oh, da erwartet mich ein leckeres Essen!« Dann kommt es auch noch zu körperlicher Nähe, man kocht gemeinsam, schon wieder ist Oxytocin im Spiel. Und der Belohnungsmechanismus, der auch sexuell eine Rolle spielt, springt wieder an. »Ob solche Paare dann noch viel Sex haben – das wäre eine interessante Frage«, sagt Hurlemann. »Denn sie geben sich gegenseitig schon so viel, dass sie gar nicht mehr so viel Sex brauchen, um ihre Bindung auch darüber noch bekräftigen zu müssen.« Beim Sport, sagt der Forscher, lägen die Dinge zwar ähnlich, körperliche Bewegung nebeneinander sei aber nicht ganz so auf den primären Belohnungsreiz ausgerichtet: »Gemeinsam Kochen ist auch in der Hinsicht etwas ganz Besonderes.«

Kochen als Leidenschaft, die Bindung schafft.

Für die einen mag das eine schlechte Nachricht sein. Für andere ist es sicherlich eine gute.

EPILOG

ALLES VORBEI? VON WEGEN!

Wechseljahre: Alles wird weniger

Fruchtbarkeit ist endlich. Die Natur gewährt uns Frauen rund drei Jahrzehnte, in denen wir unseren Beitrag zur Arterhaltung leisten können. In den 40ern sinkt die Wahrscheinlichkeit, dass Ei und Samenzelle zueinanderfinden, schon rapide, spätestens um die 50 ist es vorbei mit dem Kinderkriegen, sofern man nicht gute Kontakte zu Reproduktionsmedizinern mit einem Hang zu öffentlichkeitswirksamen Behandlungen hat.

Doch spannend wird es schon einige Jahre davor, in den Jahren, in denen der Zyklus herunterfährt, einer Art Zwischenreich, nicht mehr ganz drin, aber auch noch nicht ganz draußen. Die Bilder, die für diese Phase eines Frauenlebens verwendet werden, suggerieren: Nutze die Zeit, danach ist alles zu spät. Von tickenden Uhren ist die Rede, als ob die Sekunden rückwärts gezählt würden, bevor die Bombe explodiert – und kein James Bond in Sicht, der in letzter Sekunde das Kabel zum Zünder durchtrennt. Von Zeitfenstern, die sich schließen – wer zu spät kommt, hat Pech gehabt und muss draußen bleiben. Mäßig aufbauend ist auch die Übersetzung des medizinischen Fachterminus für diesen Zeit-

· 217 ·

abschnitt: Klimakterium bedeutet »kritische Phase im Leben«. Wetten, dass sich keine Frau diese Bezeichnung ausgedacht hat?

So ist es kein Wunder, dass sich kaum eine Frau so ganz entspannt dem Thema nähert. Ist die Menopause – die letzte von einem Eisprung ausgelöste Blutung – doch neben der ersten Menstruation der zweite große und unausweichliche Einschnitt im biologischen Frauenleben. Wobei das eine mit dem anderen nicht viel zu tun hat. Der Zeitpunkt der ersten Periode hat keinen Einfluss auf die Frage, wann die Wechseljahre beginnen.

Wann sie eintreten, lässt sich nicht vorhersagen. Ob und wann eine Frau Kinder geboren hat, scheint ebenso wenig eine Rolle zu spielen wie die Frage, wann sie zum ersten Mal ihre Tage bekam. Auch hormonelle Verhütung, die den Eisprung unterdrückt, hat im Normalfall keine Auswirkungen. Die dadurch »eingesparten« Eizellen werden offenbar nicht für spätere Jahre auf die Seite gelegt.

Allenfalls die Gene nehmen Einfluss: Wenn die Mutter früh in die Wechseljahre kam, ist es wahrscheinlicher, dass es bei der Tochter ähnlich abläuft, sagt der Gynäkologe Professor Kai Bühling, Leiter der Hormonsprechstunde der Klinik und Poliklinik für Gynäkologie des Universitätsklinikums Hamburg-Eppendorf. Die Durchschnittsfrau erlebt irgendwann zwischen dem 50. und 52. Geburtstag ihre letzte Periode. Der Zeitrahmen ist über die Generationen vergleichsweise stabil geblieben – im Unterschied zur Menstruation, die bei Mädchen heute zwischen elf und 15 Jahren einsetzt, im Schnitt vier Jahre früher als noch vor 100 Jahren.

Doch irgendwann ist's genug. Die Eierstöcke stellen keine befruchtungsfähigen Eizellen mehr bereit und hören auf, Hormone zu produzieren. Wir erinnern uns: Mit Östrogenen und Gestagenen halten sie in den Jahren zuvor den

Zyklus in Schwung. Warum das Ende des fünften Lebensjahrzehnts die magische Grenze ist und woher das Signal an die Eierstöcke kommt, weiß man bis heute nicht. Das führt zu allerlei Erklärungsmodellen: Drei kanadische Genetiker stellten die Theorie auf, dass der Mann die Wechseljahre der Frau auslöst, weil er sich in der Lebensmitte gern den jüngeren, faltenfreien Exemplaren zuwendet. Die Reproduktionsfähigkeit der Verlassenen wird nicht mehr gebraucht, die Produktion kommt zum Erliegen. Fragt sich nur, warum jene Frauen, die nicht von ihren Männern verlassen werden, trotzdem in die Wechseljahre kommen. Hier ist Ihre Phantasie gefragt.

Ein zweiter Erklärungsversuch ist die Großmutterhypothese: Nach der Menopause muss sich eine Frau nicht mehr zeitaufwendig um eigenen, noch unselbstständigen Nachwuchs kümmern, sondern hat den Kopf und die Hände frei für die Enkel – das entlastet deren übernächtigte Eltern, die heutzutage oft beide berufstätig sind, und erhöht, evolutionsgeschichtlich betrachtet, die Überlebenschancen des Nachwuchses. Großmutter – das ist genau das, was man hören möchte, wenn man als Frau auf die 50 zusteuert ...

Die Spezies Mensch steht mit den Wechseljahren übrigens ziemlich allein da. Im Tierreich kennt man nur noch bei Grind- und bei Schwertwalen das Phänomen, dass nach Ende der Fruchtbarkeit noch so viel Leben übrig ist.

Ob wir wollen oder nicht: Die Wechseljahre – also die Jahre vor und nach der Menopause, in denen sich das Hormonsystem neu einpendelt – sind biologisch ein Einschnitt. Weil nun etwas fehlt. Denn Östrogene und Progesteron, die Hormone, die von den Eierstöcken produziert werden, haben ja nicht nur den Zyklus in Gang gehalten. Sie haben unsere Stimmung beeinflusst und uns glatte Haut beschert, sie haben die Blutgefäße gesund gehalten und für feste Knochen gesorgt.

Und dann machen sie sich aus dem Staub. Das ist keine Krankheit. Schlecht gehen kann es einem trotzdem. Wobei die Betonung auf dem Wörtchen »kann« liegt: Laut Berufsverband der Frauenärzte hat ein Drittel der Frauen starke Wechseljahresbeschwerden, ein Drittel bewertet die Einschränkungen als leicht, ein Drittel merkt kaum etwas.

Wer nicht mit Hormonen verhütet, wird immer merken, dass sich die Regelblutung verändert. Sie bleibt aus oder dauert länger, wird stärker oder schwächer – es gibt kaum etwas, was es nicht gibt. Das kann einige Jahre lang so bleiben, bis sie schließlich ganz aufhört. Der Körper wird plötzlich wieder unberechenbar. Worauf man sich drei Jahrzehnte lang verlassen konnte, funktioniert nicht mehr. Drei Monate lang Sendepause, und dann geht's natürlich mitten im Urlaub los. Als man an die Tampons schon gar nicht mehr gedacht hatte. Das ist wie einst in Teenagerzeiten. Und kann uns, wo wir doch eigentlich dachten, uns und unser Leben mittlerweile deutlich besser im Griff zu haben, ganz schön aus dem Konzept bringen.

Vor allem wenn sich die hormonelle Umstellung mit weiteren Symptomen bemerkbar macht. Hitzewallungen zum Beispiel, lästig und garantiert immer unpassend. Plötzlich wird der Kopf knallrot, die Bluse ist am Rücken klatschnass. Was genau abläuft, weiß man noch nicht. Möglicherweise beeinträchtigt die hormonelle Umstellung die körpereigene Temperaturregulation. Sie startet Kühlmechanismen – Schwitzen, verstärkte Durchblutung –, obwohl es dafür eigentlich keine Veranlassung gibt.

Und ja, es lässt sich nicht verleugnen, dass wir mit den Wechseljahren faltiger werden. Denn Östrogene sind an der Bildung von Kollagenfasern beteiligt, die in der Haut die

Feuchtigkeit speichern. Fehlt das Hormon, wird die Haut dünner und verliert ihre Elastizität, dafür gewinnt die Kosmetikindustrie neue Kundinnen für sündhaft teure Anti-Aging-Produkte. Wobei die Zeit auch an den Männern nicht spurlos vorübergeht. Sie bekommen Fältchen und Falten und altersfleckige Hände, ganz ohne Wechseljahre. Nur macht ihnen das möglicherweise (noch) nicht ganz so viel aus.

Auch die zusätzlichen Pfunde, die sich ab dem fünften Lebensjahrzehnt auf den Hüften und Oberschenkeln ablegen, werden gern den Wechseljahren untergeschoben. Wenn das wirklich so wäre, gäbe es jede Menge Männer in den Wechseljahren. Schauen Sie sich doch mal um! Da rutschen bei den Herren in den angeblich besten Jahren viele Gürtel tiefer. Dass sich das Wunschgewicht ab einem gewissen Alter nicht mehr so gut halten lässt, trifft Männer und Frauen gleichermaßen. Der Stoffwechsel arbeitet langsamer, der Körper braucht weniger Kalorien – und, seien Sie ehrlich, vermutlich bewegen Sie sich heute weniger als noch vor 15 Jahren. Ein bisschen Speck ist übrigens gar nicht so schlecht: Fettgewebe produziert Östrogene – der Körper sorgt also selbst dafür, dass die hormonelle Umstellung abgefedert wird.

Der Tausendsassa Östrogen ist auch am Knochenaufbau beteiligt. Dass sich mit den Jahren die Knochenmasse verringert, ist aber wiederum nicht allein dem Hormon – besser gesagt, der Tatsache, dass es nicht mehr so reichhaltig vorhanden ist – anzulasten. Der Körper altert, und das wirkt sich auch auf die Knochen aus. Östrogenmangel ist dabei ein zusätzlicher Faktor, aber nicht allein verantwortlich für Osteoporose, jene Krankheit, die die Knochen brüchig werden lässt.

Dafür machen die Wechseljahre uns ein bisschen männlicher. So manche Frau, die früher immer die Harmonielösung gesucht hat, ist plötzlich in der Lage, bei einem Streit ordentlich auf den Tisch zu hauen: Nach dem Weggang des »Weichmachers« Östrogen kann das Testosteron, das die Eierstöcke ja ebenfalls produzieren, mehr von seiner Kraft zeigen. Dummerweise bringt uns das manchmal, neben borstigen Hexenhaaren am Kinn, auch einige typisch männliche Gesundheitsrisiken ein: Nach den Wechseljahren nähert sich das Herzinfarktrisiko von Frauen dem von Männern an. Vermutlich kann der Körper infolge des sinkenden Östrogenspiegels auf weniger »gutes« Cholesterin HDL zurückgreifen, das verhindert, dass sich Ablagerungen an den Wänden der Adern bilden.

Ja, und dann die Stimmung: Klischees von Frauen, die in den Wechseljahren schlecht gelaunt durchs Leben und bei nichtigen Anlässen in die Luft gehen, sind nicht so ganz aus derselben gegriffen. Denn der Hypothalamus, der Bereich im Gehirn, der die hormonellen Abläufe im Körper steuert, ist auch mit den für Gefühle zuständigen Systemen verbunden. Werden in ihm die Dinge neu geordnet, dann kann sich das in Stimmungsschwankungen niederschlagen.

Aber vielleicht ist die Stimmung auch schlecht, weil man seit Wochen nicht mehr gut schläft. Was an den Hormonen liegen kann, aber auch daran, dass die Sorge um die alten Eltern das Kopfkarussell in Gang hält. Oder die Frage, ob die Firma durchhält und welche Chancen man mit Ende 40 noch auf dem Arbeitsmarkt hat. Oder die Zweifel, ob das Geschnarche in der anderen Betthälfte deshalb so nervt, weil man nicht schlafen kann oder weil aus der Beziehung endgültig die Luft raus ist.

Ob es nun die Wechseljahre sind, die uns unseren Optimismus nehmen, oder die Unbill des Lebens – das ist oft gar nicht so leicht zu unterscheiden. Deshalb ist auch die Frage, was gegen Wechseljahresbeschwerden hilft, nicht so leicht zu beantworten. Zumal Therapien nicht an Laborwerten ausgerichtet werden können: Ein Hormonstatus ist immer nur eine Momentaufnahme, und ein niedriger Östrogenspiegel kann bei der einen Frau die Lebensqualität massiv beeinträchtigen, während er der anderen nur etwas trockenere Haut beschert.

Lange Zeit galt der Hormonersatz als Königsweg. Die Wechseljahre wurden medizinisch nicht als Umbruch, sondern als Ausdruck eines Defizits wahrgenommen: Da fehlte etwas, das von außen nachgefüllt werden musste. Millionen Frauen nahmen teilweise über Jahrzehnte Östrogene und Gestagene ein.

Im Jahr 2002 schreckte eine Studie der Women's Health Initiative (WHI) aus den USA viele Frauen auf. Nach Analyse der Daten von mehr als 25 000 Frauen stellte sie einen Zusammenhang zwischen Brustkrebs und Hormonersatztherapie her und postulierte außerdem ein erhöhtes Risiko für Herzinfarkt und Schlaganfall. Auch wenn diese Aussagen mittlerweile relativiert wurden: Seitdem ist die Hormontherapie umstritten. »Man weiß mittlerweile, dass es, wie bei anderen Therapien auch, positive und negative Effekte gibt«, sagt Hormonexperte Bühling.

Neben den Hormonen gibt es jede Menge anderer Präparate und Therapien, die gegen unangenehme Begleiterscheinungen der Wechseljahre helfen sollen: Naturheilverfahren, Yoga, pflanzliche Östrogene aus Soja, manche Frauen versuchen es mit Akupunktur oder mit regelmäßigen Wellnesswochenenden. Der Markt ist groß und unübersichtlich, die Wirksamkeit vieler Angebote nicht erforscht.

So bleibt als Gradmesser nur eines: das Wohlbefinden. Und zwar das eigene, nicht der Auftritt, den Freunde, Familie, Kollegen erwarten. Hitzewallungen, Herzrasen und Schlaflosigkeit sind kein Schicksal, durch das man »durchmuss«, sondern Symptome einer Hormonumstellung, die sich behandeln lassen. Eines jedoch kann keines der zahllosen Präparate: den Eisprung zurückbringen. Fruchtbarkeit bleibt endlich.

Verlust oder Gewinn?

Jetzt haben Sie dieses Buch gekauft, weil Sie Lust auf die Zyklusstrategie haben. Weil Sie die Power nutzen wollen, die in den Hormonen stecken kann. Weil der Zyklus nicht nur ein paar Tage pro Monat (in seiner eher lästigen Form) Thema sein soll, sondern auch dann, wenn er seine positiven Kräfte entfaltet. Und jetzt lesen Sie: Mit Ende 40 ist das alles schon wieder vorbei. Keine Zyklushormone mehr. Keine Power, keine Strategie. Und Sie rechnen nach: Wie viele Jahre bleiben noch?

Kein Grund zur Panik. Denn das, was die Zyklusstrategie ausmacht, ist ein Frauenleben lang anwendbar. Die Wechseljahre – eine Lebensphase mit miserablem Image und Potenzial für viele Klischees. Sie scheinen uns zu nehmen, was uns als Frauen ausmacht. Und geben uns stattdessen seltsame Beschwerden und schlechte Laune. Schlechter Tausch! »Ich will mein altes Leben zurück.« »Ich hoffe, ich werde bald wieder so, wie ich mal war.« »Ich leide darunter, dass ich weniger Komplimente bekomme.« Solche Sätze findet, wer sich durch die Internetforen liest. Kinderwünsche werden endgültig begraben. Es gibt Gründe genug, die Menopause als Verlust zu erleben.

Es sind ja auch nicht nur die Zyklushormone, die sich verabschieden. Viele Frauen erleben rund um den verflixten 50. Geburtstag eine Phase des Umbruchs in Privatleben und Beruf. Das Gefühl von Verlust hat seine Ursache vor allem in der Tatsache, dass wir unsere fruchtbaren Jahre zum Standard für ein ganzes Frauenleben machen. Natürlich, an den Jahren gemessen, in denen wir am attraktivsten und aktivsten sind, scheint sich vieles zum Schlechteren zu verändern.

Aber wir könnten ja mal versuchen, jede Lebensphase für sich zu betrachten. Genauso wie wir es in der Zyklusstrategie tun, in der wir jedem Zyklusabschnitt seine Eigenheiten zugestehen. Was könnten die Vorteile sein, wenn das Hormonkarussell anhält?

Keine monatliche Blutung mehr zu haben zum Beispiel. Dadurch fallen die Beschwerden weg, die mit der Periode zusammenhängen: Bauchkrämpfe, Schmerzen, die Achterbahn der Launen.

Nicht mehr verhüten müssen. Wenn nach der letzten Blutung ein Jahr vergangen ist, kann eine Frau auf dem üblichen Weg nicht mehr schwanger werden, sagen die Gynäkologen. Und seien wir mal ehrlich: Vielleicht hat es die Natur gar nicht so schlecht eingerichtet, als sie die Fruchtbarkeit der Frauen begrenzte. Sollen doch die Jüngeren mit den Augenringen von durchwachten Nächten am Kinderbett herumlaufen und ihre Zeit in viel zu vollen krankheitsverseuchten Kinderarztwartezimmern totschlagen: Nicht nur die Kinder nabeln sich von ihren Eltern ab, sondern auch die Eltern von ihren Kindern – auch von denen, die sie nicht gehabt haben.

Die Zeit nach der Menopause ist eine neue Lebensphase. Eine Lebensphase mit mehr Freiraum, die Platz lässt für Spontanität – nicht nur weil Verhütung überflüssig wird. Wer jenseits der 50 frisch verliebt ist, kann so viel Lust erleben wie einst mit 25. Wobei die Wechseljahre ganz interessante Veränderungen im Beuteschema mit sich bringen. In ihren fruchtbaren Jahren haben Frauen rund um den Eisprung eine wissenschaftlich messbare Präferenz für die gut aussehenden, charmanten Abenteurer, auch wenn diese tollen Kerle untreue Hallodris sind (warum das so ist und welche Auswirkungen das auf die Partnerwahl hat, haben Sie in Kapitel 5, »Liebe des Lebens« erfahren). Wenn sich die Sache mit der Fortpflanzung erledigt hat, bekommen auch die inneren Werte mehr Chancen – und damit die Männer, die nicht nur gut aussehen, sondern die uns auch guttun.

Wie es sich anfühlt, älter zu werden, hat auch viel damit zu tun, wie wir es bei anderen erleben, bei Freundinnen, bei unseren Müttern – und wie wir es unseren Töchtern vorleben. Und ob wir großzügig sein können bei der Bewertung anderer.

Und der Eisprungkick? Dieses Gefühl, beachtet zu werden, begehrt zu sein, schön und selbstbewusst? Es entsteht ja auch aus dem Kontrast zu den Zyklusphasen, in denen wir uns weinerlich fühlen, unattraktiv und angreifbar. Streichen Sie gedanklich mal diese ganzen Tage, an denen Sie sich mit dem Partner einen zickigen Kleinkrieg um die offene Zahnpastatube liefern und Sie so dünnhäutig sind, dass Ihnen das Wasser in die Augen steigt, weil die Chefin Sie vor der versammelten Mannschaft kritisiert. Was bleibt? Ziemlich viel. »Wenn man weltweit die Energie und Power aller Frauen, die derzeit in der Menopause sind, in die Kraft eines Erdbebens umwandeln würde, dann würde der Planet Erde zerbersten«, schreibt Entertainerin Desiree Nick (58) in ihrem Buch »Gibt es ein Leben nach 50? Ein Beitrag zum Klimawandel«.

Die Menopause gibt uns die Chance, selber zu bestimmen, wie wir wirken, ohne dass die manchmal doch durchaus etwas unberechenbaren Zyklushormone dazwischenfunken. Der Spaß ist noch lange nicht vorbei.

WAS FRAUEN ERZÄHLEN

Helen, 43, Friseurin

Ich freue mich darauf, wenn es vorbei ist. Wenn ich frei bin vom Zyklus. Aber ich bin auch unsicher: Hoffentlich bleibe ich sexuell attraktiv und habe noch ein Lustempfinden. Hoffentlich halte ich die üblichen Wechseljahresbeschwerden aus, man liest ja so viel darüber. Hoffentlich werde ich nicht so eine übellaunige Zicke. Ich kenne nämlich Frauen, die mit den Wechseljahren übellauniger wurden und gereizter, die dicker oder hagerer geworden sind, nachts nicht mehr schlafen, viel schwitzen. So will ich nicht werden.

Imke, 41, Business Coach

Wenn ich an die Wechseljahre denke, bin ich zwiegespalten. Auf der einen Seite denke ich: »*Dann bin ich den Scheiß endlich los.*« *Auf der anderen Seite weiß ich nicht, ob und wie sie mich verändern werden. Das ist eine Angst, die mich schon viele Jahre meines Lebens begleitet: Freundinnen, die, als die Kinder da waren, ein negatives Bild von Sex und Leidenschaft hatten. Nach dem Motto:* »*Die Kinder reichen mir, bloß nicht noch ein Mann, der Nähe will.*« *So etwas kann ja auch mit den Wechseljahren kommen. Und dann dieses Absolute: Jetzt kann ich keine Kinder mehr bekommen – obwohl ich keine mehr will. Es hat eine Endgültigkeit, die Männer nie erleben. Ich habe Angst, dass ich den Erwartungshaltungen meines Partners nicht mehr gerecht werden kann. Nicht weil ich es nicht mehr will, Sex zum Beispiel, sondern weil das Gefühl weg ist. Ich kann mir nicht vorstellen, dass, wenn das Gefühl noch da ist für den Partner, dass man dann keine Nähe, sprich, auch keinen Sex mehr mag.*

Wenn aber diese ganze Emotionalität, auch der Antrieb, sich auseinanderzusetzen, wegfiele wegen der fehlenden Hormone, würde ich das sehr schrecklich finden. Schließlich ist es ja normal, seine Interessen zu vertreten, sich zu behaupten, sich auch mal zu streiten in einer Beziehung. Wenn da nur noch Gleichgültigkeit herrscht ...

FAZIT

DIE ZYKLUSSTRATEGIE – WIE SIE DIE STARKEN TAGE ERFOLGREICH FÜR SICH NUTZEN

Den Zyklus nutzen? Für die Herausforderungen des Alltags, für die Karriere, den Erfolg?

Erinnern Sie sich? Das haben wir Sie in unserer Einführung gefragt. Den Zyklus also nicht nur irgendwie hinter sich bringen, sondern im Gegenteil von ihm profitieren – im Alltag, für die Karriere, den Erfolg? Denken Sie immer noch: »So ein Blödsinn?« Finden Sie diesen Gedanken wirklich noch verrückt?

Als wir mit Frauen für unser Buch sprachen, war unsere erste Frage: Was fällt Ihnen spontan ein, wenn Sie an den Zyklus denken? Die Antworten drehten sich meistens um PMS, Periode, Verhütung und ihre Nebenwirkungen und ums Kinderkriegen samt Schwierigkeiten, den richtigen Zeitpunkt zu treffen.

Wären Ihre Antworten, liebe Leserinnen, ähnlich ausgefallen?

Und wenn wir Sie jetzt fragen, wie Sie inzwischen über Ihren Zyklus denken: Fiele Ihre Antwort anders aus? Welche Beobachtungen und Erfahrungen haben Sie inzwischen gemacht?

Der Zyklus ist einer der Faktoren, die uns Frauen beeinflussen. Ein Faktor neben Gesundheit, Partnerschaft, Lebensverhältnissen, aber ein bedeutender Faktor. Weil er immer da ist. Und weil er mehr kann, als nur lästig zu sein. Der Zyklus kann Kräfte freisetzen, er kann attraktiv machen, sensibel, empathisch, schlagfertig und belastbar.

Wir haben eine Idee davon bekommen, warum das so ist und welche uralte biologische Strategie dahintersteckt. Warum uns das Östrogen beflügelt und das Progesteron wieder auf den Boden holt. Und wofür das alles einmal gut war: nämlich aus der Horde fellummantelter Mammutjäger den richtigen Mann auszuwählen – und ihn auf uns aufmerksam zu machen.

Nicht zu unserem Vergnügen natürlich, nein, die Evolution will es so: Sie legt Wert auf die besten Gene. Und seien es die eines ganz anderen, aber sehr attraktiven Jägers. Wir mussten unserem Partner, dem zuverlässigen Buchhaltertypen im kleinkarierten Fellhemd, ja nichts davon sagen.

Was machen wir heute mit diesem Wissen? Wie kann uns der Zyklus nutzen, wo es nicht mehr darauf ankommt, sich vom nächstbesten Vorgesetzten mit markantem Kinn die besten Gene zu holen, sondern zu verhindern, dass er uns in der Konferenz die lästige Protokollarbeit aufdrückt. Uns jemanden von unseren Projekten abzieht. Die längst fällige Gehaltserhöhung verweigert.

Und warum kann es von Vorteil sein, eine persönliche Zyklusstrategie zu haben?

Wir füttern unseren Terminkalender mit allem Möglichen. Oft sind es Termine – mal abgesehen vom Friseurbesuch oder dem Mädelsabend –, die man notiert, weil andere es uns vorgeben, um lästigen Alltagskram abzuarbeiten, Routinesachen abzuhaken: Konferenzen, Steuererklärung, Elternabend, Geburtstage, Blazer aus der Reinigung holen, Vorsorgeuntersuchung. Wir organisieren unser Leben, erfüllen Aufgaben, Ansprüche, Wünsche und manchmal auch Träume. Wollen perfekte Präsentationen in der Tasche haben, dazu jede Menge Wissen im Kopf. Wir haben Ratschläge für andere parat, sind meistens erreichbar, fast immer auf Stand-by. Viele von uns schleppen kiloweise schlechtes Gewissen mit sich herum, weil sie ahnen, dass Kind, Partner oder Freunde zu kurz kommen – und oft auch sie selbst.

Wir wissen, was wir tun müssen, um erfolgreich zu verhandeln, zu flirten, Job und Familienalltag zu managen. Aber nutzen wir dabei wirklich alle Ressourcen? Welche Vorteile könnte es haben, den Zyklus in unseren Terminkalender einzutragen?

Vielleicht wirken wir auf den Bewerbungsfotos strahlender, wenn wir uns während unserer fruchtbaren Tage ablichten lassen. Machen wir uns effektiver fit, wenn wir das Krafttraining in die erste Zyklushälfte verlegen. Können wir zur Zyklusmitte den Partner von unseren Urlaubswünschen überzeugen, dazu den Chef von unserem neuen Projekt und haben auf der Ü30-Party obendrein noch mehr Spaß.

Weil wir um unsere Stärken wissen und erkennen, dass uns die Hormone jetzt gerade pushen.

Wir könnten aber auch sehen, welche unserer Termine sich mit welchen Zyklusphasen überschneiden – und daraus die richtigen Schlussfolgerungen ziehen. Entspannter zum Familienessen gehen, wissend, dass Zurückhaltung gerade mehr bringt, als auf die Sticheleien der Schwiegermutter hysterisch zu reagieren und den Partner gleich mit vor den Kopf zu stoßen. Ist es nicht wunderbar, neben die Falle zu treten statt direkt hinein? Vorbereitet zu sein statt überrascht?

Wenn wir zum Beispiel sehen, dass das Jahresgespräch in der Firma mitten in die Heultage fällt: Vorsicht – lässt es sich vielleicht verschieben? Bestimmt findet sich ein wichtiges Projekt, das Sie dringend fertig machen müssen und das leider vorgeht ...

Und wir könnten auch sonst schauen: Wo stehe ich gerade im Zyklus? Wie wird meine Stimmung sein? Werde ich in dieser Woche eher selbstbewusst vor Kleiderschrank und Spiegel stehen? Oder stelle ich mir den Wecker lieber eine halbe Stunde früher, weil ich mit mir und meinem Outfit hadern werde, mehr Make-up brauche und einen dritten Kaffee, bevor ich aus dem Haus komme?

Oder aber wird mich der Hormonturbo zur Superfrau machen? Dann könnte ich noch ein paar Extras auf die To-do-Liste setzen. Und vielleicht ist es ratsam, noch mal zu hinterfragen, ob das kurze rote Kleid nicht ein wenig overdressed wirkt oder gerade genau richtig.

Haben Sie nachgedacht, sich beobachtet, in sich hineingehorcht, während Sie dieses Buch gelesen haben? Haben Sie vielleicht sogar schon eine Idee davon, was sich in Ihrem Leben mit einer persönlichen Zyklusstrategie verändern könnte?

Wir wünschen Ihnen viel Erfolg!
Sabeth Ohl und Eva Dignös

DANK

Dr. Susanne Röder und Dr. Stephanie Eder waren unsere ersten Leserinnen. Wir bedanken uns für ihren kritischen Blick, ihr wertvolles Feedback, ihre Beratung und für die Begeisterung, mit der sie unser Projekt begleitet haben.

Wir danken den Wissenschaftlern, die sich für uns Zeit nahmen, uns Einblick in ihre Arbeit gewährten und uns in unserer Überzeugung bestätigten, dass der Zyklus viel mehr ist als ein lästiges wiederkehrendes Ereignis:

Herzlichen Dank, Prof. Dr. Kai Bühling vom Universitätsklinikum Hamburg-Eppendorf, Dr. Kelly Cobey von der University of Stirling, Dr. Almut Dorn, Praxis für Gynäkologische Psychosomatik in Hamburg, Dr. Kristina Durante von der University of Texas in San Antonio, Prof. Dr. Hugo Fastl von der TU München, Dr. Bernhard Fink von der Universität Göttingen, Prof. Dr. Karl Grammer von der Universität Wien, Prof. Dr. Hanns Hatt von der Universität Bochum, Prof. Dr. Markus Heinrichs von der Universität Freiburg, Dr. Katharina Hirschenhauser von der Pädagogischen Hochschule Oberösterreich in Linz, Prof. Dr. Johannes Huber von der Medizinischen Universität in Wien, Dr. Alexander Lischke von der Universität Greifswald, Prof. Dr. Janek Lobmaier von der Universität Bern, Dr. Belinda Pletzer von der Universität Salzburg, Dr. Susanne Röder von der Universität Bamberg und Prof. Dr. Frank Sommer vom Universitätsklinikum Hamburg-Eppendorf. Und wir bedanken uns sehr bei den vielen Frauen, die bereit waren, uns ihre Zyklusgeschichten zu erzählen.

Wir danken Prof. Dr. Matthias Spörrle von der Privatuniversität Schloss Seeburg bei Salzburg für seine Impulse zur Interpretation und praktischen Relevanz der Studienergebnisse.

Unser Dank gilt auch Maria da Silva und Christoph Hohenberger für ihre Unterstützung bei Recherchen und Übersetzungen.

Ganz besonders bedanken möchten wir uns bei unserer Agentin Barbara Wenner, die an das Thema geglaubt und uns mit Feingefühl und Beharrlichkeit ermutigt, beraten und unterstützt hat.

Wir danken dem Piper Verlag und unserer Lektorin Anne Stadler für ihr Interesse an unserem Thema und ihr Engagement für unser Buch.

Und wir sind unseren Familien dankbar für ihre liebevolle Unterstützung.

Hamburg und München im Mai 2015

GLOSSAR

Die wichtigsten Stichwörter zum Zyklus

Follikelphase: Der erste Akt des Zyklus, auch Eireifungsphase genannt. Die Follikelphase beginnt mit dem ersten Tag der Menstruation und dauert bis zum Eisprung. In dieser Zeit wachsen in den Eierstöcken ein bis zwei Dutzend Eibläschen – in der Fachsprache Follikel – heran. Eines davon wird besonders groß und entlässt schließlich eine Eizelle in den Eileiter Richtung Gebärmutter. Wie lange die Follikelphase dauert, ist nicht nur von Frau zu Frau verschieden, sondern kann auch von Zyklus zu Zyklus sehr stark differieren. Von zehn bis 21 Tagen ist alles möglich. Also kein Stress, wenn der gesamte Zyklus vom 28-Tage-Durchschnittswert abweicht: 25 bis 35 Tage gelten als völlig normal.

Lutealphase: Die Tage zwischen dem Eisprung und dem Beginn der nächsten Menstruation, auch Gelbkörperphase genannt. Die Lutealphase ist deutlich berechenbarer als die Follikelphase: Sie dauert rund zwei Wochen und dient dazu, einer befruchteten Eizelle die weiteren Zellteilungsschritte und den Einzug in die Gebärmutter möglichst angenehm zu gestalten. Registriert der Körper, dass es gar keine Befruchtung gab, beendet er die entsprechenden Aktivitäten wieder und läutet die nächste Eireifungsphase ein.

Östrogen: Ist der Oberbegriff für eine ganze Familie von weiblichen Sexualhormonen, von denen die wichtigsten Östron, Östradiol und Östriol sind. Sie regieren vor allem in der ersten Hälfte des Zyklus und machen alles für den Eisprung bereit. Die Hauptöstrogenfabriken sind die Eierstöcke, Filialen liegen in der Nebennierenrinde und im Fettgewebe. Übrigens: Auch Männer produzieren Östrogen. Für einen Eisprung reicht's allerdings nicht ...

Ovulation: Besser bekannt als Eisprung. Dabei schickt das Eibläschen, das sich in der Eireifungsphase am besten entwickelt hat, eine Eizelle auf den Weg. Ihre Mission ist es, mit einer männlichen Samenzelle zu verschmelzen. Rund 24 Stunden bleiben dafür Zeit. Manchmal springen auch zwei Eier. Werden beide befruchtet, entstehen zweieiige Zwillinge.

PMS (Prämenstruelles Syndrom): Die fiesen Tage vor den »Tagen«. Bevor mit der Menstruation ein neuer Zyklus beginnt, fährt der Körper die Produktion der beiden wichtigsten Zyklushormone Östrogen und Progesteron herunter. Das ist das Startsignal für die nächste Runde und für viele Frauen erst einmal ziemlich belastend. Sie fühlen sich abgeschlagen und gereizt, haben Bauchschmerzen oder schlafen schlecht. Was genau die Symptome auslöst, kann man bisher nur vermuten: Manche Frauen reagieren offenbar sensibler auf die Schwankungen im Hormonhaushalt.

Progesteron: Dominiert die zweite Zyklushälfte. Man nennt es auch Gelbkörperhormon, weil es vom Gelbkörper gebildet wird. Der ist tatsächlich gelb und bleibt auf dem Eierstock zurück, wenn die Eizelle den Sprung in den Eileiter wagt. Progesteron sorgt unter anderem dafür, dass in der Gebärmutter ein gemütliches Nest für ein befruchtetes Ei entsteht.

Das Hormon gehört zur Familie der Gestagene. Eine ganze Reihe weiterer Vertreter dieser Familie werden im Labor hergestellt und kommen beispielsweise in der Pille zum Einsatz. Sie sind dem Progesteron ähnlich, aber nicht ganz genau gleich.

Testosteron: Gehört zu den Androgenen, den männlichen Sexualhormonen, und gilt als das Powerhormon für den Mann. Es sorgt für die Libido und Standhaftigkeit beim Sex, steuert Schlaf, Antrieb und Stimmung, fördert den Muskelaufbau und den Fettabbau an Bauch und Hüfte. Testosteron wird in Verbindung gebracht mit Aggression, Egoismus und Dominanz. Forscher haben aber gezeigt, dass es außerdem faires Verhalten fördern und positive Effekte auf das soziale Verhalten in der Gruppe haben kann. Ein bisschen Testosteron steckt auch in jeder Frau. Es wird in kleinen Mengen in den Eierstöcken und in der Nebenniere produziert. Kurz vor der Menstruation kurbelt es die Talgdrüsen an, kann für unreine Haut und den berühmten Bad-Hair-Day sorgen.

Zyklus: Der Rhythmus der fruchtbaren und unfruchtbaren Tage einer Frau. Hormone sorgen dafür, dass eine Eizelle heranreift, die dann nach dem Eisprung rund 24 Stunden lang von einer männlichen Samenzelle befruchtet werden könnte. Zugleich wird in der Gebärmutter alles für eine mögliche Schwangerschaft vorbereitet. Fand keine Befruchtung statt, wird alles wieder rückgängig gemacht, und der nächste Zyklus beginnt. 25 bis 35 Tage dauert das normalerweise. Wie viele Zyklen eine Frau in ihrem Leben hat, hängt unter anderem davon ab, wann sie ihre erste Periode hat, ob und wie oft sie schwanger ist oder ob sie mit Hormonen verhütet. Denn die meisten Pillen unterdrücken den Eisprung.

Fachliche und wissenschaftliche Beratung

Dr. rer. nat. Susanne Röder, Verhaltensbiologin an der Universität Bamberg

Dr. med. Stephanie Eder, Gynäkologin und niedergelassene Frauenärztin in Gräfelfing bei München

QUELLENVERZEICHNIS

Kapitel 1: Ohne Hormone geht es nicht

Vielfalt der Biologie: Nicht alles läuft nach dem gleichen Programm

Dr. Kelly Cobey, Department of Psychology, University of Stirling, im Interview mit Sabeth Ohl

Dr. Almut Dorn, Hamburg, im Interview mit Eva Dignös

Kravitz, H. M. et al. »Relationship of day-to-day reproductive hormone levels to sleep in midlife women«. *Arch Intern Med*, 165(20), (2005), 2370–2376.

Stellschrauben des Zyklus

Prof. Dr. Kai Bühling, Leiter der Hormonsprechstunde und Konsiliarius der Klinik und Poliklinik für Gynäkologie, Universitätsklinikum Hamburg-Eppendorf, im Interview mit Eva Dignös

Bundesinstitut für Risikobewertung. »Isolierte Isoflavone sind nicht ohne Risiko«. Aktualisierte Stellungnahme Nr. 039/2007 des BfR vom 3. April 2007, http://www.bfr.bund.de/cm/343/isolierte_isoflavone_sind_nicht_ohne_risiko.pdf

Schliep, K. C. et al. »Caffeinated beverage intake and reproductive hormones among premenopausal women in the BioCycle Study«. *The American journal of clinical nutrition*, 95(2), (2012), 488–497.

Gute Tage, schlechte Tage:
Was wir von unseren Müttern erben

Hering, Sabine, Maierhof, Gudrun. *Die unpässliche Frau. Sozialgeschichte der Menstruation und Hygiene.* Frankfurt/Main: Mabuse 2002.

McClintock, M. K. »Menstrual synchrony and suppression«. *Nature*, 229(5282), (1971), 244–245.

Raith-Paula, Elisabeth. *Was ist los in meinem Körper. Alles über Zyklus, Tage, Fruchtbarkeit.* München: Pattloch 2008.

Robinson, K. M. *Systems & Cycles. Mother-daughter perceptions of interaction across the menstrual cycle. Proceedings of the 12th National Conference of the Society for Menstrual Cycle Research,* Chicago: UIC. June 4, 1997, Chicago 1997.

Hormone aus der Schachtel

Prof. Dr. Johannes Huber, Wien, im Interview mit Sabeth Ohl

Dr. Belinda Pletzer, Centre for Cognitive Neuroscience, Universität Salzburg, im Interview mit Eva Dignös

Bundeszentrale für gesundheitliche Aufklärung (Hrsg.). *Jugendsexualität. Repräsentative Wiederholungsbefragung von 14- bis 17-Jährigen und ihren Eltern.* Köln 2010, http://www.tns-emnid.com/politik_und_sozialforschung/pdf/Jugendsexualitaet.pdf.

Bundeszentrale für gesundheitliche Aufklärung (Hrsg.). *Verhütungsverhalten Erwachsener. Ergebnisse der Repräsentativ-*

befragung. Köln 2011, http://www.forschung.sexualauf-klaerung.de/fileadmin/fileadmin-forschung/pdf/BZGA-11-00988_Verhue_tungsverhalten_Erwachsener_DE_low.pdf.

Kapitel 2: Jeder Tag ist anders – wie die Hormone uns steuern

Der Zyklus und das Denken:
Einparken, Rotieren, Orientieren

Dr. Belinda Pletzer, Centre for Cognitive Neuroscience, Universität Salzburg, im Interview mit Eva Dignös

Hausmann, M. et al. »Sex hormones affect spatial abilities during the menstrual cycle«. *Behavioral Neuroscience*, 114, (2000), 1245–1250.

Jones, C., Healy, S. »Differences in cue use and spatial memory in men and women«. *Proceedings of the Royal Society B: Biological Sciences*, 273(1598), (2006), 2241.

Pletzer, B. et al. »Hormonal contraceptives masculinize brain activation patterns in the absence of behavioral changes in two numerical tasks«. *Brain research*, 1543, (2014), 128–142.

Quaiser-Pohl, C., Jordan, K. *Warum Frauen glauben, sie könnten nicht einparken – und Männer ihnen Recht geben. Über Schwächen, die gar keine sind*. München: C. H. Beck 2004.

Wolf, C. C. »Sex differences in parking are affected by biological and social factors«. *Psychological Research*, 74, (2010), 429–435.

Von Warmherzigkeit, Aufmerksamkeit und Wachsamkeit

Ball, A. et al. »Variability in ratings of trustworthiness across the menstrual cycle«. *Biological Psychology*, 93(1), (2013), 52–57.

De Neys, W. et al. »Low second-to-fourth digit ratio predicts indiscriminate social suspicion, not improved trustworthiness detection«. *Biology Letters*, 9(2), (2013).

Derntl, B. et al. »Association of menstrual cycle phase with the core components of empathy«. *Hormones and Behavior*, 63(1), (2013), 97–104.

Derntl, B. et al. »Facial emotion recognition and amygdala activation are associated with menstrual cycle phase«. *Psychoneuroendocrinology*, 33, (2008), 1031–1040.

Markey, P., Markey, C. »Changes in women's interpersonal styles across the menstrual cycle«. *Journal of Research in Personality*, 45(5), (2011), 493–499.

Masataka, N., Shibasaki, M. »Premenstrual enhancement of snake detection in visual search in healthy women«. *Scientific reports*, 2, (2012), 307

Merz, C. J. et al. »Oral contraceptive usage alters the effects of cortisol on implicit fear learning«. *Hormones and Behavior*, 62(4), (2012), 531–538.

Shoppen: Marken, Sex und Eiscreme

Dr. Kristina Durante, Department of Marketing, University of Texas, San Antonio, im Interview mit Sabeth Ohl

Boezio, A. *I'm Too Sexy (Exciting, Sophisticated, and Sincere) For My Brands. Menstrual Cycle Effects on Attitudes Toward Brand Personalities*. Masters thesis, Concordia University, Montreal 2012.

Brigham Young University, Provo. »Wearing high heels can change the way you shop. Physical experience of balance influences consumer choices«. Pressemitteilung vom 26.8.2013,

http://news.byu.edu/archive13-aug-highheels.aspx.

Durante, K. »Money, Status and the Ovulatory Cycle«. *Journal of Marketing Research*, 51(1), (2014), 27–39.

Faraji-Rada, A. »Women seek more variety in rewards when closer to ovulation«. *Journal of Consumer Psychology*, 23(4), (2013), 503–508.

Nielsen, New York. »Women of Tomorrow«. Pressemitteilung vom 28.6.2011, http://www.nielsen.com/us/en/press-room/2011/women-of-tomorrow.html.

Saad, G., Stenstrom, E. »Calories, beauty, and ovulation. The effects of the menstrual cycle on food and appearance-related consumption«. *Journal of Consumer Psychology*, 22(1), (2012), 102–113.

Sport nach Terminkalender

Han, A. et al. »Strength training and the menstrual cycle. A pilot study on muscular strength, macroscopic and microscopic parameters«. *Book of Abstracts: 13th Annual Congress of the European College of Sport Science, ECSS Estoril 08*, (2008), 185.

Hotter, B. et al. »Das weibliche Knie im Alpinen Skilauf: Ergebnisse des Frauen-Pow(d)er Projektes«. *In: Österreichisches Kuratorium für Alpine Sicherheit (Hrsg.): Sicherheit im Bergland,* Jahrbuch 2006, 80–85.

Lee, C. W. et al. »Oral Contraceptive Use Impairs Muscle Gains in Young Women«. *(Abst. 955.25). Experimental Biology 2009, New Orleans (April 21).*

Platen, P. »Individuelles Training im Rhythmus des Hor-

monzyklus könnte Sportlerinnen natürliche Leistungs-
steigerungen bringen – Warum dopen?« *Rubin*, 18(1),
(2008), 6–11.

Wojtys, E. M. »Association between the menstrual cycle and
anterior cruciate ligament injuries in female athletes«. *Am
J Sports Med*, 28(5), (1998), 747.

Politisch korrekt? Von Eisprüngen und Präsidentschaftswahlen

Durante, K. M. »The Fluctuating Female Vote: Politics, Religion, and the Ovulatory Cycle«. *Psychological Science*,
24(6), (2013), 1007–1016.

Von wegen nur die Frauen. Auch Männer haben Hormone

Dr. Katharina Hirschenhauser, Pädagogische Hochschule
Oberösterreich, Linz, im Interview mit Sabeth Ohl

Prof. Dr. Johannes Huber, Wien, im Interview mit Sabeth
Ohl

Prof. Dr. Frank Sommer, Universitätsklinikum Hamburg-
Eppendorf, im Interview mit Sabeth Ohl

Diekhof, E. K. »Does Competition Really Bring Out the
Worst? Testosterone, Social Distance and Inter-Male
Competition Shape Parochial Altruism in Human Males«.
PLoS ONE 9(7): e98977.

Hirschenhauser, K. »Monthly Patterns of Testosterone and
Behavior in Prospective Fathers«. *Hormones and Behavior*,
42, (2002), 172–181.

Universität Hamburg. »Besser als sein Ruf: Testosteron fördert auch soziales Verhalten«. Online-Newsletter Nr. 66,
September 2014, http://www.uni-hamburg.de/news-

letter/september-2014/besser-als-sein-ruf-testosteron-foerdert-auch-soziales-verhalten.html.

World Health Organization. *Laboratory manual for the examination of human semen and sperm-cervical mucus interaction*, WHO 5th ed., 2010.

World Health Organization. *Laboratory manual for the examination of human semen and sperm-cervical mucus interaction*, WHO 3rd ed., 1993.

Kapitel 3: Unbewusste Signale

Der Duft der Frauen

Prof. Dr. Karl Grammer, Department für Anthropologie, Universität Wien, im Interview mit Sabeth Ohl

Prof. Dr. Hanns Hatt, Lehrstuhl für Zellphysiologie, Ruhr-Universität Bochum, im Interview mit Sabeth Ohl

Gildersleeve, K. A. et al. »Body odor attractiveness as a cue of impending ovulation in women. Evidence from a study using hormone-confirmed ovulation«. Grammer, K., Jütte, A. »Der Krieg der Düfte. Bedeutung der Pheromone für die menschliche Reproduktion«. *Gynäkologisch Geburtshilfliche Rundschau*, 37, (1997), 150–153.

The Rockefeller University, New York. »Sniff study suggests humans can distinguish more than 1 trillion scents«. Pressemitteilung vom 20.3.2014, http://newswire.rockefeller.edu/2014/03/20/sniff-study-suggests-humans-can-distinguish-more-than-1-trillion-scents.

Wysocki, C. J. et al. »Cross-adaptation of a model human stress-related odor with fragrance chemicals and ethyl esters of axillary odorants: gender-specific effects«. *Flavour and Fragrance Journal*, 24, (2009), 209–216.

Strategie der Bewegung

Dr. Bernhard Fink, Department of Biological Personality & Assessment and Courant Research Center ›Evolution of Social Behavior‹, Universität Göttingen, im Interview mit Sabeth Ohl

Fink, B. et al. »Women's body movements are a potential cue to ovulation«. *Personality & Individual Differences*, 53(6), (2012), 759–763.

Gristock, J. »The secret behind a woman's sexy walk«. *New Scientist*, 10.11.2007, 196(2629), 14.

Guéguen, N. »Gait and menstrual cycle: Ovulating women use sexier gaits and walk slowly ahead of men«. *Gait & Posture*, 35(4), (2012), 621–624.

Neave, N. et al. »Male dance moves that catch a woman's eye«. *Biology Letters*, 7, (2011), 221–224.

Nicholas, A. et al. »A Woman's' History of Vaginal Orgasm is Discernible from Her Walk«. *Journal of Sexual Medicine*, 5(9), (2008), 2119–2124.

Pratt, M. »Oddball science honors awarded«. *Los Angeles Times*, 4.10.2008, http://articles.latimes.com/2008/oct/04/science/sci-ignobel4.

Von Schönheit und Ausstrahlung

Prof. Dr. Janek Lobmaier, Institut für Psychologie, Universität Bern, im Interview mit Sabeth Ohl

Abramov, I. et al. »Sex & vision I: Spatio-temporal resolution«. *Biology of Sex Differences*, (2012), 3(1), 20.

Bobst, C., Lobmaier, J. S. »Mens' Preference for the Ovulating Female is Triggered by Subtle Face Shape Differences«. *Hormones and Behavior*, 62(4), (2012), 413–417.

Mercer Moss, F. J. »Eye Movements to Natural Images as a

Function of Sex and Personality«. PLoS One, 7(11), (2012), e47870.

Verführerische Farben: Woman in Red

Prof. Dr. Hugo Fastl, Lehrstuhl für Mensch-Maschine-Kommunikation an der TU München, im Interview mit Sabeth Ohl

Beall, A. T., Tracy, J. L. »Women are more likely to wear red or pink at peak fertility«. *Psychological science*, 24(9), (2013), 1837–1841.

Changizi, M. A. et al. »Bare skin, blood and the evolution of primate colour vision«. *Biology Letters*, 2, (2006), 217–221.

Elliot, A. J. et al. »Red, Rank, and Romance in Women Viewing Men«. *Journal of Experimental Psychology: General*, 139, (2010), 399–417.

Guéguen, N., Jacob, C. »Clothing Color and Tipping: Gentlemen Patrons Give More Tips to Waitresses With Red Clothes«. *Journal of Hospitality & Tourism Research*, 18.4.2012.

Pazda, A. D. et al. »Perceived sexual receptivity and fashionableness: Separate paths linking red and black to perceived attractiveness«. *Color Research and Application*, 39(2), (2014), 208–212.

Theroux, A. Rot: *Anleitungen eine Farbe zu lesen.* Hamburg: Europäische Verlagsanstalt 1998.

Kapitel 4: Ich, die anderen und die Launen der Natur

Zickentage

Bhattacharya, S. »Fertile women rate other women as uglier«. *New Scientist*, 18.2.2004, http://www.newscientist.com/article/dn4691-fertile-women-rate-other-women-as-uglier.html#.VMdPsy4pmQk.

Buunk, A. P., Fisher, M. »Individual differences in intrasexual competition«. *Journal of Evolutionary Psychology*, 7(1), (2009), 37–48.

Dunbar, R. *Klatsch und Tratsch. Wie der Mensch zur Sprache fand.* München: Bertelsmann 1998.

Fisher, M. L. »Female intrasexual competition decreases female facial attractiveness«. *Proceedings of the Royal Society of London. Series B: Biological Sciences*, 271(Suppl 5), (2004), S283–S285.

Vaillancourt, T., Sharma, A. »Intolerance of Sexy Peers: Intrasexual Competition Among Women«. *Aggressive Behavior*, 37(6), (2011), 568–576.

Zykluspower: Chef, ich will mehr Geld – und was jetzt noch alles besser klappen könnte

Dr. Kelly Cobey, Department of Psychology, University of Stirling, im Interview mit Sabeth Ohl

Dr. Kristina Durante, Department of Marketing, University of Texas, San Antonio, im Interview mit Sabeth Ohl

Anderl, C. »Das sind die Hormone! Weibliche Kooperationspräferenzen variieren über den Menstruationszyklus«. Blitzlichtvortrag beim 49. Kongress der Deutschen Gesellschaft für Psychologie, Sept. 2014, Bochum.

Buser, T. »The impact of the menstrual cycle and hormonal

contraceptives on competitiveness«. *Journal of Economic Behavior & Organization*, 83(1), (2012), 1–10.

Durante, K. M. »Money, status, and the ovulatory cycle«. *Journal of Marketing Research*, 54(1), (2014), 27–39.

Kapitel 5: Warum wir uns finden – oder auch nicht

Wer ist attraktiv?

Dr. Susanne Röder, Lehrstuhl für Allgemeine Psychologie, Universität Bamberg, im Interview mit Sabeth Ohl

Blackburn, K., Schirillo, J. »Emotive hemispheric differences measured in real-life portraits using pupil diameter and subjective aesthetic preferences«. *Experimental brain research*, 219(4), (2012), 447–455.

Emslie, C. et al. »Perceptions of body image amongst working men and women«. *Journal of Epidemiology and Community Health*, 55(6), (2001), 406–407.

Grammer, K. et al. »Darwinian Aesthetics: Sexual Selection and the Biology of Beauty«. *Biological Reviews*, 78/3, (2003), 385–407.

Kniffin, K. M., Wilson, D. S. »The effect of nonphysical traits on the perception of physical attractiveness. Three naturalistic studies«. *Evolution and Human Behavior*, 25, (2004), 88–101.

Zhang, Y. et al. »Personality manipulations: Do they modulate facial attractiveness ratings?« *Personality and Individual Differences*, 70, (2014), 80–84.

Liebe des Lebens oder großer Irrtum: Wie der Zyklus die Partnerwahl beeinflusst

Dr. Kristina Durante, Department of Marketing, University of Texas, San Antonio, im Interview mit Sabeth Ohl

Durante, K. M. et al. »Ovulation leads women to perceive sexy cads as good dads«. *Journal of personality and social psychology*, 103(2), (2012), 292–305.

Hughes, S. M. et al. »Sex Differences in Romantic Kissing Among College Students: An Evolutionary Perspective«. *Evolutionary Psychology*, 5(3), (2007), 612–631.

University of Oxford. »Kissing helps us find the right partner – and keep them«. Pressemitteilung vom 11.10.2013, http://www.ox.ac.uk/news/2013-10-11-kissing-helps-us-find-right-partner---and-keep-them.

Wlodarski, R., Dunbar, R. I. M. »Menstrual Cycle Effects on Attitudes toward Romantic Kissing«. *Human Nature*, 24(4), (2013), 402–413.

Zentner, M., Mitura, K. »Stepping out of the Caveman's Shadow: Nations' gender gap predicts degree of sex differentiation in mate preferences«. *Psychological Science*, 25(10), (2012), 1176–1185.

Das Auf und Ab der weiblichen Lust

Prof. Dr. Johannes Huber, Wien, im Interview mit Sabeth Ohl

Roney, J. R., Simmons, Z. L. »Hormonal predictors of sexual motivation in natural menstrual cycles«. *Hormones and Behavior*, 63(4), (2013), 636–645.

Rudski, J. M. et al. »Effects of Menstrual Cycle Phase on Ratings of Implicitly Erotic Art«. *Archives of Sexual Behavior*, 40(4), (2011), 767–773.

Wallwiener, C. W. et al. »Prevalence of Sexual Dysfunction and Impact of Contraception in Female German Medical Students«. *Journal of Sexual Medicine*, 7(6), (2010), 2139–2148.

Pille und Partnerschaft: Wenn Hormone mehr verhüten, als sie sollen

Dr. Susanne Röder, Lehrstuhl für Allgemeine Psychologie, Universität Bamberg, im Interview mit Sabeth Ohl

Little, A. C. »Oral contraceptive use in women changes preferences for male facial masculinity and is associated with partner facial masculinity«. *Psychoneuroendocrinology*, 38(9), (2013), 1777–1785.

Roberts, S. C. et al. »Relationship satisfaction and outcome in women who meet their partner while using oral contraception«. *Proceedings of the Royal Society B-Biological Sciences*, 279(1732), (2012), 1430–1436.

Welling, L. L. M. et al. »Hormonal contraceptive use and mate retention behavior in women and their male partners«. *Hormones and Behavior*, 61(1), (2012), 114–120.

Kapitel 6: Von Eifersucht und Abwegen

Leiden schaffen ohne Not

Carlson School of Management, University of Minnesota, Minneapolis. »Research reveals luxury products' role in relationships«. Pressemitteilung vom 24.7.2013, http://blog.lib.umn.edu/berg1366/forthemedia/2013/07/ university-of-minnesota-research-reveals-luxury-products-role-in-relationships.html.

Cobey, K. D. et al. »Reported jealousy differs as a function of menstrual cycle stage and contraceptive pill use: a within-subjects investigation«. *Evolution and Human Behavior*, 33(4), (2012), 395–401.

University of Groningen. »Birth Control pill can intensify jealousy experiences within intimate relationships«. Pressemitteilung vom 27.8.2013, http://www.rug.nl/news/2013/08/0827-promotie-kelly-cobey?lang=en.

Wang, Y., Griskevicius, V. »Conspicuous Consumption, Relationships, and Rivals: Women's Luxury Products as Signals to Other Women«. *Journal of consumer research*, 40(5), (2014), 834–854.

Fremdgehen als Überlebensstrategie

Dr. Susanne Röder, Lehrstuhl für Allgemeine Psychologie, Universität Bamberg, im Interview mit Sabeth Ohl

Alvergne, A. et al. »Differential facial resemblance of young children to their parents: Who do children look like more?« *Evolution and Human Behavior*, 28, (2007), 135–144.

Andrews, P. W. et al. »Sex differences in detecting sexual infidelity: Results of a maximum likelihood method for analyzing the sensitivity of sex differences to under-reporting«. *Human Nature*, 19(4), (2008), 347–373.

Burriss, R. P., Little, A. C. »Effects of partner conception risk phase on male perception of dominance in faces«. *Evolution and Human Behavior*, 27(4), (2006), 297–305.

Durante, K. M., Li, N. P. »Oestradiol level and opportunistic mating in women«. *Biology Letters*, 5(2), (2009), 179–182.

Durante, K. M., Li, N. P., Haselton, M. G. »Changes in Women's Choice of Dress Across the Ovulatory Cycle: Naturalistic and Laboratory Task-Based Evidence«. *Personality and Social Psychology Bulletin*, 34(11), (2008), 1451–1460.

Universität Göttingen. »Sexuelle Unzufriedenheit in der

Partnerschaft häufigste Ursache für Seitensprung«. Pressemitteilung Nr. 32/2005, 25.01.2005, http://www.uni-goet-
tingen.de/en/3240.html?cid=1668, http://www.theratalk.
de/studie_seitensprung_betrogene.html.

Kapitel 7: Streiten und versöhnen

Alles eine Frage der Optik:
Wenn kein gutes Haar am Partner bleibt

Larson, C. M. et al. »Changes in women's feelings about
their romantic relationships across the ovulatory cycle«.
Hormones and Behavior, 63(1), (2013), 128–135.

Lund, R. et al. »Stressful social relations and mortality: a prospective cohort study«. *Journal of Epidemiology and Community Health*, 68(8), 720–727.

Ziomkiewicz, A. et al. »Higher luteal progesterone is associated with low levels of premenstrual aggressive behavior
and fatigue«. *Biological Psychology*, 91(3), (2012), 376–382.

Kuscheln und die Wogen glätten
mit dem Bügeleisenhormon

Prof. Dr. Markus Heinrichs, Institut für Psychologie, Universität Freiburg, im Interview mit Eva Dignös

Prof. Dr. René Hurlemann, Universitätsklinikum Bonn, im
Interview mit Sabeth Ohl

Dr. Alexander Lischke, Institut für Psychologie, Universität
Greifswald, im Interview mit Sabeth Ohl

Guéguen, N. »Courtship Compliance: The Effect of Touch on
Women's Behavior«. *Social Influence* 2(2), (2007), 81–97.

Scheele, D. et al. »Oxytocin enhances brain reward system
responses in men viewing the face of their female part-

ner«. *Proceedings of the National Academy of Sciences of the United States of America*, 110(50), (2013), 20308–20313.

Scheele, D. et al. »Oxytocin modulates social distance between males and females«. *Journal of Neuroscience*, 32(46), (2012), 16074–16079.

Universität Bonn. »Oxytocin hält Flirtende auf Distanz«. Pressemitteilung vom 15.11.2012, http://www3.uni-bonn.de/Pressemitteilungen/289-2012.

Epilog: Alles vorbei? Von wegen!

Wechseljahre: Alles wird weniger

Prof. Dr. Kai Bühling, Leiter der Hormonsprechstunde und Konsiliarius der Klinik und Poliklinik für Gynäkologie, Universitätsklinikum Hamburg-Eppendorf, im Interview mit Eva Dignös

Hawkes, K., Coxworth, J. E. »Grandmothers and the evolution of human longevity. A Review of findings and future directions«. *Evolutionary Anthropology*, 22, (2013), 294–302.

Morton, R. A. »Mate Choice and The Origin of Menopause«. PLoS Comput Biol, 9(6), (2013), e1003092.

Rossouw J. E. et al. »Risks and benefits of estrogen plus progestin in healthy postmenopausal women: Principal results From the Women's Health Initiative randomized controlled trial«. *The Journal of the American Medical Association*, 288(3), (2002), 321–333.

Die Studie im Internet: http://www.nhlbi.nih.gov/whi/index.html.

Verlust oder Gewinn?

Little, A. C. et al. »Women's' preferences for masculinity in male faces are highest during reproductive age range and lower around puberty and post-menopause«. *Psychoneuroendocrinology*, 35(6), (2010), 912–920.